Lições de amor
Para sobreviver ao casamento

Dados Internacionais de Catalogação na Publicação (CIP)
(Câmara Brasileira do Livro, SP, Brasil)

Gaiarsa, J. A.
   Lições de amor: para sobreviver ao casamento / J. A. Gaiarsa. –
5. ed. – São Paulo: Ágora, 2010.

   Bibliografia
   ISBN 978-85-7183-059-2

   1. Amor 2. Casamento 3. Escolha do companheiro 4. Homem-
-mulher – Relacionamento 5. Mulheres – Psicologia 6. Relações
interpessoais I. Título.

09-11808   CDD-158.2

Índice para catálogo sistemático:
1. Casamento: Relações interpessoais:
Psicologia aplicada 158.2

Compre em lugar de fotocopiar.
Cada real que você dá por um livro recompensa seus autores
e os convida a produzir mais sobre o tema;
incentiva seus editores a encomendar, traduzir e publicar
outras obras sobre o assunto;
e paga aos livreiros por estocar e levar até você livros
para a sua informação e o seu entretenimento.
Cada real que você dá pela fotocópia não autorizada de um livro
financia o crime
e ajuda a matar a produção intelectual de seu país.

J. A. Gaiarsa

Lições de amor
Para sobreviver ao casamento

EDITORA
ÁGORA

LIÇÕES DE AMOR
para sobreviver ao casamento
Copyright © 1997, 2010 by J. A. Gaiarsa
Direitos reservados para Summus Editorial

Editora executiva: **Soraia Bini Cury**
Editoras assistentes: **Andressa Bezerra e Bibiana Leme**
Projeto gráfico: **Raquel Coelho/Casa de Ideias**
Diagramação: **Mônica Vieira/Casa de Ideias**
Impressão: **Sumago Gráfica Editorial**

Editora Ágora
Departamento editorial:
Rua Itapicuru, 613 – 7º andar
05006-000 – São Paulo – SP
Fone: (11) 3872-3322
Fax: (11) 3872-7476
http://www.editoraagora.com.br
e-mail: agora@editoraagora.com.br
Atendimento ao consumidor:
Summus Editorial
Fone: (11) 3865-9890
Vendas por atacado:
Fone: (11) 3873-8638
Fax: (11) 3873-7085
e-mail: vendas@summus.com.br
Impresso no Brasil

A suavidade é o mais persuasivo dos argumentos.

Andréa dos Santos
(Ela não disse.
Ela *é*.)

Este livro, sob uma casca áspera, até espinhosa,
contém o segredo da Felicidade Eterna.
Acredite – se você conseguir!

*Dedicado
a Raquel Marinho,
minha recriação sem fim.*

Sumário

Introdução   Gostaria muito que você lesse isto aqui.............. 13

Capítulo 1   Amor – esse desconhecido.............................. 19
   O amor é indefinível (o amor é sempre único)................. 19
   Só o presente é eterno.. 20
   O indivíduo e o rebanho 22
   Encantamento amoroso.. 23
   O amor é um pressentimento 28
   Uma história de amor... 34
   A cooperação 34
   Love story... 41
   Hora da saudade!... 43
   O vertiginoso século XX 44

Capítulo 2   Instinto e preconceito................................ 47
   Homo sapiens sapiens – a maior ameaça do mundo 50
   Preconceitos e papéis sociais................................ 50
   Criando, em vez de imitando ou reproduzindo.................. 52
   Cada macaco no seu galho – menos nós!........................ 53
   A marca do homem: versatilidade motora....................... 56
   Instinto de morte – talvez exista 61
   Os seus preconceitos 61
   Qual é a relação entre papel social e preconceito?........... 64

Preconceitos relativos à família 70
A segurança é paga com incerteza crescente 72
Solidários, apesar de tudo 75
Você é você ou você é o outro? 75
Leão solto e leão preso – são iguais? 76
Raízes profundas dos papéis e dos preconceitos: automatismos motores complexos 78
Os papéis psicológicos 82
Eu e "eles" 84

Capítulo 3   As coisas, as palavras e a dança 85

Nós falamos sempre com o corpo todo 85
O músculo não é apenas ação, mas também sensação 86
O ritual precede o mito (Von Neumann) 89
A caçada (a ação) criou a gramática 93
A palavra divide, separa e eterniza a realidade 100
O reflexo de agarramento 103
O diálogo 107
O desabafo mantém a situação 113
Desabafar: a maneira mais segura de sustentar situações... insustentáveis 114
A *lapis philosophorum* 115
Críticas, críticas e mais críticas 116
O certo e o errado 118
Filosofia do certo e do errado 119
O futuro é o próximo instante, sua próxima decisão – e mais nada 120
"A culpa é sua" – "Você devia" – "É sua obrigação" 123
Apagar ou de algum modo desfazer o passado – será possível? 123
As diferenças pessoais são necessárias – ou convenientes – para o desenvolvimento dos dois 127
"O problema é seu" – existe isso? 128
Obrigações e deveres 130
A dança dos contrários 133
O de dentro está por fora 137
Pensar está sempre fora do tempo. Sentir, jamais! 139
"É amor ou é interesse?" 140

Um susto 142
Família e consumo 144
Romeu e Julieta 144

Capítulo 4   A estranha contradição 147
Amor e salvação 149
Inconsciência 149
Ninguém esconde nada de ninguém 152
A palavra tem letra e música 154
O corpo é proibido! 155

Capítulo 5   Medo + raiva (contidos) = ansiedade 157
O segredo da ansiedade 158
Frustração coletiva – quase permanente 161
Família: o amortecedor da agressividade coletiva ... 162
É preciso compreender a adrenalina 162
Nosso animal – nosso anjo negro 163
A boa ansiedade 166

Capítulo 6   Briga de casal – curso superior 167
Todos têm razões 167
A moral da lógica 172
De quase tudo vemos quase nada 174
Soluções 177
O maldito triângulo divino 184
"Você também faz assim" 191
"Foi sem querer!" e "Esqueci!" 192
Há eternidade também no inferno 192
Vingança e justiça 195
Negociações 197
Cultivando um relacionamento 201
"Agora não estou amando você..." 202
A fogueira 202
Quem começou? Quando começou? 203
Eu-e-você – ou eu, você e mais gente 203
Amor e poder 204

Bom humor – ótima técnica 205
Arremedando o outro (o espelho) 206
Mágoa, rancor e emburramento 206
Envolvência, carícias, carinho 209
O gesto é a forma e o veículo da comunicação sensual e afetiva 212
Troca de papéis 212
A fase agitada 213
Solução *high-tech* 216
Aprendendo a dançar com o outro 216
Briga contra a invasão amorosa! 217

Capítulo 7 A dança de Shiva 219
Havendo amor vivo, poderemos chegar às estrelas 223
A técnica da dança de Shiva 228
Decolando para o infinito 231
Não há mal que sempre dure nem bem que nunca se acabe 232

Capítulo 8 Nossa Pré-História – nossos instintos 234
Os maiores predadores do planeta 234
Somos carnívoros – mais por gosto do que por necessidade 235
A primeira empresa do mundo 236
A mulher, porém, não caçava 237
Nascia o senhor: o todo-poderoso 238
A revolução agrícola – salvação e danação da humanidade 243
De nômade a sedentário – essa a diferença 244
O Bom Pastor não era tão bom como se pensa 245
Transformação da agressão 247
A salvação está no automóvel! 248
A rainha do lar 251
Propriedade particular e ansiedade persecutória 251
A natureza também sofre de mania de grandeza 252
Escravidão 253
70% de silenciados 257
Os três cavaleiros do Apocalipse – a pirâmide do poder, a guerra e a agressão em família 258
Criança – o perverso polimorfo 260

As muralhas, as armaduras e a couraça muscular do caráter 263
O começo do "eu" e da consciência 263
O primitivo hoje.. 267
Nosso trabalho escravo 273
As máquinas – nossa salvação 275
Além de cruéis somos ridículos... 276

Corpo e alma... 278

As máximas 280

Bibliografia 282

Gostaria muito que você lesse isto aqui...

Introdução

O livro que você tem em mãos fala muito mal da família e do matrimônio, contrariando os preconceitos mais radicais e profundos de nosso mundo social.

Vejo-me por isso obrigado a mostrar os títulos profissionais e os fatos pessoais que me autorizam a fazer tais críticas.

Sou médico, formado em 1946 pela Faculdade de Medicina da Universidade de São Paulo, primeiro aluno da turma durante todo o curso médico.

Especialista em Psiquiatria pela Associação Paulista de Medicina (1953), três vezes professor universitário; professor de Psicanálise, Psicoterapia de Grupo e Psicodrama registrado no Ministério da Educação.

Esses são meus títulos oficiais – que não são os mais prezados por mim.

Fiz algumas dezenas de cursos e *workshops* como paciente de figuras eminentes que passavam pelo Brasil.

Fiz dezenas de cursos como professor, orientador e formador de psicólogos e médicos – em Técnicas Corporais.

Fui introdutor de W. Reich no Brasil, assim como iniciador oficial das Técnicas Corporais em Psicoterapia no país.

O título que mais valorizo é este: meio século – exatamente cinquenta anos em 1996, quando me aposentei – como psicoterapeuta ativo, com cerca de 70 mil horas de escuta e observação paciente e atenta de milhares de pessoas. *Dois terços* dessas horas eram falas – melhor, queixas – sobre a família, brigas entre pais e filhos, mães e filhos, marido e mulher, parentes e parentes...

Casei cinco vezes. Tive quatro filhos de meu primeiro casamento – que durou 25 anos. Acompanhei a criação de mais três filhos de minha quarta mulher durante quinze anos e participei da educação do filho de minha quinta mulher.

Passei por tudo que se possa imaginar em matéria de casamento, pois nos primeiros dois terços de minha vida (até os 50 anos...) era tão inapto quanto a maioria dos homens em termos de entendimento com as mulheres, e de consciência das pressões sociais gigantescas que se exercem sobre – contra – os indivíduos em relação ao casamento.

Esforçado, medroso e, apesar disso, rebelde, li horrores, frequentei congressos, *workshops*, seminários e grupos de estudo, a maior parte dessas atividades desembocando invariavelmente na família – no começo de tudo, na infância sempre mal compreendida, mesmo quando bem tratada!

Sempre e em tudo, a família como o centro e a origem de sofrimentos sem conta, de mal-entendidos sem fim e sempre tida como perfeita.

Logo, imperfeitos todos nós, indignos de tão alta instituição, irremediavelmente precários e inferiores ante nossos altíssimos ideais de perfeição – tão altos que ninguém chega lá; tem cabimento?

A mais "humana" das instituições, fora do alcance de qualquer ser humano...

É pra rir ou é pra chorar?

E o que é pior: dada a excelsa perfeição da família, nada há que fazer por ela – ela é intocável, isto é, permanecerá assim pelos séculos e séculos.

Se ela desaparecer, desaparecerá a sociedade – é o que dizem.

Mas todos esquecem: desaparecerá, sim, *a sociedade que conhecemos*, eivada de guerras, miséria, desumanidade, injustiças... Será tanta perda assim? Ou será uma renovação radical e salvadora, uma vez que a velha civilização – baseada na família e no autoritarismo – está beirando perigosamente a destruição da espécie?

A esse fim chegamos, essencialmente formados e educados em família e pela família.

Não é para começar a desconfiar de que alguma coisa está errada com ela?

Não haverá uma nova era se não houver uma nova família, pois a velha é literal e definidamente a célula *mater* – a origem última – deste horror que vivemos! Essa é a tese primeira deste livro e a raiz de todas as críticas e de todas as soluções propostas.

Meus últimos títulos oficiais estão nos livros que escrevi. Acrescentar uma dezena de trabalhos científicos publicados em revistas especializadas, milhares de entrevistas e mesas-redondas na mídia, presença na TV desde recém-formado, começando a aparecer com regularidade no programa de Sônia Ribeiro (na TV Record de então, por volta de 1975), continuando durante mais de cinco anos com Xênia Bier (a mais influente feminista do Brasil) e, depois, apresentando um programa próprio na TV Bandeirantes, diário, matutino, que versava sobre problemas... de família!

Nesse programa foi nascendo a ideia e iniciamos a promoção de um Partido das Mães, destinado a conscientizá-las de seu poder, preparando-as para o exercício real da política – em defesa da criança, e não do velho. Sem uma nova família, uma nova mãe e um novo formato de educação, o homem novo não nascerá.

Quero destacar minha influência social mais direta, exercida por meio de alguns milhares de palestras realizadas pelo Brasil inteiro, invariavelmente falando sobre relações pessoais e familiares – e sendo muito bem ouvido!

Quando falo de família, estou me referindo a *dezenas de milhares* de famílias; quando você protesta ao ler meu texto, está se referindo, no melhor dos casos, a uma *dezena* de famílias: a de seus pais e irmãos, a sua – cônjuge e filhos – e mais a de um ou outro amigo. Você sabe delas de três modos: pela sua experiência pessoal, por tudo que ouve como fofoca dentro dessas dez famílias, mais a aparência de casamentos "bem ajustados" que todos fazem questão de mostrar publicamente. Dos três modos, o que mais se aproxima de meus escritos é o das fofocas em família, bem mais verdadeiro – e venenoso! – do que as grandes falas públicas sobre as perfeições dessa instituição. Pode acontecer de minha fala não bater com sua experiência, mas, por favor, pense nisto: sua experiência é bem limitada (0,1% de 10 mil) e as afirmações que faço podem não valer para os seus – embora eu duvide disso.

Enfim, as raízes pessoais deste livro. Nascido em 1920, vivi o século XX todo e sinto-me um privilegiado por isso. Nesse século a humanidade mudou mais do que em todo o restante de sua história – esse meu privilégio!

Fui bem neurótico durante muitos anos – até talvez meus 55 a 60 anos! Por mais que me esforçasse em recordar maus tratos na infância, "causa" mais aceita pelos especialistas na determinação da neurose, nada conseguia. Não trago lembrança de ter sido maltratado, desrespeitado, ignorado, castigado por meus pais. Sempre fui ouvido e, se vivi maus pedaços na adolescência, foi mais por não saber como falar com eles; se falasse, me ouviriam e fariam o que fosse possível em meu favor. Fui péssimo estudante no ginásio e nunca ouvi sequer sermão por causa disso. Mas, naquele tempo, pai era pai e crianças eram... crianças. O desrespeito que houvesse era social, e não pessoal.

De onde, então, minha neurose?

Da hipocrisia social, modelarmente exemplificada com a questão sexual. Essa "causa" não figura nos textos usuais de psicoterapia. O famoso superego foi definido por Sartre: o superego são os outros (Sartre disse "o inferno são outros"). O superego é a influência da fala de todos sobre você.

Eu era muito vivo, muito interessado e muito apaixonado por meninas bonitas, romance, aventura. Mas o clima geral, na época, era incrivelmente mentiroso: ninguém tinha nem praticava sexo – não se falava a respeito (falar de sexo já era um desrespeito grave);

todas as meninas eram puríssimas e ignorantes a ponto de as santas mães terem de "explicar" a elas como seriam as coisas na noite de núpcias! Na minha guerra inútil contra a masturbação, todos se comportavam, à minha volta, como se nunca ninguém jamais houvesse feito tal horror, e os livros doutos de medicina da época alinhavam listas de doenças terríveis – consequências desse "vício" abominável! Sei bem o que paguei durante toda a adolescência por essa mentira social perversa e imbecil.

Eu era bastante inocente – ou bobo – para acreditar na encenação social; na época, ela era muito mais estrita e estreita do que é hoje!

Além do sexo, corria pelo ar que todos os adultos eram honestos, dignos de confiança, bondosos, justos e até sábios – principalmente os mais velhos! Essa é certamente a origem de meu verdadeiro ódio de preconceitos sociais, e o motivo de meu estudo aprofundado sobre agressividade, destrutividade e crueldade humanas.

Este livro é, com certeza, uma vingança e uma desforra contra tudo que engoli, convicto, pela *atitude* de quase todos, de que esse comportamento coletivo, que não existia (era só falado!), era o bom, o certo e o normal.

Errado, culpado e neurótico era eu.

Hoje completo a volta por cima: errada, culpada e psicótica é a sociedade...

Você será o juiz – ou o réu!

Fofoca: devido à notoriedade, ao trabalho corporal, a meu modo de ser, meio despachado, muito direto e tão honesto quanto consigo (não sei se são virtudes!) e ao fato de falar mal da família, acabei sendo objeto de fofocas, principalmente na área sexual, e vivo neste paradoxo até agora: sou essencialmente tímido e continuo encantado pela mulher, mas, no dizer da fantasia de tantos (em especial os defensores da família), sou um conquistador inveterado – e inescrupuloso.

Há um particular gosto em "descobrir", naqueles que se destacam, os piores defeitos – os que os trazem para o nível da mediocridade coletiva. Além disso, vingança por tudo que não puderam fazer, dizer – nem pensar! – contra suas autoridades familiares. Éramos obrigados a aceitar mãe e pai como se fossem santos.

Entretanto, vivendo com eles tantos anos, víamos que eram apenas humanos, falíveis e limitados – como nós.

Mas isso não podia ser dito – nem sequer de mim para mim mesmo!

Agora me vingo...

AMOR – ESSE DESCONHECIDO

Capítulo 1

Milhões de vezes já se perguntou o que, afinal, é o amor – qual sua definição? Desistiremos para sempre da tarefa de pôr o amor em palavras?

Ou o amor só pode ser bem descrito em versos, em música e, na certa, também na dança – pela suavidade do gesto, pela atitude de derretimento (como dizem o povo e mestre Reich) –, na expressão iluminada do olhar...

E muito, muito, pela música da voz...

Não creio me seja dado definir o amor, mas tenho o consolo filosófico (e lógico!) de poder demonstrar:

O AMOR É INDEFINÍVEL (O AMOR É SEMPRE ÚNICO)

Ele é, por excelência, o sentimento/sensação do aqui/agora, isto é, a descoberta do outro, da individualidade dos personagens e do momento.

Numa reunião de amigos e conhecidos, de repente, olhares se iluminam e se buscam – disfarçadamente, é claro!

Vai começar a caçada!

> *O amor é a certeza de estar experimentando a realidade como criação contínua.*

A realidade – fora ou dentro, tanto faz – sendo percebida como um interminável acontecer de surpresas, como se a cada momento as coisas se transformassem em outras.

Um universo mágico em que tudo é transformação – e nada é "coisa" ou "objeto".

Nada além e nada aquém do aqui/agora, o acontecer que se manifesta e é percebido por mim (do meu jeito) neste momento.

SÓ O PRESENTE É ETERNO

Quero dizer que o encantamento amoroso é a descoberta ou a percepção do outro como único; assim como do momento de nossa relação, naquele instante, como único. Nada semelhante antes nem depois.

O encantamento amoroso é um momento de iluminação natural – de revelação ou descoberta –, mesmo quando o conteúdo dessa descoberta é obscuro. Por isso não pode ser definido. Por definição (!) ele é *diferente em cada momento em que é sentido*, tão diverso quanto as pessoas e as horas de envolvimento nas quais está presente.

"Não se pode fazer ciência com o individual, com o único", diziam os filósofos e dizem hoje os cientistas.

Todos os conhecimentos, tanto o científico quanto aquele implícito no uso das palavras, são estatísticos, de algum modo são médias.

"O" cavalo não existe; existem cavalos, na certa com inúmeras características semelhantes, mas, para o bom cavaleiro de rodeios, cada um deles é inconfundível – único.

Gente também é – como dizemos na conversa. Mas logo depois negamos a afirmação emitindo um julgamento ou uma crítica a respeito de alguém ou alguma coisa. Isto é, somos todos diferentes uns dos outros, tudo bem, mas ela está errada (portanto, eu estou certo, tenho razão, quiçá direito, a culpa é dela, claro...).

Mestre Foucault disse tudo: "Dar nome é classificar".

Isto é, dar nome consiste em situar um objeto único "dentro" de uma classe de objetos tidos como iguais ou muito semelhantes entre si.

O caso mais triste pode ser ouvido nestas frases tão comuns: "Queria tanto ser como 'eles' são – não se preocupam com nada..." (conversa de mãe comentando sobre adolescentes...); "Doutor, gostaria tanto de ser normal, como todo mundo..."; "Você acha que isso é normal?" (isto é, parecido com o que *eu imagino* que todos ou quase todos façam?). As pessoas são péssimas em perceber diferenças e aprenderam desde cedo a procurar semelhanças – que dão segurança.

Se "os homens são assim", então posso tratá-los do mesmo modo – *sei o que fazer.*

Sempre que pensamos em cavalos, eles são iguais entre si – na nossa cabeça. Na realidade, jamais foram nem serão.

Até aqui podemos estar começando a compreender – e a aceitar – algumas das distâncias e diferenças que ao mesmo tempo nos definem, nos aproximam e nos separam, a mim e a ti: os quereres...

É mais prático, é mais fácil e é muito falso dizer: "Conheço bem a Carla. Ela é *sempre* assim", "Da Míriam? O que você esperava dela?" (isto é, *nunca* espere nada *de diferente* dela). Marido é assim, mulher é assim, filho é assim, e então nos dispomos a aguentar – não são todos "sempre iguais"?

Simplificamos demais a noção que temos dos outros – principalmente das pessoas familiares (da família ou não).

Vivemos como o sargento do exército: se são soldados rasos, se estão vestidos de verde, se não têm insígnia nenhuma no ombro, então se pode tratá-los como se fossem todos "iguais entre si" – na subordinação e na indiferença.

O amor nos tira do pelotão. De repente – é sempre de repente mesmo –, em vez de ver a massa verde, uma figura se destaca, vem para o primeiro plano, "me interessa" ou prende minha atenção, meus olhos. Não sou mais "como os outros", "como todo mundo", "como eles".

Cada um dos dois envolvidos nesse encantamento se faz, para o outro, uma "forma" bem definida contra o "fundo" confuso e cinzento do entorno – e dos demais.
Uma mensagem clara a surgir do ruído da multidão.
Nesses momentos, um existe exclusivamente em função do outro, e os dois estão completamente fora do que a maioria chama de realidade.

O INDIVÍDUO E O REBANHO

Cuidado com a maioria – a maioria é poderosa, simplória, irracional e explosiva, além de uma predadora implacável e cruel. Lembre-se do circo romano! Pertencer a um grupo também desata nossa agressividade contra qualquer oposição ou diferença. Quando reunidos, os seres humanos podem fazer desde coisas divinas até diabólicas. A cooperação em momentos de desgraça coletiva, por exemplo, e em um conflito/morticínio racial no outro extremo.

A reação da manada contra o diferente – o perturbador da ordem estabelecida – é um dos aspectos mais terríveis da maioria, sempre descontente e disposta a apedrejar a pecadora, como se a culpa do próprio descontentamento fosse dela. Na verdade, sempre mortalmente invejosa daqueles que se mostraram capazes e corajosos o suficiente para abrir novos caminhos, mesmo arriscando a vida.

A vida sem risco é morta! Sem desafios, o cérebro dorme.

Quando reunidos, os participantes da... horda têm-se na conta de muito semelhantes entre si e preferem ignorar ou negar as diferenças – em público! Dizemos então: somos todos iguais, estamos todos de acordo, nos entendemos muito bem. Assim, e por isso, somos poderosos e nada nos derrotará.

Mas, em particular, cada qual se sente único, diferente dos demais, e para muitos sentir-se diferente é incômodo, até assustador.

Sensação de ovelha desgarrada – ou negra!

Se estou – ou se me imagino – fardado de verde entre tantos fardados de verde, não distingo ninguém de ninguém. Faço-me massa, desapareço, viro estatística, número.

É aí que entra o amor.

Vamos dizer: o amor desperta – os dois! Como se, de repente, um fosse uma surpresa para o outro, quase um susto! Por isso mesmo, e por isso tudo, quando os olhares se cruzam e acendem a chama, a primeira coisa que fazemos, nove vezes em dez, é... desviar o olhar. É muito perigoso – assim sentimos – sair da manada!

Mas retornamos logo depois, não é?

E a dança de Shiva começa com os dois afirmando-se um *contra* o outro, tentando fazer de conta que o olhar não aconteceu ou que ele não me interessou tanto assim!

Muita filosofia?

Vamos ver. Vamos procurar descrever o que sentimos quando tomados pelo estado de...

Encantamento amoroso

Vamos admitir que, após os olhares comunicantes, temos oportunidade de chegar mais perto de quem prendeu nosso olhar.

O que acontece então?

Um encasulamento: os dois se isolam do mundo ou se comportam e se sentem como se nada mais existisse. Penso em casulo por isso mesmo, pela sensação de isolamento – nós dois e mais... nada. Primeira mágica.

Vocês ficam se olhando, ambos fascinados um pelo outro. Fascinados, sim, incapazes de desviar o olhar, como se ambos estivessem assistindo a um programa por demais interessante de TV.

Só nesse momento descobrimos o número infinito de caras – ou expressões – de que nosso rosto é capaz. Temos muitos milhares de fibras musculares no rosto; por isso, fazer a *mesma* cara duas vezes é praticamente impossível; seria necessário organizar milhares de esforços de maneira precisa para fazer "aquela" cara.

Por isso podemos dizer: só os enamorados conhecem as infinitas expressões que podemos fazer ou as mil emoções diversas que podemos sentir/exprimir. Por isso os enamorados se olham tanto, por isso ficam fascinados. *Spellbound* – "presos pela maldição" do encantamento!

Pelo avesso: nunca vemos a cara do outro (nunca olhamos bem para o outro). Vemos apenas umas poucas expressões suas, as selecionamos e rotulamos – e daí para a frente ele terá apenas essas caras, será "sempre o mesmo". "Helena? Aquela enjoada?", "Carla? Sempre com medo", "Lilia? Sempre pessimista", "Joana? Sempre autoritária, dona da verdade..."

Ninguém tem sempre a mesma cara, e se você acha ou se comporta como se fosse assim é para simplificar a vida e os relacionamentos, tornando a pessoa genérica e rotineira em um ato só. A essa altura, podemos dizer que o indivíduo sempre com "a mesma cara" é uma peça fixa nas nossas jogadas. As coisas começaram a se repetir – e deixaram de acontecer. Caímos na "roda".

Mas você pode se assustar com a profundidade crescente da intimidade quando os seus olhos se prendem aos dela, e o susto pode interromper o encantamento. Você começa a falar, por exemplo.

*Falar é a maneira mais comum de
não sentir o que se está sentindo.*

É a defesa mais utilizada e eficaz contra a emoção. Ao começar a falar, o olhar não está mais vendo o outro; a palavra tomou conta da consciência ou da atenção, impedindo-o de continuar no *mergulho* sem palavras no qual você estava... afundando. Aprofundando, diria melhor.

Ao falar cessou a dança e começou o discurso.

Mas digamos que você não interrompa o contato amoroso e ele continue. Aí acontece outra mágica: você e ela parecem pairar no espaço, sem sentir peso. Tudo leve, fácil, feito sem pensar, sem intenção, tudo acontecendo "sozinho".

Nessas horas, ninguém pode substituir ninguém – ela é única e você é único, e único é o momento vivido.

Enfim, muda a noção/sensação de tempo.

O aqui/agora se fez tudo que há.

Ou: nada mais existe além ou aquém do momento presente.

Ao contrário do que dizem seus inimigos mortais, o amor, longe de ser cego ou cegar as pessoas, é a própria lucidez e o guia a nos mostrar com clareza o mais vivo de nós.

Enfim, altera-se o tempo: predomina a estranha *sensação* de eternidade: aquele estado – assim sentimos – durará para sempre (como disse Vinicius).

Todas essas declarações se referem a sentimentos presentes, mas nenhuma delas tem sentido se efetivamente projetada no tempo do relógio. Não tem propósito, depois, cobrar essas "promessas". Não são promessas, são declarações verdadeiras de sentimento – fortes e maravilhosas – presentes durante o encontro. Negá-las seria a aniquilação do encantamento – outra vez a palavra, sempre genérica, destruindo a percepção amorosa do aqui/agora.

O mesmo se diga de individualidade: naqueles momentos, só aquela pessoa existia para mim, e só eu existia para ela – nenhum dos dois poderia ser substituído.

O mal está no "sempre" ou "para sempre". Somos sempre únicos, mas só quando enamorados sentimos essa realidade poderosa. O mal, de novo, está em crer – e depois cobrar! – que eu seja o único para sempre, somente eu e mais ninguém...

Nada dura para sempre, mas não é por isso que negaremos a sensação *presente* – tantas vezes profunda – de que agora só pode ser você e que nosso amor durará para sempre.

Outra mágica do estado amoroso é o que sentimos depois da despedida: felizes, mais do que em qualquer outra circunstância de vida, comunicativos (gostaríamos de contar – ou cantar! – nossa felicidade para o mundo todo), alegres e generosos, além de intensa e maravilhosamente vivos.

Que mais se há de querer neste mundo?

Até cientistas estudaram esse estado e concluíram: o amor romântico é um poderoso estímulo para o sistema imunológico.

Isto é: ame e esqueça a doença.

Isto é: viver é amar ou vice-versa – e tanto faz!

Doença é falta de amor ou presença de maus sentimentos – de abandono, rancor, desespero, medo, preocupação, azedume, mágoa;

é também a convicção de não ser ninguém, de não ter vivido, de não estar vivendo mas apenas vegetando, repetindo, repetindo, repetindo sempre tudo, no trabalho, na família, até no lazer...

Resumo: o amor nos distancia completamente de qualquer rotina, repetição, tédio, enjoo... Ele nos põe distantes de tudo que conhecemos e de quanto estamos fazendo na vida – fora dos momentos amorosos.

Então vemos e sentimos a vida comum – a que vínhamos vivendo – como de todo vazia, sem sentido, sem graça e sem propósito. A "realidade" (a "dura" realidade) nós a experimentamos como um pesadelo ao mesmo tempo difícil, entediante e... irreal!

Só durante o estado amoroso estamos acontecendo.

Fora dele, vegetamos e nos confundimos com todas as rotinas da vida e os papéis estereotipados dos que nos cercam – e que, em resposta, encenamos.

O amor – e só ele – nos tira do comum, do cotidiano, do sistema, da alienação.

Por isso dissemos: o amor individualiza a pessoa e o momento – lembra-se? Só quando estamos amando existimos.

O resto é um mundo de sombras cinzentas, vazias e inexpressivas.

O que chamamos de realidade é uma repetição, esta sim, capaz de despertar em nós o desespero da eternidade, tudo sempre igual, um mundo deveras newtoniano (ele que me desculpe, mas seu mundo-relógio – onde tudo é previsto – só é bom para relojoeiros, não para seres vivos).

E a briga de casal? Como é nesse contexto? É isso mesmo! Foi tão bom o primeiro encontro que ficamos esperando que todos os demais fossem parecidos. Mas as coisas não acontecem assim, e então a primeira briga do casal, posta em palavras, seria: por que você não está me fazendo tão feliz agora quanto me fez feliz naquele dia? Passamos do sentir para o exigir e o cobrar. Inventamos assim uma das torturas básicas da briga de casal: você podia me fazer feliz – era só querer! Como não quer, então brigo com você por esse seu capricho bobo.

Por que você não quer me fazer tão feliz como naquele dia?

Melhor seria dizer: o que houve? Por que não estamos conseguindo acontecer? Ou: o que interrompeu nossa dança de Shiva? (Adiante diremos o que é a dança de Shiva.)

Igualmente cabível e encaminhando a questão para soluções, bom seria dizer: por que não estou tão interessado agora quanto estava naquela hora? O que será que você fez ou eu fiz para romper a comunicação transcendente? O que podemos fazer para avivar aquele estado?

Note, leitor: se você está me acompanhando bem, deve ter notado o efeito catastrófico que ocorre quanto se pretende eternizar de fato a sensação de eternidade ou a de individualidade.

Queremos ser únicos para sempre e esperamos ser únicos para ela até o fim da vida – e vice-versa.

Em suma: queremos nos casar para eternizar nossa felicidade. Aí o desejo, a seu modo legítimo, se encaixa às mil maravilhas com o sermão coletivo e eterno: casem-se – e viverão felizes para sempre (como acontece em todos os contos de fada – e em nenhum casamento...).

Claro que somos sempre únicos, mas nos momentos amorosos o outro nos reconhece como únicos e só então experimentamos o fato. O reconhecimento do outro nos permite identificar, sentir e viver essa sensação tão especial de ser únicos.

Mestre Jung dizia exatamente assim: a individualidade é uma sensação.

Como sensação, é claro que não pode durar muito e muito menos ser permanente.

Dançamos eternamente com os outros nossa confusão com eles e nossa separação deles, em um momento identificados com nossa humanidade, em outro momento identificados com nossa individualidade.

Mas tenho para mim: sem a outra a me perceber como único – e eu a ela –, não teremos jamais essa sensação.

Preciso do outro para saber que eu sou eu...

Na verdade, precisamos acontecer juntos para perceber que somos acontecimento, e não objeto, coisa ou "sempre iguais" – sempre os mesmos.

Eu não sou "aquele que é", como dizia Jeová. Sou outro a cada instante, e o mistério da Iluminação é precisamente esse. Só deixando de ser sempre igual – na repetição de todos os meus comportamentos e papéis – posso descobrir/sentir minha individualidade, e só a sinto nos momentos em que estou deixando de ser Jeová, aquele que é sempre igual por toda a eternidade...

Enfim, só o outro pode me fazer sentir que estou me fazendo outro a cada instante – e durante sempre! (O que está errado é a gramática, pois minha frase é perfeita!)

Por isso nos fazemos tantas vezes exigentes e até cruéis com quem amamos: essa pessoa, e só ela, tem este poder:

o poder de me criar,

portanto,

o poder de me destruir.

Esse o encantamento amoroso. Sua duração é limitada, mas não é limitado nosso desejo – ou nossa esperança – de que ele possa durar para sempre...

Será que desejamos o impossível – que o amor, sempre "o mesmo", dure para sempre? Ou será que desejamos desenvolver nossa criatividade até alcançar nossos limites – *ou até perceber que não temos limites*?

Você escolhe!

O AMOR É UM PRESSENTIMENTO

Dissemos que o encantamento amoroso era mais um pressentimento do que um sentimento. Precisamos esclarecer esse ponto.

Pressentimento de quê?

De troca de influências entre os dois – influências transformadoras. Havendo encantamento, saem os dois modificados de cada encontro: é o famoso e verdadeiro "estado de graça". Mas ele diminui e de regra se desfaz em poucas horas, poucos dias ou, no máximo, em poucas semanas. Será que a relação acabou?

Às vezes sim; é ótimo se os dois se derem conta de que não têm mais o que trocar – não agora, pelo menos.

Vezes outras, por gosto, costume, preconceito (matrimonial – "Aquele namoro *deu certo*!"), os dois continuam se encontrando, esperando talvez o retorno do encantamento, além de outras esperanças. De que "dê certo" – casamento, relação estável, morar junto...

Aí é a hora de pensar em cultivar o amor, ideia simpática mas pouco praticada e na certa bem difícil. O que atrapalha é a expectativa de casamento-eternização-lar-filhos... Pensou em casamento, sentou-se na poltrona e ligou a TV depois do exaustivo dia de luta – enquanto ela põe o jantar.

Quem sabe até uma princesinha no colo!

Lindo, não é? Então por que sou tão chato insistindo que casamento é péssimo? Porque sendo bom ele impede o melhor – como disse sabiamente um de meus mestres, Jung.

Espero que você esteja impaciente perguntando-me: como se cultiva o amor? Fale logo, estou interessado demais!

É simples de falar e é a linha mestra e o principal deste livro (e da vida):

Não repita a mesma briga mais do que dez vezes.

Desencanto, não é?

Só isso?

Só isso, mas antes de começar a discutir, tente fazer.

Por que dez vezes? Tem de ser dez mesmo?

Não. Dez vezes quer dizer: deixe-se levar pela vontade de brigar e brigue até se tornar bem claro que você, ela ou os dois estão se repetindo.

Aí não brigue mais aquela briga. O que fazer se você estiver estourando de raiva? Vá dar um passeio, use mordaça, chute almofadas, vá torcer no estádio de futebol ou veja um filme do Rambo. Qualquer ação é ótima, menos a agressão física ou verbal e a repetição da briga.

Vou demonstrar o valor da regra analisando seu contrário – a repetição das brigas, na certa, é de longe a mais comum e ao mesmo tempo a pior maldição e o maior desespero da vida amorosa e familiar. "Como sair deste inferno?" é o pensamento/sentimento de todos os envolvidos, inclusive dos que "ganham" a briga (se é que alguém ganha alguma coisa com isso).

Como sair do inferno das repetições? Fazendo diferente, não é? Se o mal está na repetição, pelo amor de Deus, não repita.

Só seres humanos fazem assim – repetir cegamente comportamentos dolorosos e inúteis. Masoquismo socialmente condicionado.

Difícil não é entender – difícil é fazer, como assinalamos desde o começo.

O mais fácil nessa situação difícil é sair da arena – afastar-se, sair de casa, dar uma volta, visitar um amigo, ir a um cinema. É o melhor que se tem a fazer.

Quando você voltar – se voltar – vai se sentir diferente, possivelmente mais aliviado e com certo senso de senhor da situação – ao invés de vítima (vítima da raiva que o impelia a brigar, até contra sua vontade). Pode dar-se, então, de você olhar para ela com outros olhos – menos prevenidos – e iniciar-se assim outra relação entre os dois, o que seria ótimo.

O povo conhece a caricatura dessa descrição. É comum ouvir: o melhor da briga é a reconciliação. Mas, de novo e sempre, nas brigas comuns, repetidas, não ocorre mudança, apenas desabafo. Na segunda-feira recomeçarão – como sempre...

Caso ao voltar você se sinta mal outra vez, e mais uma, e mais uma, cada vez com mais vontade de recomeçar a peleja, aí tem início uma separação e depois de cinco a dez repetições, tanto por amor a você quanto por amor a ela, afaste-se! No mínimo dê um tempo. Quanto tempo? Até você ou ela sentir falta do outro e, pondo o orgulho no lixo, dizer que deseja recomeçar.

Veja bem: *recomeçar*, e não continuar. Após dias ou semanas de separação, ao voltar vocês se tornaram diferentes um com o outro e, se atentos, se sentirão assim. É como se começasse outro encantamento amoroso – outro namoro, agora entre duas pessoas que não são mais as... antigas.

Aí pode começar outra briga – *outra*, entendeu?

Se durante o afastamento você se esquecer dela pouco a pouco, sem nenhuma vontade bem clara de revê-la, então o namoro acabou. Mas olho no orgulho, o pior inimigo do amor – por ser a pior caricatura do amor por si mesmo.

Desse modo o amor vai servindo ao desenvolvimento de suas aptidões e qualidades – boas e más, veja lá!

As pessoas pensam sempre poder se aperfeiçoar desenvolvendo o que têm de melhor e tentando acabar com o que têm de pior. Não é um bom projeto – aliás, é impossível. Tudo que somos tem mais do que razão de ser. A função número 1 de todos os seres vivos é a adaptação ao ambiente próximo. Em vez de se condenar por algum "defeito", tente isolá-lo, examine-o com vagar e veja se ele de fato não serve *para nada*. Com paciência, você descobrirá que em certas circunstâncias, ou se bem usado, esse defeito funciona como qualidade. A inveja pode ser um poderoso estímulo ao desenvolvimento, o medo pode ser um ótimo conselheiro (se não for exagerado), a raiva é essencial como instrumento ou energia para a autodefesa – para dar alguns exemplos.

Além de ter razão de ser, muito do que temos ou somos pode ser bem ou mal utilizado, mas não muito modificado. Quando pretendemos torcer demais uma de nossas aptidões ou um "defeito", ele pode se vingar. Muito da psicanálise consiste em mostrar o que aconteceu com você quando não permitiram que fizesse assim porque mamãe proibia, ou porque o patrão não gostava, ou porque sua mulher abominava.

Voltemos aos vários cursos do amor. O ciclo afastamento/aproximação pode ocorrer muitas vezes – e sempre neurótico (repetitivo) ou transformador (criador).

– Mas, Gaiarsa, se podem ser muitos ciclos, por que não casar? Isso não pode acontecer no casamento?

– Pode, mas é difícil demais. Primeiro porque se afastar quando você é namorado e tem sua casa é fácil. Ao casar você tem de ficar lá – o que é péssimo. O afastamento *físico* periódico pode ser a garantia da saúde do amor, pois, ao voltar, voltam os dois com vontade. Sem contar que é mil vezes melhor afastar-se do que repetir pela milionésima vez as mesmas frases e caras de raiva.

Não é?

Afastamento físico significa: de corpos e de espaço – não adianta nada estar em quartos separados na mesma casa!

É preciso que a separação seja tida como definitiva, mesmo que seja a trigésima – e para isso a distância efetiva é fundamental. Se não há desligamento, não há transformação. Só a distância podemos avaliar quanto precisamos, gostamos, desejamos, sentimos saudade – em suma, quanta falta ela nos faz. Quando próximos, é dificílimo abafar as rusgas e os atritos crônicos, a ponto de poder sentir quanto há – ou quanto resta – de bom no relacionamento.

Tão ruins quanto as exigências ideais do casamento são as exigências convencionais, ainda mais restritivas do que as poucas paredes do lar, transformando-o em prisão com vigilância contínua (dos vizinhos, parentes, amigos...).

Ainda hoje, separar não pode – e custa demais, em dinheiro, em sentimentos, em rancores.

Então, como separar às vezes não pode, os atrasados vão se empilhando, as brigas azedando, os rancores se adensando até o grande dia da separação definitiva – a legal.

Se as pessoas tivessem um pingo de sensatez, e não tivessem sido completamente robotizadas pela propaganda a favor da família, perceberiam como se separar várias vezes é bem melhor do que se separar de uma vez.

Mesmo porque, tantas vezes e para tantos, acontece assim mesmo. Mas com muito azedume, muito sofrimento, ambos achando que fracassaram na vida ou que "Aquele bandido é o culpado de todos os meus sofrimentos".

O sofrimento é grande porque somos todos culpados. Na separação as pessoas ou se sentem pesadamente culpadas ou acusam demais o outro. Porque carregar a cruz pessoal é possível, mas carregar a cruz coletiva é algo pesado demais. E separar uma coisa da outra não é fácil. Quem se separa, de regra, não acredita que "o" casamento seja difícil ou péssimo, mas que *o seu* casamento foi ruim – ele não teve sorte... Mas a família continua sendo maravilhosa!

A separação periódica não exclui a definitiva, mas mesmo assim ela amenizaria uma passagem de vida sempre por demais sofrida.

A solução é boa para todos – para os filhos também.

Não há pior veneno para a alma do que ser obrigado a conviver, sem alternativas, com pessoas que se odeiam, se desprezam, se ofendem e se humilham – quando não chegam a se espancar. Nem mesmo quando, mais civilizados, acreditam poder disfarçar. Os pais são importantes demais para as crianças, e por isso elas não se enganam – nem podem ser enganadas – quanto ao que estão *vendo* na cara, nos gestos, e *ouvindo* nas vozes. E fazendo de conta que não estão vendo – como os adultos esperam ou acreditam que aconteça. Até nisso elas são muito mais obedientes do que se crê: fazem o que você gostaria que fizessem – se fingem de bobas para tranquilizá-lo.

Depois, em sua própria vida, farão o mesmo, ou o contrário. Orgulhar-se-ão disso (de ser o pai autoritário ou a mãe submissa) ou lutarão contra isso a vida toda. Essa é a história mais ouvida em todos os consultórios de psicoterapia do mundo – a dos filhos cujos pais *não* se separaram apesar dos maus sentimentos.

Cansei de ler sobre as desgraças que acontecem com filhos de casais separados até o dia em que vi em uma pesquisa norte-americana (1996/1997) de grande amplitude o que acontece com filhos de casais briguentos (e quais não são?) que *não* se separam. Em cerca de 3,5 milhões (é isso mesmo, 3 milhões e 500 mil) casais norte-americanos, há violência física, e a pesquisa mostrou que os filhos exibem todos os sinais de uma *neurose de guerra*: alheados, "nervosos", desinteressados, bonzinhos demais ou rebeldes incontroláveis, todos praticamente inadaptados sociais irrecuperáveis.

Para crianças – aliás, para qualquer pessoa – é melhor viver em dois mundos disponíveis do que em um só, sendo bem recebida nos dois, vendo duas pessoas que se desentendem mas se respeitam e estão fazendo o possível para reacertar. Os filhos não poderiam ter melhor lição de vida do que essa. Lição de coragem, com baixo nível de encenação e hipocrisia, com certo realismo e honestidade diante de sentimentos, aceitando-os como são, sempre diferentes, flutuantes, vivos. O que os pais se permitem, os filhos se permitirão – e vice-versa.

Já antes e muitas vezes, daqui para a frente, alinharemos sugestões para que uma relação pessoal possa dar tudo que pode, enriquecendo e ampliando a consciência de ambos ou facilitando um afastamento quando for o caso; afastamento sem culpa e sem acusações recíprocas.

Uma história de amor

Vou contar a você como o amor teve início entre os seres humanos. Pois, apesar de todo o horror de que falamos – e de toda a competição –, cá estamos, sobrevivemos graças a ele.

Parece aula de religião, mas não é.

Acredito que, se não tivéssemos conseguido nos organizar em uma pirâmide de poder, estaríamos até hoje nos entrecaçando – esporte favorito de quase todos os povos e pessoas.

A África de hoje é um bom exemplo. O faroeste também era.

Com toda a nossa monstruosa história, algo deve haver a nos unir a fim de impedir nossa autodestruição.

Algo existe, aí, à mostra, bem antigo, e na certa é nossa aptidão máxima de sobrevivência como espécie.

Sempre esteve aí, mas nunca foi muito notado – nem muito falado –, e até muitos se queixavam amargamente dessa salvação.

A cooperação

Espere um pouco, não fique desencantado com a palavra. Continue a ler esta história e você vai achá-la interessante, com final feliz para as brigas de casal!

Só nossa espécie faz trocas – negócios! – de uma forma sem igual no mundo da vida.

Nem sei se são coisas distintas – a troca e a cooperação – ou duas "técnicas" para o mesmo fim: solidarizar o grupo, aumentar os laços ou as ligações entre as pessoas, reunir esforços de muitos em tarefas comuns, jamais possíveis para um só, por maior ou melhor que ele seja.

Somos mais curiosos do que os macacos, e qualquer bugiganga pode prender nossos olhos e despertar o desejo de possuí-la, de tê-la só para nós – só para mim... Também enjoamos facilmente da monotonia.

Daí a troca. "A que ele tem é tão interessante! Já estou cansado desta velha faca de pedra; queria aquela de obsidiana! Corta que é um horror!" "Nossa, olha a pele de leopardo que o marido deu para ela! Queria tanto uma assim!"

A troca, que ideia mais fácil de nascer nessas circunstâncias! "Outro dia ela estava olhando para meu cocar de festa com uns olhos! Quem sabe ela troque a pele de leopardo pelo meu cocar..."

No grupo caçador começava a surgir a combinação de aptidões específicas sobrepondo-se a limitações pessoais. Alguém poderia ser preguiçoso, mas se tivesse bons olhos seria muito útil para o grupo caçador. Assim foi com tantas outras aptidões e deficiências. A reunião de vários permitia usar o melhor e ao mesmo tempo superar as limitações ou "fraquezas" de cada um.

Reunido pelas suas qualidades específicas em relação à caçada, o bando operava como uma *simbiose funcional*.

Nos momentos de caçada, o grupo caçador (só homens!) constituía um superorganismo de catorze braços (digamos que fossem sete homens), catorze pernas, olhos, ouvidos e faros, todos voltados para a mesma finalidade.

Mas, terminada a caçada, a unidade funcional já não era essencial e, na certa, ao pé do fogo (500 mil anos atrás), começavam os exageros da exibição masculina e iniciava-se a saga do Grande Caçador.

Mais uma vez a natureza extrapolava seus truques de sobrevivência; nascia a simbiose funcional, aquela que podia ser feita e desfeita, pois muitas outras eram fixas, "eternas".

Acho que você não sabe, mas a biologia está dando uma volta por cima. Depois de falar durante séculos na competição implacável entre os seres vivos, na "sobrevivência do mais apto" (e os demais que desapareçam...), ela começa a perceber quanto eles cooperam – mesmo quando brigam!

Hoje, a verdade que todos entendem é esta: não mude nada em um ecossistema, senão muda tudo...

Há cadeias complexas de dependências recíprocas entre todas as espécies que ocupam certa região.

Deveras complexas e entrelaçadas, entre seres de todos os tamanhos, de elefantes a bactérias (há mais bactérias no mundo, em peso, do que o peso de todos os outros animais reunidos).

Pode-se chegar à escala molecular e a cooperação pode ser vista, então, nas cadeias metabólicas, nas inter-relações mais do que dinâmicas de todas as moléculas contidas no interior das bactérias e das células.

Hoje começa a se impor a noção curiosa de que todas as organelas celulares provêm de bactérias inicialmente em tentativa de parasitismo e, com o tempo, transformadas em simbiontes.

Entenda-se bem: uma célula *não é originalmente um indivíduo*, mas uma coleção de microrganismos que se deram melhor convivendo do que se opondo. Então, passaram a depender uns dos outros e não conseguem mais viver sozinhos.

Recordemos a escada: primeiro as cadeias de moléculas cooperativas, depois bactérias inventando as longas cadeias metabólicas; depois a primeira célula, o primeiro ser pluricelular e, por fim, o ecossistema – todo ele encadeado cooperativamente, cada ser vivo influindo sobre todos os demais seres vivos de seu mundo.

A união faz a força – verdade das verdades!

Esse é um dos ou é o protomodelo de ecossistema – todo ele encadeado cooperativamente, cada ser vivo influindo sobre todos os demais seres vivos de seu mundo até alcançarmos a glória de Gaia (James Lovelock), o planeta vivo. Tão vivo que consegue regular o mundo físico mantendo-o favorável à permanência – e ao desenvolvimento – da vida!

Então, por que vivemos falando em competir e na necessidade de ser agressivos se nossa vida depende de nossa capacidade de cooperar?

Aqui também um pouco de História e Pré-História podem ajudar a compreender como se formou esse verdadeiro INSTINTO, graças a Deus tão poderoso ou mais do que nossa agressividade destrutiva de predadores cegos e míopes, inconscientes disso: quanto mais agressivo eu for, mais próximos todos nós estaremos da destruição coletiva.

Entre você e ela também ocorre a mesma alternância – o mesmo balanço dialético permanente entre cooperação/desenvolvimento e competição/conservadorismo. A competição pressupõe e reforça a existência da pirâmide de poder; a cooperação institui e reforça a rede.

Você não vive desejando que ela compreenda quanto a sua visão de mundo é certa e a dela, errada? Você não prefere mandar em vez de negociar e contratar? Mandar parece mais fácil, não é? Porque nos foi ensinado e fomos duramente treinados a essa simplificação/adulteração de vida: um chefe e um bando obediente são muito mais fáceis de imaginar do que uma democracia – todos dando suas opiniões, não raro bem divergentes, mais o trabalho de tentar conciliar os pareceres e os desejos de todos.

Coletivamente, nos comportamos como débeis mentais; uma multidão humana não é muito diferente de uma boiada e facilmente estoura!

Coletivamente, acobertados pela irresponsabilidade do bando e pelo anonimato, já fizemos coisas espantosamente ruins. A força da solidariedade coletiva, quando estimulada ou desafiada, tende a apagar muito depressa todos os desejos e preferências individuais.

Para governar esse grande débil mental, um bom tirano é a resposta adequada... Assim se pensou/fez até hoje. Também no lar. Nos velhos tempos da autoridade indiscutível do macho/marido, as coisas andavam bem melhor do que hoje, com nossa mania de democracia e igualdade...

Você também acha – ou muito pelo contrário?

Voltemos à biologia e à História, à troca e à cooperação – raízes naturais do amor dos seres humanos uns pelos outros.

Todos por todos. Todos com todos...

Sonho?

Não. Quero mostrar a você quanto o amor é ainda mais "natural" e na certa bem mais profundo que a competição.

Primeiro a troca, da qual já dissemos algo exemplificando com a faca de obsidiana e a pele de leopardo.

Veja como é natural a troca para nós. Tenho certeza: você não estranhou nem um pouco os exemplos, não é?

Porque herdamos dos macacos e dos primatas a *curiosidade, raiz da ciência e da tecnologia.*

Porque desenvolvemos as mãos. Podendo pegar, revirar, examinar coisas, pedras, paus, penas, folhas, procedendo assim, começamos a *ver os objetos de muitos ângulos*, e, com isso, eles deixaram de ser uma coisa só e sempre a mesma...

Não muito depois nascia a noção de troca entre mim e você; a última forma de troca é o namoro – ou a primeira?

Mas os bandos se encontravam periodicamente para grandes caçadas coletivas, como espantar uma récua de cavalos, levando--os a se lançar precipício abaixo. Essas tarefas exigiam mais gente do que havia em um só bando.

Nos encontros, quanta novidade, cada qual exibindo suas decorações, objetos e fetiches, pequenas obras de arte, joias, facas... Quanto brilho nos olhos ao ver isto ou aquilo, quantos desejos de ter, de usar, de aparecer; quantas negociações e quantas trocas – todas solidarizando, agora culturalmente, bandos e bandos.

Há evidência de mais uma espécie de troca: já foram encontradas lâminas de obsidiana bem longe dos lugares onde elas são abundantes. Primeiros sinais de... importação, de troca entre bandos, cada qual levando para os outros o melhor, o mais bonito ou o mais útil do que havia achado ou feito, difundindo objetos, técnicas, costumes...

Predação benigna – razoável definição do comércio. Predação porque todo comerciante precisa lucrar e vive tanto da troca quanto da esperteza (e da falta de escrúpulos...). Mas, de qualquer modo, "invasão" e conquistas de longe muito melhores do que as guerras e *muito anteriores* a elas.

> *O comércio e a cooperação precederam a guerra em muitas centenas de milhares de anos.*

Há, pois, uma luz bem no começo do túnel! Não é um alívio?

Cada vez que uma briga leva a uma boa troca e a um aumento de cooperação, é dado a ambos sentir uma alegria e uma satisfação profundamente instintivas, você sabia? Essa satisfação é muito melhor do que a do predador ou daquele que está certo, tem razão – ou não é o culpado...

Isso tudo sem contar a profunda ressonância da cooperação e sua inspiração biológica: a simbiose.

Depois de ter inventado a simbiose, a natureza achou seu caminho mais econômico: é mais fácil juntar alguns seres em um superorganismo do que gerar – ou pôr à prova durante éons – a produção e a estabilização de um superorganismo isolado, semelhante ao resultado da simbiose.

Juntar meia dúzia de bactérias em uma célula mostrou-se a única possibilidade viável de criar um superorganismo.

Assim entre nós. No Projeto Apolo, que levou astronautas à Lua, trabalharam 500 mil pessoas, na certa bem mais do que na construção das pirâmides...

Em má hora, a psicologia denominou de simbióticas as ligações estreitas de um casal – maléficas para os dois. Melhor chamar de sintanáticas essas relações sufocantes (palavra derivada de *thánatos* – morte). Estão ambos se matando!

Mas precisamos aprofundar mais e mostrar, como o fizemos com a agressão, quanto esse primitivo amoroso existe até hoje e, segundo parece, em plena expansão (até chegar à Internet e à globalização, tendo partido da TV, capaz de mostrar para todos como somos todos...).

Comecemos com os psicólogos medíocres e suas afirmações descabidas. Lidos com pouca atenção, poderemos depreender de suas reflexões sobre a maturidade: *adulto é aquele que não precisa de ninguém para nada...*

Pode-se imaginar tolice maior? Se for retirado de meu entorno tudo que foi feito pelos outros, fico nu no meio de uma floresta ou, pior, de uma savana...

> *Tudo que uso e de que preciso foi feito pelos outros, que desse modo demonstram seu amor por mim.*

E minha preparação profissional de tantos anos? Para quê? Para servir ao próximo.

Você dirá: que bobagem. Eu me formo ou trabalho para ganhar a vida, para ser pago.

Certo. E depois, o que você faz com o dinheiro? Vai comprar mais coisas – feitas pelos outros...

Seu salário é o sangue da economia, nossa matriz comum – retrato de nossa competência ou incompetência em cooperar. É a rede que nos solidariza de modo total e profundo, expressão e retrato de nossa solidariedade – boa e má.

Nossa dependência recíproca é ainda maior do que a dependência do recém-nascido em relação a sua mãe.

Desde criança ouço falar do amor dos homens entre si, do pai comum (da mãe não se fala...), do amor ao próximo, que seria nossa salvação.

Mas, por mais que olhasse, não conseguia ver esse amor e muito menos seus esperados efeitos. Bem ao contrário, todo o amor visível, sentido e observável me parecia de qualidade inferior, muito preso e ligado a interesses mesquinhos, a jogadas desonestas, a controles policialescos e a uma propaganda coletiva de insistência maior que a da Coca-Cola. A única forma legítima, coletivamente aprovada de amar é o casamento, com todo o seu cortejo de brigas destrutivas da alma e do corpo, como estamos mostrando. Ouvimos assim desde que nascemos, milhares e milhares de vezes, pois os escravos precisam viver falando da liberdade que nunca experimentaram, e todo aquele que ousa é um exemplo perigoso a ser exterminado depressa e de vez. Se possível, matar; se não, pelo menos a difamação, as calúnias, as fofocas, os telefonemas e as cartas anônimas – até as passeatas, como a da Família (e da Propriedade), cujo apoio elevou os generais ao poder.

Sua pergunta é bem inteligente!

Gostei muito dela. Você me perguntou: se nossa cooperação – nosso amor – é tão antiga e profunda, por que já mataram centenas de iluminados sempre que alguém ousou falar do amor ao próximo e, pior ainda, começou a praticá-lo? Cristo, por exemplo, disse para amar o próximo, e não só a esposa ou a família... E ele não teve família, nem ancestral nem consequente...

Boa pergunta: por que o melhor – a cooperação – ficou (e continua) escondido?

Creio ter a resposta.

Isso aconteceu e continua a acontecer porque a maior parte da cooperação foi imposta pela força, sob ameaça de chicote e até de morte. Foi imposta aos homens mansos (aos "herbívoros", os que produzem comida para todos) pelos "carnívoros" ferozes e implacáveis. Todos os alicerces de qualquer império foram lançados e construídos com o suor e o sangue "dos de baixo", escravos, servos, soldados rasos, mulheres e crianças.

Os poderosos, com seus atavios e penduricalhos, consideravam o trabalho (a cooperação entre iguais) algo inferior, abaixo de sua dignidade.

Você sabia que a palavra trabalho provém de *tripaliu*, o chicote de três pontas usado pelos feitores para conseguir a... cooperação dos cativos?

Além de explorar os mansos, os poderosos inventaram condições odiosas para a cooperação, horas infindáveis de trabalhos monótonos aos quais nenhum animal saudável se submeteria, a não ser sob as mais severas ameaças e punições.

Assim também a agressão do predador se satisfazia: mantendo tantos sob seu jugo à custa de uma nova rede-pirâmide de vigilância, abusos de poder e arbitrariedades sem conta.

E assim aconteceu que os mais importantes – os que amavam o próximo e produziam de tudo para todos – passaram a ser considerados inferiores, assim como passou a ser considerado inferior o amor existente entre eles.

Note-se a suprema e dupla maldade dos poderosos: o trabalho escravo, contínuo, dia a dia, sem descanso, na certa está muito longe de ser natural; já era uma imposição odiosa. O mesmo se diga da ausência total de escolha da tarefa. Esses temas já são debatidos hoje nas empresas de vanguarda...

Sem escolha de atividade nem horários, o trabalho se fez trabalho escravo e a cooperação passou a ser odiada e desprezada tanto pelos poderosos desocupados quanto pelos escravos oprimidos.

Não sei se as coisas mudaram muito hoje em relação a 10 mil anos atrás! As relações de poder abusivo pouco mudaram nestes milênios de História...

Têm toda a razão, pois, os iluminados quando nos falam do amor dos humildes e que eles possuirão a Terra.

Estão a caminho, e espero que cheguem em tempo, antes de os poderosos, ameaçados, resolverem acabar com o espetáculo com seu show de fogos de artifício termonuclear.

LOVE STORY

Quero contar agora a você uma bonita história da História, em paralelo emocionante com a da cooperação – prova cabal de amor.

Foi na *História em revista* – da Time-Life, publicada pela Editora Abril –, no volume dedicado à evolução das cidades, que lemos esse relato inspirador.

Os dois passos maiores dados pela humanidade foram a agricultura e a construção das grandes cidades, após o que ela jamais foi a mesma.

A agricultura multiplicou nossos recursos alimentares de forma espantosa – como vimos.

Mas vamos repetir os números. Enquanto 25 caçadores-coletores precisam de 650 quilômetros quadrados para sobreviver, 150 camponeses se alimentam satisfatoriamente cultivando 15 quilômetros quadrados. Área nas proporções de 26:1! Claro: esses números servem para se ter uma ideia. Eles podem variar muito em função das qualidades do solo, das formas de usá-lo, do produto cultivado, da fauna, do clima, do índice pluviométrico local e até da disposição dos agricultores, uns mais empenhados que outros. Mas a desproporção será sempre grande.

O principal da agricultura, no começo da História, estava na fertilidade e facilidade de cultivar O BARRO, trazido e espalhado pelos grandes rios – *generosos cordões umbilicais a alimentar todas as primeiras civilizações*, que dependeram dos rios Tigre e Eufrates, do Nilo, do rio Amarelo, do rio Indo.

O principal das grandes cidades, de outra parte, a partir de Ur, Uruk, Jericó, Moenjodaro, Catalhüyük e tantas outras, também foi *construído com* O BARRO sob a forma de tijolos – existentes então e servindo até hoje!

Você percebe, leitor? O material mais barato, mais vulgar, mais abundante foi a base de toda a civilização desde que só nas grandes cidades surgiram todas as condições, existentes até hoje, para um avanço sem retorno da humanidade, para o desenvolvimento das artes, das ciências, da política, da economia e quanto mais!

"Estar na lama", "sujo" (de barro) sempre foi um modo de declarar miséria física ou espiritual.

Quando morremos diz-se, bem depreciativamente, que voltaremos a nos fazer "pó da terra" (é só molhar o pó e ele vira barro!).

COOPERAÇÃO (espírito) e BARRO (matéria) – nossas raízes mais fecundas.

Jeová sabia disso.
Adão foi feito de barro.
Adão significa "feito de barro".

Jesus Cristo nasceu em Belém e, segundo comentário dos doutos da época, o que poderia nascer de bom ou de importante em Belém?

Hora da saudade!

O poder anterior ao século XIX era invariavelmente local, pela dificuldade de transportes e quase ausência de meios de espalhar notícias, informações.

Ainda em 1930, em Santo André, onde nasci, pouco ou nada se sabia do que acontecia em São Caetano – a oito quilômetros de distância – nem em São Bernardo, a seis quilômetros! Um só jornal na capital, duas revistas, uma semanal e outra mensal. Rádio? Uma só emissora, que irradiava programas apenas seis horas por dia. Música? Só sanfona e violão em alguma festinha de aniversário e, nos dias nacionais, víamos a banda passar – e mais nada. Conversas de visitas? Só locais, quem nasceu, quem morreu, quem casou, quem foi operado, quantas horas durou a operação, quanto sofreu...

Note, leitor: estou descrevendo a vida em uma cidade grande (para a época), bem próxima da capital, há pouco mais de *meio século*! Poucos ousavam usar o telefone. Telegrama era só para noticiar a morte...

Começava o cinema, com Carlitos, desenhos animados e as famosas divas de Hollywood, despertando paixões no mundo todo.

Começava a comunhão dos santos, muitos sentindo as mesmas emoções. Hoje, uma música de sucesso invade o mundo em uma semana, com todos cantando e dançando a novidade...

Que unidade de movimentos e de sentimentos!

Dá para sentir a diferença?

O isolamento favoreceu demais, no correr da História, os regimes despóticos. Nossa amplitude mental era bem reduzida; nossa compreensão e nossos interesses não iam além de um círculo de poucos quilômetros de diâmetro e algumas dezenas de pessoas.

Nada se sabia do mundo e, por isso, sem possibilidades de fazer comparações, as adaptações à vida local eram tidas e sentidas por quase todos como fatalidade, inevitável, "vontade de Deus", costume social indiscutível, lei universal (a do meu povoado!).
Éramos aldeias, não cidades.

O VERTIGINOSO SÉCULO XX

No século XX ocorreram mais descobertas científicas revolucionárias e mais mudanças nos costumes sociopessoais do que em todos os nossos 10 mil anos de História e nosso 1 milhão de anos de Pré-História.

Estendia-se rapidamente a rede de transportes por terra, mar e ar. Com o modesto telefone, depois o rádio (bem mais poderoso) e, por fim, a televisão, começamos a saber o que acontecia no mundo inteiro, a nos transportar com bastante facilidade para qualquer ponto do planeta e a falar a qualquer hora com pessoas distantes – até com nossos antípodas.

A isso somaram-se o poder da investigação científica e, com ele, a generalização do espírito crítico e um abalo poderoso de tantas convicções tidas até então como "eternas".

O mesmo acontece no plano mental. Notícias frequentes, vindas de todo o mundo, mostravam com muita clareza a verdade do Estado e da política: eles pouco se interessam e pouco têm que ver com o bem-estar do povo; quase todos os poderes oficiais são corruptos, egoístas e vorazes. Sempre foi assim, mas agora somos informados do valor mais do que discutível de "autoridades" e governos que se acreditam capazes de "dirigir" os povos.

Hoje muitas vozes competentes discutem cada vez mais e melhor esse poder do Estado, e a tendência mundial é reduzir as forças desse parasita-monstro da humanidade.

A política vem sendo pouco a pouco substituída pela boa administração dos bens de um país.

Descrédito da autoridade – esse o mote do final do século XX.

Ao mesmo tempo, voltamo-nos uns para os outros, sabendo que a salvação só pode vir de nós e de nossa união *contra* os poderes constituídos.

Outro sinal da agonia da pirâmide de poder: a Internet e as empresas organizadas em rede de vendas. Você trabalha quando e quanto quiser e é pago na proporção (não mais salários polpudos para posições de chefia apenas representativas).

Você ensina e prepara seus subordinados e ganha sobre suas vendas, e esse fato é fundamental. Na pirâmide clássica, o de baixo é explorado ao máximo; nas redes de vendas, você cuida ao máximo de seus subordinados, pois o sucesso deles é seu lucro – outra inversão maravilhosa!

O preço dessas revoluções altamente promissoras é o desemprego – de acordo com a Organização Internacional do Trabalho (OIT), a previsão é de que no final de 2009 haverá 239 milhões de desempregados no mundo.

O que se gasta para garantir a segurança (dos poderes constituídos!) seria mais do que suficiente para dispensar qualquer trabalho – de qualquer pessoa!

Por que subsiste, então, o trabalho escravagista, ainda hoje dominante, com suas muitas horas contínuas de atividades limitadas e não escolhidas?

Japão e China – dois bons exemplos. Para que continuar a trabalhar oito horas por dia, seis dias por semana?

Para a glória de nossa bandeira! Bolas para os pretextos dignos da exploração indigna!

O que fazem hoje e sempre os poderosos? Sobrou dinheiro para a nação? Comprem-se armas – para garantir a segurança do povo...

O complexo militar-industrial ainda é o mais gigantesco parasita da humanidade. Falam em garantir a segurança, mas são a mais próxima e provável causa de nossa aniquilação como espécie. Somos tão idiotas, coletivamente, quanto os gregos maravilhosos, autodestruindo-se em suas intermináveis guerras internas...

Esperamos que esteja claro, a esta altura, o perigo representado, primeiro, pelo nosso desejo mal orientado de segurança; segundo, pela nossa tão decantada e admirada agressividade competitiva; terceiro, e enfim, pela profunda incompreensão e inconsciência de nossa ligação primária com toda a humanidade na troca e na cooperação.

Pense um pouco, leitor: sua vida depende minuto a minuto de tudo que acontece no mundo – e você pode ter ideia do que está acontecendo. Você está ligado à humanidade por laços estreitíssimos de cooperação, de confiança (muito do que você faz depende apenas de sua assinatura!), de dependência recíproca, do fato de estarmos todos fazendo para todos, o tempo todo, tudo aquilo de que precisamos.

Perceba e compreenda bem: tudo que de mais digno e maravilhoso a humanidade já realizou foi feito por muitos em cooperação.

Enfim, bem no fundo: a competição, isolada, teria destruído a humanidade – e a vida – muito antes de ela começar a existir!

INSTINTO E PRECONCEITO

Capítulo 2

Espero que você tenha estranhado a aproximação entre duas palavras que designam movimentos quase opostos, o instinto como determinação da natureza e o preconceito como determinação social.

Mas, funcionalmente, são semelhantes. Nos dois casos a liberdade de escolha fica seriamente prejudicada, funcionando ambos como restrições em relação aos movimentos possíveis em determinadas situações. Ou, dizendo pelo avesso: são comportamentos distintos, muito semelhantes entre si, assim como são semelhantes entre si as circunstâncias nas quais cada um deles tem oportunidade de ocorrer. No caso de seres humanos, o preconceito chega a determinar, de forma bastante rígida, o que a pessoa pensa e fala; espera-se que a pessoa pense e fale sempre e somente de acordo com o que é aceito no seu mundo.

Mais uma razão existe para a aproximação: ambos visam à segurança, seja dos animais em seus ambientes naturais, seja a dos seres humanos – cada qual em sua cultura, em seu país, sua cidade, seu bairro e até em sua família. Não estranhe a família nesse contexto; pense nos alimentos, nos temperos e na forma de prepará-los, diferentes em cada casa, tantas vezes tão tradicionais quanto os modos de vestir – e até os modos de brigar... "A comida que minha mãe fazia..."

> A essência de ambos, instinto e preconceito, é claramente newtoniana: buscar regularidades entre os fatos para saber em todos os momentos o que pensar, o que fazer ou como fazer. Pelo avesso: evitar toda surpresa, todo inesperado – permanecer eternamente o mesmo em um mundo sempre igual.

Mas, enquanto a regularidade do instinto decorre das necessidades primárias da vida animal e das ofertas do ambiente, a regularidade dos costumes é contratual, mesmo que implicitamente. É claro que o famoso "contrato social" é um modo de dizer; não existe um cerimonial definido durante o qual cada cidadão – e todos os cidadãos – é convidado a conhecer o "contrato" e a assinar embaixo... Ele é *compulsório*, isto é, o contrato social é o contrário de um contrato, cuja existência depende essencialmente do "acordo entre as vontades" dos signatários, como reza a arenga jurídica.

Não escolhemos o mundo no qual nascemos nem seus preconceitos, nem sua língua, religião e mais. Portanto, o contrato social é um falso contrato, você não escolhe nem determina seu conteúdo. Você tem de aceitá-lo – ou lhe acontecerão coisas desagradáveis.

A origem de nossos preconceitos é variada e confusa. Nem sempre eles são razoáveis, cabíveis ou lógicos e quase sempre são anacrônicos – regras de viver estabelecidas em priscas eras.

Exemplo inesperado: a posição da parturiente em nossas maternidades. Sabem de onde veio essa posição, tão contrária a tudo que se exigiu e se espera da mulher desde que ela nasce? De um dos Luíses de França – não lembro qual. Ele queria ver com clareza como nasciam os seres humanos, e, então, a rainha foi posta de pernas bem abertas e com os genitais totalmente expostos. Logo a nobreza achou de bom-tom imitar sua majestade, e assim essa posição absurda é usada até hoje nas maternidades, com a chancela definitiva da sabença obstétrica. Ela é de todo imprópria para o parto – valendo apenas quando este é patológico e, mesmo assim, nem sempre.

Exemplos muito mais numerosos estão na origem da maior parte das grandes riquezas familiares ou individuais. Elas nascem, quatro vezes em cinco, de variantes de banditismo, pirataria, negociatas ou corrupção. Mas quando as grandes famílias ricas se estabelecem, todos os antepassados são glorificados pelos seus altos feitos de humanidade, filantropia, sabedoria e mais "razões" semelhantes...

Os costumes dos ricos têm ligações estreitíssimas com os preconceitos, sendo os poderosos, invariavelmente, tomados como modelos de comportamento. Na escola de samba, nascida na senzala, os negros – ex-escravos – vestem-se como seus senhores e opressores, marqueses, duquesas e mais.

E quem não deseja imitar seu ator ou atriz favoritos, usando-os como modelos para participar de sua glória ou ter a mesma sorte do bem-sucedido?

Ninguém imita um favelado e, no dizer clássico, pobre não quer saber de sua miséria; ele quer é imitar os ricos, e não compreender a estrutura social injusta.

E o que tudo isso tem a ver com briga de casal? Todas as brigas de casal – note bem: todas – são devidas a preconceitos de ambos, preconceitos até opostos que nada têm a ver com verdades absolutas, e sim com costumes sociais diferentes das duas famílias de origem. Preconceitos têm pouco a ver com inteligência, explicações, lógica ou ética. Têm muito mais a ver com atitudes desenvolvidas nos primeiros anos da vida, atitudes (corporais, musculares, posturais) das quais mal nos damos conta, mas que modelam poderosamente nossa vida, nossas crenças e convicções. O preconceito está no corpo todo – e não apenas "na cabeça". Defendê-lo pouco tem a ver com teimosia ou burrice; modificá-lo é muito mais do que "mudar de ideia".

Mudar de preconceitos é mudar de mundo, de convicções e de atitudes.

Por isso, também, briga de casal é difícil. E por isso também ela é tão tenaz e repetitiva. São embates entre duas culturas, e não apenas entre dois indivíduos.

Homo sapiens sapiens – a maior ameaça do mundo

O único perigo real – natural – do mundo de hoje é o próprio homem, sua agressividade e megalomania. Afora essa nossa loucura, todos sabem que poderíamos viver hoje num paraíso aqui, na Terra.

Então – e só então – poderemos saber o que é o ser humano, quando formos capazes de oferecer aos que nascem condições ideais de desenvolvimento, proporcionando-lhes meios e instrumentos variados e permitindo-lhes grande liberdade de experimentar com um mínimo de restrições.

Preconceitos e papéis sociais

Você conhece a biografia do carrapato? Não? Você nem imagina como ela é importante para as brigas de casal e entre pais e filhos.

Não parece, eu sei, mas leia e depois conclua por sua conta.

O filhote de carrapato nasce no chão, na terra, e logo procura um talo de arbusto e sobe por ele, acomoda-se e reza. Reza para que passe por perto de seu arbusto um animal de sangue quente, seu único alimento. Se passar uma vaca, um cavalo, cão ou pessoa, ele se deixa cair sobre a vítima. Seus sensores de calor são melhores do que os mais modernos dispositivos de detecção de calor dos mais avançados aviões de combate (note o fato: a extrema sensibilidade do bichinho).

E depois? Depois ele toma a única refeição de sua vida e, cheio de sangue, se deixa cair no chão. Se tiver sorte de haver uma parceira por perto, ele a fecunda e morre. Ela gesta sua ninhada, desova e morre – ela também –, e o filhote recomeça o ciclo.

Já imaginou uma vida mais sem graça do que essa? Que monotonia – e que incerteza! Mas a incerteza é mais suposta do que real, pois os carrapatos vicejam nos pastos aos bilhões! No entanto, pode-se dizer que eles vivem à custa de ocorrências aleatórias, cada uma delas menos provável do que as demais!

Mas o que é imprevisível para cada carrapato é mais do que previsível em se tratando de grandes números – de arbustos, de animais de sangue quente e de parceiras sexuais.

A natureza é tão científica quanto a ciência! Ela também vive de estatísticas, de probabilidades e consegue transformar o imprevisível em certeza, isto é, consegue a sobrevivência dos indivíduos apesar dos azares do acaso!

Mágica, não é?

Como ela consegue isso?

Buscando e contando com regularidades dentro do... caos! Ou seja, a natureza é, a rigor, muito inteligente! Ela opera segundo conceitos concretos: como combinar arbustos ("ideia geral" ou "conceito"), carrapatos (idem) e gente (idem) em uma cadeia contínua de sobrevivência – um circuito autorreprodutor! Tudo muda em torno do carrapato, mas a espécie se mantém durante longos períodos.

A constância ou permanência de cada ser vivo e de cada espécie é produto aleatório de "coincidências" e imprevistos absolutamente... regulares!

Note: mesmo um humilde carrapato é um ser vivo complexo, com movimentação variada, sentidos aguçados, uma somatória de processos metabólicos numerosos, tudo isso existindo apenas para manter em movimento o ciclo – tão simplório!

Os elementos desse ciclo – chão, galho e animal de sangue quente – são denominados pelos etólogos de "mundo próprio" da espécie considerada. No mundo próprio do carrapato só existem terra, galho, animal de sangue quente e, com sorte, uma fêmea!

O resto é silêncio.

Tudo mais que ele possa perceber não tem importância – de certo modo, não existe.

O carrapato poderia perceber e fazer muito mais do que faz *se gozasse da liberdade* de usar versatilmente seu equipamento sensorial e motor!

Mais do que qualquer mãe solícita, governo, grande filósofo ou cientista, a natureza considera a sobrevivência (o "ser" da antiga metafísica) um bem inestimável e está sempre disposta a sacrificar o que for para garanti-la. Isto é, disposta a sobreviver usando as regularidades (as médias estatísticas) e sacrificando implacavelmente os inesperados e as surpresas.

Por isso a natureza, tanto quanto a sociedade, é inimiga do amor!

Ou seja: quando enamorados, somos inimigos vivos e perigosos de toda constância ou regularidade, isto é, de qualquer sociedade e até da natureza.

Relembremos: é bem sabido em biologia que a maior parte das mutações (alteração aleatória do DNA) se mostra antes maléfica do que benéfica.

É perigoso inovar, quem não sabe disso? Mas é mortal permanecer o mesmo quando mudanças estão ocorrendo no ambiente.

Convém lembrar: as transformações sociais da atualidade, no rastro das inovações tecnológicas, vêm ocorrendo em velocidade uniformemente acelerada, e cada vez mais os velhos padrões socioculturais são não apenas anacrônicos como também empecilhos, gerando problemas insolúveis para quem vive no Novo Mundo (e ninguém consegue deixar de viver nele, querendo ou não. Afinal estamos aqui!).

Seguindo a sugestão do acontecer social, diremos que o ideal de humanidade, hoje, é o indivíduo "sem estrutura", até mesmo "sem princípios" (sem nada rígido), apto a mudar muito e a mudar sempre; ainda e enfim, o ser humano plástico, amoldável – vivo, em suma.

Ou iluminado! Sem modelo!

CRIANDO, EM VEZ DE IMITANDO OU REPRODUZINDO

A pergunta óbvia é: mas será dada ao homem tal mutabilidade? Temos a possibilidade, no corpo, no cérebro, na consciência, de mudar sempre? Temos sugerido várias vezes que sim, mas só ao falar na dança de Shiva apresentaremos *dados de fisiologia* pelos quais se prova que nós somos... criação contínua, querendo ou sem querer, sabendo ou sem saber.

Os iluminados estão certos: a luz está sempre aí. A questão é ser capaz de vê-la, abrir os olhos. Antes da demonstração definitiva, que está no final do livro, apresentaremos outras provas sugestivas do mesmo fato.

Voltemos ao carrapato e a tudo que ele representa da humanidade. Até hoje, a *maior parte das pessoas* comporta-se ou existe como os carrapatos, em uma vida operosa, simplória, monótona, quase sem prazer nem gosto.

Além disso, a história do carrapato se repete com todos os seres vivos – a história de um "mundo próprio" bem pequeno dentro de um mundo bem grande e muito desconhecido.

Não parece, mas dizer isso equivale a afirmar: as pessoas vivem assustadas e encolhidas diante de um grande mundo cheio de surpresas e – conforme a visão da família – muito mais cheio de ameaças do que de promessas. Todos os "nãos" da infância são devidos a fantasmas e perigos, a maior parte deles imaginária. Os perigos reais são bem diferentes dos temidos por mamãe – que pouco sabia do mundo.

Nesse contexto, lembrando mais um exemplo de vida pobre, declaro aqui minha velha simpatia e minha compaixão pela vaca e seus parentes, cuja vida consiste em ruminar e pouco mais! Dá para imaginar? Isso é vida?

Essa, mais do que a de um pobre ruminante, parece a vida de um filósofo... Sem contar que vivemos "ruminando" quase sempre os mesmos pensamentos – você já reparou?

Cada macaco no seu galho – menos nós!

Façamos um voo rasante sobre essa história dos "mundos próprios", e dos poucos movimentos que ele exige e limita, até desembocar na briga de casal.

Comecemos com o tigre – realidade e símbolo mais alto da competência motora dos seres vivos.

Você sabe, cientistas contam todas as coisas. Vivem contando para saber quanto se repetem, *e tudo que não se repete é excluído da contagem...*

Em média, nos dizem eles – que contaram! –, um tigre é bem-sucedido na caçada a cada *dez* tentativas! Desilusão, não é? Aquela máquina! É porque as maquininhas que ele caça são tão ou mais espertas e velozes do que ele! Velhice de tigre é triste! Quando um tigre ataca gente, é porque ele não conseguiu nada de melhor!

(Os grandes felinos não gostam de nosso cheiro. No monstruoso circo romano esses felinos precisavam estar esfomeados e bem treinados para comer gente na arena, você sabia?)

O que há de errado com os movimentos do tigre?

São sempre movimentos de tigre – e nunca outra coisa.

Um tigre jamais conseguiria – jamais pensaria – imitar um lobo, nem mesmo um leão, e se um dia ele tentasse imitar um rato toda a comunidade dos tigres o consideraria uma bicha!

Esse o destino, a riqueza e as limitações de todos os seres vivos, cada um ótimo na sua espécie, mas nenhum deles capaz de transcender, isto é, de alcançar um tipo de movimento não determinado – e não limitado – pelas suas necessidades de sobrevivência, inscritas em sua estrutura biomecânica e em suas necessidades metabólicas. Seus circuitos nervosos e seu desempenho real se mantêm constantes desde a maturidade do animal até sua morte, antes perdendo do que melhorando em eficácia com o correr dos anos.

Só ao homem é dado aprender a vida toda. É dado, isto é, é possível; se você aproveita ou não, a escolha é sua (e das circunstâncias de sua vida).

Repito agora a pergunta mais pertinente no momento: a cada dia aprendemos mais como são delicados, numerosos e precisos os sentidos dos animais; no entanto, toda essa sensibilidade refinada converge ou se afunila em um número limitado de respostas ou comportamentos. Toda percepção não ligada a comportamentos vitais não é percebida, *é como se não existisse...* Podemos, por isso, dizer que o mundo próprio de cada animal está muito longe de ser *A Realidade*, limitando-se a muito pouco dessa mesma realidade.

Os animais poderiam *perceber muito mais do que percebem* (têm sensibilidade de sobra para isso), brincar com coisas inúteis, encantar-se com as belezas naturais, inventar novos modos de convivência – como nós fizemos e fazemos (e como os filhotes talvez façam quando brincam).

Por que o homem é diferente, por que nosso mundo próprio é muito maior?

Porque nós podemos imitar quase tudo e, ao imitar, nos é dado compreender "por dentro", em nós mesmos, em nosso íntimo, todas as coisas que imitamos.

Podemos literalmente "construí-las" em nós. O microcosmo pode conter toda a realidade, se você estiver interessado em "ampliar a percepção" ou em "ampliar a consciência", ambas visando alterações da motricidade, da capacidade *de fazer*, de alterar o mundo. E vice-versa: alterado o mundo, será preciso alterar a adaptação, achar novas *formas de existir*, dizem todos; *de fazer*, prefiro dizer.

Os escolásticos declaravam: "Pela *inteligência*, o homem pode se fazer todas as coisas". É isso que afirmamos, mas corrigindo: podemos nos fazer todas as coisas sim, mas *por imitação* e até bem concreta; ficamos bem parecidos com o que imitamos – somos atores natos, atores "por natureza". Podemos assumir qualquer forma!

Podemos dizer que o homem é o mais livre entre os animais por sua versatilidade motora inigualável – por sua indeterminação radical.

Mas intuitivamente você sabe disso há muito tempo, só que não juntou fatos bem conhecidos para ver a resultante do conjunto.

Vou ser breve numa descrição que poderia encher quantas páginas eu quisesse.

Considere todas as artes circenses: equilibrismo na corda bamba, em bicicletas de uma roda, com pilhas de objetos sob o equilibrista, trapézio, ginástica, malabarismo, mágicas, arremesso de facas e/ou machados, adestramentos de animais variados e quanto mais você lembrar.

Depois vá a um teatro de danças variadas, eruditas e folclóricas – dezenas, centenas, milhares? A cada três meses surgem e se espalham pelo mundo um novo ritmo e novos movimentos.

Considere os esportes – saltos variadíssimos, corridas, arremessos, ginástica olímpica, esqui, surfe, voo livre, patinação, *skate*, ciclismo, automobilismo, esportes náuticos, alpinismo.

Movimentos destinados a ampliar a consciência e o controle motor: artes marciais, os mil exercícios e posturas da ioga, o *tai--chi-chuan* e quantos mais.

Cada uma das categorias denominadas envolve dezenas ou centenas de movimentos diferentes.

A MARCA DO HOMEM: VERSATILIDADE MOTORA

Vamos repetir: nenhum animal pode ser comparado ao homem em matéria de versatilidade motora; por isso – de novo – somos livres e eles não!

Considere, enfim, que qualquer um de nós pode fazer, de leve, milhares de movimentos; é só olhar para alguém que esteja fazendo e daí a pouco você consegue imitá-lo – ainda que precariamente.

Está vendo como e por que você é muito superior a um tigre em matéria de movimentos? Você pode imitar todos os outros animais, inclusive os tigres, e assim *sentir* como eles são.

E na História, podemos ver alguma coisa dessa criatividade ilimitada? É evidente que sim! Na verdade, um exame mesmo ligeiro dessa História nos mostra claramente nossa criatividade sem limites.

Para começar, inventamos mais de 2 mil línguas!

Depois, se você folhear um livro de História dos de hoje, grandes e cheios de lindíssimas ilustrações dos muitos aspectos das várias civilizações; se você conseguir superar a sensação do "Isso é velho, já sei o que é"; se você ainda tem um resto que seja da chama da curiosidade e da sensação de milagre, então ficará espantado e encantado com a variedade infinita de trajes, arquitetura, costumes, conhecimentos, organização política, religião, técnicas e armas de guerra, pintura, música, dança, teatro... Se você fizer isso, poderá ver no ato, como se fosse no cinema, a infinita variedade de realizações humanas.

E então se tornará mais do que evidente nossa criatividade diante de toda e qualquer outra espécie animal.

Também se faz clara esta noção: cada sociedade ou cultura aproveitou apenas parte de nossas aptidões, de regra *parte pequena*; uma vez constituída a cultura – como sistema autoproduzido e autossustentado –, ela organiza esse pouco em formas rígidas e persistentes, duradouras. Os inovadores se fazem, tempos depois, os carcereiros dos seus descendentes!

Por que dizemos "pequena parte"? Como se pode medir coisas tão complexas, inclusive indeterminadas e desconhecidas? Dizemos parte pequena comparando as características de *cada* cultura com o *somatório* de aptidões criadas, exigidas ou cultivadas por *todas* as sociedades conhecidas – justamente essa inundação de variedades que estamos enumerando.

Não é impressionante essa relação entre variação ilimitada de movimentos e variação ilimitada de criação? Guarde o fato. O homem ocidental insiste em ignorar seu corpo, sua animalidade e, sobretudo, sua motricidade (sua "carne"!) mais do que complexa, e com isso vive perdido na confusão das palavras. Ele não percebe que nasceu para agir/transformar o mundo e a si mesmo, e não para conhecer "desinteressadamente" o universo ou para descobrir e formular a Verdade Última e Única...

O mesmo acontece nas brigas de casal, nas quais quase todos acreditam que os fatos, as razões, os argumentos, as justificativas e acusações são importantes – e quase ninguém se dá conta dos dois bichos que se agridem por estarem presos na mesma jaula. Também por isso as brigas de casal são intermináveis, machucam demais e pouco resolvem. Elas também se repetem, se repetem, se repetem – como a vida do carrapato!

Mas, retomando o argumento, a natureza não gosta muito de variações – nem as mamães, nem os professores, nem as regras sociais.

Na verdade, ninguém aprecia muito "novidades" em matéria de comportamento quando se trata de pessoas próximas – muito menos se elas aparecerem nos meus filhos ou em minha mulher!

Conservador você, hein?

Dá para começar a perceber as ligações entre essa filosofia do movimento, nossa História e a briga de casal?

Por isso educar consiste em dizer *não* milhares de vezes, lembra-se? É para restringir os movimentos da criança até que ela caiba em nossos moldes restritos e restritivos, para fazer dela uma pessoa "normal", tão presa, medrosa e frustrada quanto quase todos nós, os "adultos", "maduros" e "normais".

No entanto, ao longo de toda a História, os adultos de cada época sempre se consideraram o suprassumo da perfeição, e a essa "luz"(!) a criança e os outros povos sempre foram tidos como infantis, exóticos, engraçados, terríveis ou ridículos.

Os seres vivos dispõem de gigantescas antenas sensoriais, capazes de captar uma enorme variedade de energias do universo, de sentir 1.001 sensações – calor, frio, maciez, peso, força, aspereza, dor, prazer, contato, cores, formas, gostos, cheiros e muito mais. Mas nossos esquemas motores, *pedagogicamente limitados e limitantes*, só nos permitem perceber, reconhecer, aceitar e responder a um número mínimo dessas sensações.

Perceber "tudo" – como nos aconselha Teilhard de Chardin – apenas geraria muita confusão e comprometeria a sobrevivência.

Pelo menos assim se diz, e talvez esse seja um dos mais enraizados preconceitos de toda a humanidade! Segurança acima de tudo! A *qualquer* preço!

Acima de tudo e a qualquer preto – esse o mal, porque com isso se vão o amor e toda a possibilidade de transformação real dos costumes pessoais e sociais, de transformação de uma humanidade implacavelmente predadora de si mesma em uma humanidade não apenas orgulhosa, mas – enfim! – amorosa de si mesma.

Aliás, você sabe, basta alguém perceber um pouco mais do que o carrapato e os outros começam a estranhar. Quem percebeu quase sempre aproveita o fato e explora a cegueira do próximo, se antes não tiver sido queimado na fogueira!

Em terra de cegos quem tem um olho é rei – ou marginal!

Por isso todos repetem os mesmos preconceitos (uma enorme simplificação intelectual), assumem ou são assumidos pelos papéis sociais (de mãe, de filho, de irmão, de professor e mais) e continuam a acreditar que são muito originais quando estão repetindo, repetindo, repetindo... nossas sagradas tradições.

Jeans – originalíssimos no mundo todo!

E o famoso "sistemão", autoritário de alto a baixo, continua aí, firme!

O não menos famoso ego se apropria de tudo que acontece, como se estivesse no comando, quando, quase sempre, está sendo movido pelos preconceitos e papéis sociais – e talvez não seja nada além disso.

> *O ego (ou o eu) talvez não seja mais do que o somatório de minhas repetições verbais e de meus comportamentos socialmente condicionados – na verdade, de tudo que em mim não sou eu...*

As pessoas vivem dizendo e fazendo sempre as mesmas coisas, quase sempre muito prevenidas – ou assustadas – diante de qualquer ocorrência diferente do usual. De outra parte, não diga para ninguém que ele é chato porque repete sempre as mesmas histórias. Ele – ou ela – vai ficar muito bravo!

Será que a pessoa está tomada pela ofensa a seu eu autêntico, como acredita, ou estará tomada pela ofensa a sua aliança implícita com a coletividade da qual faz parte?

Nossas sagradas tradições são exatamente isso: repetições de comportamentos impermeáveis aos fatos, à persuasão, à crítica, à contradição.

Elas são a própria *estrutura* da sociedade e da personalidade.

Mestre Freud já deixou bem claro: a maior parte do que fazemos, nós o fazemos automaticamente, e o comportamento dos adultos é bem pouco criativo e por demais repetitivo. É a famosa...

transferência. Quem ainda não ouviu falar dela?

Transferência – desdobrando – é a repetição na certa inconsciente de comportamentos e opiniões desenvolvidos e fixados nos primeiros anos da vida.

A natureza, como a maior parte das pessoas, prefere de longe a segurança à felicidade, a repetição à variação, a prisão à liberdade – mesmo quando vivemos dizendo o contrário.

Hoje, um dos *preconceitos* mais espalhados entre as pessoas, filho da propaganda e da fúria de "novidades", é este: importante é a cabeça feita, a coragem de transgredir, o desejo de aventura, a adrenalina, o protesto e a rebeldia contra o estabelecido, contra *os velhos* preconceitos... A ilusão é reforçada pelas novidades do noticiário e dos produtos de consumo – a cada ano novos "aperfeiçoamentos", dando aos incautos a mais perfeita ilusão de liberdade – de variação ilimitada.

O que Freud não parece ter percebido – nem os cientistas – é que a inteligência (e a ciência) atua exatamente do mesmo modo: buscando semelhanças. Classicamente, um *conceito* (ou uma *ideia*) é uma palavra que caracteriza elementos comuns, iguais ou semelhantes, presentes em vários objetos ou situações. A ideia de "branco" aplica-se ao leite, a uma parede caiada, a uma raça humana, à neve, ao giz, ao cálcio, à garça, ao urso polar e, depois, à inocência, à pureza e mais. Mas não se esqueça do essencial: *"o branco" não existe*.

Se você conseguir abandonar o pensamento conceitual – sempre genérico e abstrato – mergulhará em um mar de incertezas.

Por que essa forma de inteligência se desenvolveu nos seres humanos afinal? A fim de encontrar alguma espécie de ordem quando cada momento é diferente do outro, e outro o sujeito a vivê-lo.

Variação demais.

Caos.

Porque só o que se repete pode ser previsto e, se necessário, eventualmente controlado – claro, não é? Só com essa ilusão podemos dormir em paz, sentir segurança. Só com ela podemos... pensar!

A maioria prefere a regularidade, a pobreza de vida, a limitação da personalidade, o tédio e as doenças psicossomáticas a fim de não correr os riscos de fazer, sentir ou pensar de modo diferente do pensamento denominado "racional" ou "normal" – o pensamento da maioria que não pensa. Ou, mais clara e modestamente, diferente do que a maioria vive falando (se fazem o que dizem, é bem outra coisa – fidelidade conjugal, por exemplo).

Por que doenças psicossomáticas nesse contexto? Porque a vida é movimento, e se você a torna circular e "sempre a mesma" já está "não vivendo"; logo, está morrendo. O que parece uma analogia feliz na verdade é um processo concreto: quanto mais baixo o nível de interesse pela vida, pior o funcionamento do sistema imunológico, maior a predisposição a doenças.

INSTINTO DE MORTE – TALVEZ EXISTA

Essa, creio, foi a intuição obscura que levou Freud à noção surpreendente de um "instinto de morte". É muito estranho que a vida tenda para a morte como uma de suas finalidades.

Prefiro acreditar que a vida começa a morrer quando sacrifica a variação pela repetição.

Tanto que, dado um ecossistema, as espécies que variam (mutações) podem refazer adaptações e sobreviver; as mais estáveis, se mudar o contexto (clima, outras espécies), perecem. Ai do tamanduá se não houver formigas (difícil de acontecer!). Ai do coala se não houver bambus!

Por isso o amor é difícil e perseguido.

Ele é o eterno criador de novidades e surpresas, retrato da vida enquanto presente em indivíduos concretos, em situação concreta.

Lembre-se: o amor é o retrato sempre atual da criação contínua que somos nós.

Por isso não é possível "pensar" sobre o amor, pois ele não se repete. Quem sabe deduzimos daí uma regra difícil mas salvadora: para as brigas de casal, falar pouco ajuda e falar muito na certa complica...

Falar pouco quer dizer: pensar antes de falar em vez de ir soltando tudo que vem à cabeça. Porque tudo que vem facilmente à cabeça com certeza é preconceito, frase feita, dita sem consideração pelo momento nem pelos indivíduos que interagem.

Ao falar das palavras reforçaremos essa convicção.

OS SEUS PRECONCEITOS

Mas vamos aterrissar.

Sabe quais são os *seus* dois preconceitos mais fortes?

"Eu não tenho preconceitos."

"Preconceitos são coisa de gente ignorante, grossa, quadrada, reacionária, conservadora, careta, babaca..."

Melhor dizer, meu amigo: cada um (cada família, cada grupo) tem seus preconceitos. É mais verdadeiro, mais humilde, mais humano e mais desumano.

Por que você acha que dei tantas voltas falando de animais? Para mostrar que preconceitos e papéis sociais funcionam como verdadeiros instintos, inclusive no sentido de serem a cristalização de mil costumes e mil frases sobre temas ou situações comuns.

Alegoricamente, podemos dizer que os *preconceitos e papéis* são "instintos" culturais. É inexato, mas esclarecedor dizer assim. Torna claro o mais difícil do preconceito: por que as pessoas continuam a dizer e a ter sempre as mesmas frases e atitudes – por exemplo, a favor da família idealizada – mesmo quando é *vivencialmente claro para cada um* quanto sofrem com a instituição? Família, no mínimo, é difícil, envolve sacrifícios e sofrimentos demais, família custa muito caro, em dinheiro, em sentimentos, em trabalho, em frustrações e desilusões. Todos sabem e sofrem a família na pele, todos se queixam dela, todos repetem, em forma de anedota, coisas péssimas sobre ela. (A última que ouvi: como transformar uma fada em bruxa? Casando com a namorada...)

Depois de tudo isso, a pessoa conclui repetindo – enfaticamente! – um dos preconceitos mais tenazes, rígidos e cegos de nosso mundo:

Mas família é algo ma-ra-vi-lho-so!

Agora amarre o cinto de segurança, pois vamos fazer uma manobra arriscadíssima. Vamos virar do avesso uma das mais profundas convicções das pessoas: a salvação só pode estar na família (eu também acho, mas de outro jeito, bem diferente do comum).

O avesso é este: a família se fez refúgio murado a fim de proteger os filhos da maldade de todos contra todos. Se fôssemos mais humanos do que acreditamos ser, se as pessoas se tratassem bem umas às outras independentemente de laços de parentesco, estes perderiam muito de sua atual força.

Veja: é difícil encontrar quem esteja disposto a fazer por nós o que a família muitas vezes faz (ninguém pergunta o preço). Você concluirá: essa é a prova mais importante do valor humanitário da instituição.

Mas veja bem o que você está dizendo: *como vivemos nos caçando, encarando e predando uns aos outros*, é um alívio saber da existência de um grupo em que – haja o que houver – é provável que eu seja bem recebido e amparado. Até aí você me perguntará: e daí? Não é o que todos dizem da família? Não é ótimo?

Agora a virada de mesa: mas é a família a primeira e a principal responsável pela continuação da predação coletiva. É nela que "aprendemos" todas essas coisas péssimas que nos afastam uns dos outros, gerando o pior das relações pessoais – como estamos tentando mostrar desde o começo. Ela existe, em sua forma atual, para garantir e eternizar o poder dos poderosos.

A família é autoritária, por menos que seja; nela aprendemos – e como! – o que é autoridade e o que se exige de obediência, restrição e anulação de desejos e aptidões pessoais. Essa anulação, por sua vez, nos torna falsamente dependentes, ao mesmo tempo fracos, astutos e inescrupulosos.

Com "os outros" podemos fazer tudo que "com os nossos" não se deve. Fora de minha fortaleza, todos são "inimigos", como acontecia com as cidades muradas e com nossas couraças defensivas – cuidadosamente forjadas pela "educação" familiar (antes dos 5 anos de idade).

Couraças e muralhas existem – vimos – pelo mesmo motivo: todos potencialmente contra todos.

Um grupo é mais seguro – mais forte – do que um indivíduo isolado (sempre a segurança em primeiro lugar!). E, desde sempre, se não é do meu grupo é suspeito, é perigoso, é mal-intencionado, é "inimigo". Mas é também surpresa, inovação e renovação – *por isso* é perigoso!

Romeu e Julieta entram aqui – você já tinha imaginado?

Então, quem começa a guerra? É a família, que nos protege dos males do mundo, dos "outros", sempre dispostos a me prejudicar? Onde eles aprenderam a me prejudicar? Ou, generalizando: se família é tão perfeita para formar (educar) pessoas, e se a maioria dos civilizados tem e formou-se em família, por que então o mundo continua – com perdão da expressão – uma merda?

Já pensou nisso?

Direi até, dentro de uma visão bem ampla, que a família é a solução radical de nossa agressividade.

Assim: mantenha a unidade familiar a qualquer preço ("*Aqui todos nos amamos*") e volte toda a sua agressividade contra os outros – os não familiares. "*Eles*" *não prestam e "os nossos" são ótimos, mesmo que essa segurança, como todas, custe caríssimo nas brigas de casal e entre pais e filhos.* Com "*os outros*" *posso fazer o que me parecer melhor, ignorar; abusar; explorar.* Com "*os meus*" *não, imagine!*

Mas o fato é que mesmo entre os meus há agressões sem conta, das mais grosseiras às mais sutis e, pior de tudo, vivemos prevenidos contra "os estranhos", como se somente eles fossem capazes ou estivessem interessados em agredir, explorar, dominar. Negando – preconceito seríssimo – a agressividade dentro do lar, só podemos vê-la, depois, nos estranhos. Negação e projeção, diria mestre Freud – e com toda a razão.

A Família nos protege dos males gerados na família.

E assim a estrutura se reforça e eterniza. Estamos em pleno campo da auto-organização dos sistemas dinâmicos – como a célula e seu DNA – hoje em larga moda na área da filosofia.

QUAL É A RELAÇÃO ENTRE PAPEL SOCIAL E PRECONCEITO?

O *papel* refere-se a *atitudes* ("pose", postura, gestos, tons de voz). *Preconceitos* se referem à *fala* das pessoas – quando tomadas ou possuídas pelo papel.

Tomados e possuídos, sim.

Vá a uma maternidade e observe a diferença entre uma parturiente de primeiro filho *chegando* ao hospital e na *saída*.

Observe uma mãe falando *com uma amiga* e dirigindo-se depois *a seu filho* e note a diferença.

A maioria das mães (dos pais também), ao se dirigir a um filho, mostra uma atitude muito típica – o inconfundível "jeito" de mãe, ou de pai.

O *primeiro passo para você, minha senhora, começar a se comunicar de verdade com seus filhos é esquecer essa encenação da Mãe que sabe e resolve tudo. Você já pensou quanto lhe custa essa "glória"? Não pesa demais?*

Falar ou agir de dona Cecília para Carlinhos é muito diferente de falar ou agir de Mãe para Filho. Dona Cecília e Carlinhos são gente, entidades comparáveis ou compatíveis. Mãe e Filho são mitos glorificados e consagrados, dotados – supõe-se – de virtudes sobre-humanas inexistentes, ou que existem bem menos do que se diz e espera.

O conselho vale igualmente para Namorado e Namorada – em vez de Sérgio e Madalena. Quem entender bem essas afirmações e conseguir pô-las em prática pode deixar de ler o restante do livro.

Não se trata de dizer isso ou aquilo, mas de mudar atitudes, caras, tons de voz; caso contrário, o texto funcionará como "deixa" teatral, suscitando no outro... a resposta esperada!

Você consegue de fato falar – relacionar-se vivamente – com pessoas "donas da verdade?" Difícil, não é? Mas mulher alguma será mais dona da verdade do que a mãe, pois "Mãe está sempre certa"; não está?

Nada separa mais as pessoas do que os papéis – bem exemplificados com as *atitudes profissionais*. A atitude profissional é nosso jeito diante de qualquer pessoa pouco conhecida com a qual teremos relações passageiras, bem determinadas e impessoais – em suma, clientes. Essa pose é muito parecida seja quem for o cliente, seja qual for o profissional.

O mesmo se diga de qualquer papel social de pai, irmão, padre, médico, advogado, presidente, senador, cartomante, candidato a eleição, patrão, vendedor, gângster (!) e quantos mais você lembrar. O guarda-roupa da encenação social até que é variado...

O papel profissional é muito poderoso. É o mais exercitado em condições especiais durante muitas horas por dia, muito ligado ao reforço do pagamento, isto é, à sobrevivência. Na profissão e no trabalho damos o melhor de nós mesmos, você sabe: oito horas diárias de... escravidão!

Com muita Honra! A mesma honra de conseguir quatro paredes para se aprisionar.

Há numerosas anedotas e peças teatrais que exploram essa duplicidade difícil de desfazer. Por exemplo: o matemático fazendo declaração de amor – nos termos usuais para ele: "Você é a bissetriz de minha vida... Por enquanto somos dois pontos unidos por uma reta – distância mais curta entre nós –, mas se tivermos um filho seremos um triângulo, primeiro isósceles (enquanto ele for pequeno) e depois equilátero – afinal, somos democráticos..."

Essa de "Eu sou sempre o mesmo" (está suposto: qualquer que seja o ambiente) é outro dos preconceitos comuns, bonito de dizer no papo com audiência, dificílimo de fazer de verdade. Como sempre: *você não vê* as diferenças de comportamento, mas seu amigo ou sua namorada as veem muito bem.

Preconceito comuníssimo, aceito porque quase todos fazem parecido: declarar em público quanto sou bom pai, quanto sou honesto, assíduo e competente no meu trabalho, quanto respeito a opinião dos outros...

Se de fato fôssemos como afirmamos em público,
o mundo seria maravilhoso.

Comuníssima e engraçadíssima é esta frase, dita com cara de profunda sinceridade: "Minha opinião é essa, mas se você me provar que estou errado mudo de opinião e fico muito agradecido por você ter me corrigido. Assim, da próxima vez, faço o certo, não é?"

Onde o preconceito? Nisto: só mudamos facilmente de ideia quando a ideia não tem muito que ver com nossa vida...

"Quem vê cara não vê coração" – verdade ou preconceito? Preconceito, com certeza. Na verdade, esse é o primeiro de todos os preconceitos destinados a garantir a própria existência da sociedade. Ele afirma, dito de outro ângulo, que podemos disfarçar muito bem o que sentimos, mesmo nossos desejos ou os temores mais fortes e mais fundos – nosso animal. Vai junto: os grandes são perfeitos (porque de seus defeitos ninguém tem coragem de falar – na presença do monstro...). E, à custa desse truque, alimenta-se a idealização dos poderosos. Papa não faz xixi e Ditador não comete erros (é como "Pai sempre sabe o que faz...").

Estou profundamente convencido do contrário: quem vê cara vê coração, até melhor do que a própria pessoa cuja cara estou vendo! E ela não.

Lembre-se sempre: as mulheres são muito melhores nisso do que os homens, melhores em perceber caras e vozes – não tenha dúvidas. Sempre tratadas como servas ou escravas, tantas vezes sem direito sequer de falar, elas se fizeram observadoras astutas e finas de todos os sinais não verbais emitidos o tempo todo junto com a fala: nossas expressões faciais, nosso tom de voz, nossos gestos. Se você souber usá-la(!), sua mulher poderá ser bem mais útil – e bem mais barata – do que um psicólogo ou analista, pois ela vê muito mais de você, em circunstâncias bem variadas. Ouça o que ela lhe diz! Fazendo assim, você conseguirá, além do benefício de conhecer-se e usar-se melhor e de se fazer mais simpático, abertura para que ela o ouça quando você descrever seu jeito de escrava diante do "tirano" de 5 anos! Vale a pena ouvir a opinião dela também sobre algum possível sócio...

"Primeiro eu penso bem e depois decido." Isso é preconceito ou você acha que é lógico? É preconceito, isto é, verdade umas poucas vezes e falso quase sempre. A maior parte do que fazemos é costume, rotina, condicionamento, automatismo, "Nem sei por que fiz isso", "Foi sem querer" (este sozinho dá para encher um livro), "Fui levado", "Ele me induziu", "A culpa é dele" (este enche uma enciclopédia), "Fiz assim porque ele fez assim" (vingança, desforra), "Ele me obrigou..."

Examinemos mais de perto a questão. "Você pensa ou você é pensado?" Pense bem antes de responder! De onde – de quem – "vêm" os pensamentos que "passam" por sua mente? Você quer me enganar – e se enganar – que tudo que lhe passa pela mente você quis, escolheu, selecionou? Para onde vão eles, os pensamentos que lhe vieram, depois de você os ter pensado ou declarado? Já pensou nisso? Temos dezenas de milhares de palavras e de pensamentos "em algum lugar", e de lá eles vêm com certa oportunidade; mas pode garantir que tenha sido você quem buscou? Você está sempre presente e atento a seus pensamentos ou vai deixando que eles *passem* por sua mente?

No trabalho – se o seu exige certa atenção –, você pode dizer que está no comando da seleção e organização dos pensamentos ou da atividade mental; mas, acabado o trabalho, *soltamos* as ideias e elas começam "a passar" por nossa mente, não é?

Então começam a atuar forças inconscientes. Que forças serão essas? São as forças... musculares. Seus preconceitos (veremos logo mais quanto eles se ligam aos movimentos e às atitudes), seus papéis sociais, o que você imitou quase sem perceber, tudo isso governa seu pensamento.

Ao "falar sozinho", você fala com os outros dentro de si.

Em vez de você dirigir o curso do pensamento, ele começa a ser determinado pelas suas eternas repetições, iguais às de quase todos. Já reparou quanto nós estamos presos a certo círculo de pensamentos e preocupações bastante limitados – eles também sempre os mesmos? É sempre o carrapato!

A força da sugestão coletiva pode ser avaliada pela Coca-Cola. Muitos inocentes estão convencidos de que esse xarope melado é uma bebida dos deuses, quando esse sabor se deve à força de uma repetição interminável de frases feitas em torno da famigerada.

Você sente o gosto da propaganda, não o do refrigerante.

Toda a propaganda baseia-se na repetição, e pouco mais. Você está assistindo presentemente ao nascimento de um contrapreconceito: "Não fume" – cada vez mais repetido na mídia.

Exemplo muito mais grave: escravos. A fala dos proprietários era a de que escravo nem chegava a ser humano – era quase uma espécie inferior destinada a ser isso mesmo. Mas e os gregos? Com suas eternas intrigas e guerras, muitas vezes senhores gregos tinham escravos gregos, como os romanos.

E aí?

Como é possível crer que o escravo é diferente de mim convivendo diariamente com ele e verificando a cada passo nossas semelhanças? Pense também nas domésticas que trabalham com gente rica.

Um último – até engraçado. Na França dos Luíses e dos futuros decapitados, o empregado não era considerado gente, como se podia ver nos raros banhos de assento das madames, nuas diante de seus mordomos a esvaziar baldes de água quente, empertigados e "ausentes", como se nem estivessem ali!

Enfim, sempre contestando que seus pensamentos sejam seus: naquelas noites em que você é perseguido por pensamentos sombrios, dos quais faz o que pode para se livrar – mas é difícil, não é? –, será você realmente senhor de seu destino e tudo que pensa é "por querer", é bem pensado e "certo"?

Para convencê-lo depressa da força de seus músculos (de suas atitudes) na determinação de seu pensamento, considere: bem relaxado, é difícil pensar coerentemente, não é? O "pensamento" da pessoa relaxada é o devaneio – o deixar a mente vaguear à vontade, sem lógica nem realismo. E, quando você afrouxa de vez a musculatura, dorme, isto é, desaparece qualquer direção voluntária. Vice-versa: quando você está executando uma tarefa delicada, a concentração – o fazer por querer – é máxima e não sobra atenção para mais nada.

Cuidado então com essa de quem manda em mim sou eu e de que "meu pensamento" é de fato governado por mim.

"Pessoas inteligentes não têm preconceitos."

Verdade ou mentira?

Exemplo clássico: quando mestre Darwin falou de nossos ascendentes e nossa relação com todo o universo vivo, durante mais de um século leigos, religiosos e também cientistas mostraram-se indignados, baseados apenas em preconceitos preexistentes sobre a excelência de nossa espécie, tida como radicalmente diferente dos demais animais, as "bestas". Nós, descendentes de macacos?

Um número enorme de pessoas, durante muitos anos, não acreditava que o homem tivesse pisado na Lua, você lembra? Os jornais da época noticiaram o descrédito de um cientista inglês em relação ao "Sputnik", o primeiro satélite posto em órbita pelos russos. (Note: não era patriotismo; era a "certeza" da impossibilidade "científica" do feito.)

Meus amigos Lionel Tiger, Robin Fox e Lynn Margulis teriam muito a dizer sobre a onda de preconceitos levantada contra algumas das ideias que resumimos muitas páginas atrás.

Se você é um iniciado, inclusive em ciência, seu maior obstáculo será a resistência da sacrossanta comunidade científica – tão tacanhamente conservadora quanto qualquer outra comunidade –, feroz, implacável, orgulhosa, fanática com sua sagrada Metodologia Científica, seu pavor irracional diante de toda "especulação", sua impossível objetividade e seu desprezo por qualquer outra espécie de verdade.

Esse é o pior dos preconceitos da comunidade científica, por força do qual ela pode ser posta em paralelo com qualquer outra comunidade fanática. Como os cientistas são dos personagens mais falados e presentes no mundo moderno, tendemos a idealizá-los, mas quem os conhece de perto sabe que eles também são demasiado humanos, com suas intrigas, falsa modéstia, suscetibilidades, escolinhas fechadas e hostis, orgulho mal disfarçado, competição nem sempre muito escrupulosa e publicamente negada – é claro – e mais.

Preconceitos relativos à família

Em relação à família, encontramos um acúmulo de preconceitos irracionais, dos mais persistentes e mais duramente defendidos:

"Pai sempre sabe o que faz" (metade dos pais brasileiros e muitos do mundo todo são alcoólatras crônicos e, dos restantes, metade é ausente do lar).

"Mãe está sempre certa" (mesmo que analfabeta, miserável e ignorante).

"Os mais velhos sabem como é a vida" (sabiam, hoje não sabem mais – o mundo está mudando depressa demais).

"Crianças são lindas, bobinhas e não sabem nada" (bobas, realmente, são as ideias dos adultos sobre as crianças, principalmente as dos obstetras e até as de muitos educadores).

"Os pais precisam orientar os filhos" (nunca se pergunta quem orientou os pais).

"Mãe ama por igual todos os filhos" (isso só seria possível se os filhos fossem todos iguais entre si e assim permanecessem para sempre, não é lógico?).

"Em família todos nos amamos..." (essa é ótima, não é?).

"Família é para sempre!"

"Serei seu, todo seu, somente seu até o fim dos tempos, meu único e eterno amor, minha inigualável alma gêmea..."

Mas você também comprou este livro, não é? Para resolver a briga com a alma gêmea?

Usando esses preconceitos como modelo, vamos ver como eles tendem, com força coletiva e "tradicional", a tornar a vida das pessoas semelhante à paupérrima vida do carrapato, no sentido de vivermos em ambientes ou contextos muito ricos, manifestando comportamentos muito pobres – ou absurdamente empobrecidos pela "educação" e pelos "bons costumes".

Examinados de perto, é fácil mostrar que todos os preconceitos são generalizações precárias, compulsoriamente tidas como verdades absolutas, eternas e universais.

Ou seja: preconceitos pretendem ter, como fundamento, tal conhecimento que nem somando a sabedoria de todos os séculos e de todos os sábios conseguiríamos obter algo remotamente parecido com essa "sabedoria" cósmica, universal e eterna.

Sobre o assunto, a pessoa ou situação aos quais o preconceito se refere, nenhuma outra afirmação poderá ser feita em público, ou todas as demais afirmações serão tidas como necessariamente falsas.

Pior: não raro serão tidas como ímpias, heréticas ou anarquizantes. Em qualquer caso, dignas de ser "purificadas" na fogueira – ou na fofoca.

Intelectualmente, o preconceito é pouco menos do que idiota. Como será possível "resolver" tantas situações humanas complexas, ricas e variadas com essas regras supersimplificadas, boas para débeis mentais?

Vamos usar como modelo um dos mais famosos: "Negro não presta". Claro que entre pretos, como entre brancos, judeus, muçulmanos, chineses, brasileiros ou até americanos do norte, entre as pessoas de qualquer grupo, existem invariavelmente uma minoria ótima (10%), outra péssima (10%) e a massa intermediária (80%), a mediocridade. Se houvesse uma raça inteira que não prestasse, Hitler estaria certo em sua cisma ridícula da raça pura – "A" perfeita! (Aliás, estranhíssima conclusão de um homem a muitos respeitos inteligente e culto.)

O que dissemos dos pretos poderíamos dizer dos judeus, de qualquer povo, das mães, dos pais, dos professores, das mulheres, dos homens, dos filhos, e assim por diante.

A realidade é muito mais complexa do que os preconceitos nos levariam a crer, e os preconceitos têm a força que têm por isso mesmo: por nos dar a sensação de "Estou certo" diante de situações delicadas e complicadas, nas quais tantas e tantas vezes não sabemos – e ninguém sabe o que fazer.

A certeza, no caso do preconceito, pouco tem que ver com a realidade do momento. A sensação provém de, em face daquela situação, todos dizerem as mesmas palavras (a fórmula preconceituosa). Logo, ao repeti-la ou ao executá-la, *tenho a força da maioria a meu favor* – essa a força real da declaração imbeciloide. Ninguém contestará meu comportamento, estarei "acima de qualquer suspeita" de ser alternativo, polêmico, veado, marginal, terrorista ou anarquista profissional...

A SEGURANÇA É PAGA COM INCERTEZA CRESCENTE

Sempre a dinâmica da segurança: é bem mais fácil mover-se e decidir à luz de preconceitos do que levando em conta muitos dos fatores das situações. Mas a segurança é paga com... incerteza *crescente*!

As "verdades" preconceituosas, ao simplificar demais, falsificam, e então mais desencaminham do que orientam.

É patético ouvir mães – ou professores! – falando de tudo que fizeram de "certo", com as melhores intenções e o máximo de sacrifícios, e, "apesar de tudo", não conseguiram o que pretendiam; ocorreram consequências não só incompreensíveis (à luz do que a pessoa fez) como também *contrárias* ao que se esperava ou desejava. A conclusão é evidente: a *culpa* é da criança – ou do aluno!

E mais, e enfim e o principal: a eternização de comportamentos e pensamentos inerentes aos papéis e preconceitos tende a mumificar as relações pessoais e sociais, a formar uma estrutura dinâmica autossustentada à custa da infelicidade particular de todos: o mais do que famoso *sistema* com seu *paradigma* implícito: pai e filho, governo e povo, sacerdotes e fiéis, ricos e pobres: causa e efeito – e viva Newton, socialmente realizado!

Volto a dizer, quando você se machuca ou machuca quem ama está obedecendo com certeza a preconceitos tolos tomados como pretexto para agredir. Não é você contra ela; são preconceitos sociais (impessoais) contra preconceitos, papéis contra papéis – dois nobres cavaleiros atacando-se encarniçadamente em homenagem ao grande rei, que assiste feliz ao combate que o favorece.

Dois infelizes se machucando a bem de uma estrutura social injusta, cada um achando que a culpa é do outro, cada qual cobrando do outro virtudes impossíveis ou graves falsificações de comportamento.

Em todas as brigas de família, você não faz o que pode, o que aprecia ou consegue. Você tem de fazer como se deve, como é certo... (Como os preconceitos e as necessidades dela – e da família dela – exigem que você faça.) E me desculpe, mas seus preconceitos, suas ideias (bem pouco suas) funcionam exatamente do mesmo modo e não são mais válidos do que os dela.

Repare e me pergunte:

"Por que você (eu, no caso) deixou logo aí em cima, em destaque, 'necessidades e preconceitos dela'? Preconceitos e necessidades – aqueles bem pobres, como você mostrou; mas necessidades são necessidades, não é? Bem diferentes de preconceitos".

Claro que são muito diferentes, mas temos todos o péssimo hábito (outro preconceito!) de exprimir nossas necessidades em forma de exigências ou cobranças do outro, e essas cobranças assumem quase sempre a fórmula de um preconceito. Como se ela devesse satisfazê-lo por obrigação, por Lei Eterna, em vez de ser, bem mais simplesmente, sua necessidade, seu gosto, seu costume, seu prazer ou seu sossego.

Enfim, vamos alinhar todo o exército: quando você exige o que lhe faz falta em nome de preconceitos, tem a convicção íntima de estar certo e – o principal – de ter os demais a seu favor Por isso, nesses casos tão frequentes em namoro e no casamento, aquele que "está certo" (de acordo com o preconceito) tem a todos como aliados, até como cúmplices – em qualquer ação que venha a fazer, mesmo a mais torpe (lembrando palavras de meu tempo...). Agressão aprovada, lembra-se? Se você está certo, aproveite! Exija o que quiser, maltrate quanto for "necessário" para o rebelde compreender sua infâmia e ignomínia.

Você está me achando cômico ou exagerado porque já esqueceu quase tudo que disse e fez na última briga com sua mulher... Pense bem, recorde...

Em relação a pais ou mães brutais, impacientes, infelizes ou miseráveis, esse esquema "garante" impunidade diante de agressões monstruosas a crianças. E ninguém se mete "Porque pai é pai e sempre sabe o que faz". Sabe de quem é a culpa nesses casos tão tristemente frequentes?

Eu poderia dizer que é sua também, mas prefiro dizer que é nossa, de todos, por vivermos papagaiando frases tolas e desconexas como se fossem verdades eternas e sagradas. Elas são, isso sim, os elos das correntes que nos mantêm escravizados.

> *Por essas e muitas outras razões semelhantes, acabei concluindo: os seres humanos não brigam pela verdade nem pelo bem; os seres humanos precisam brigar porque são agressivos, e então qualquer diferença é boa para ser usada como pretexto, justificativa ou desculpa para agredir, principalmente quando apoiadas pelos costumes sociais.*

Lógico, não é?

Se você quiser defender um pouco nossa pobre desumanidade, então diga: criamos, sem saber e sem perceber, condições de vida e de convívio tão pouco satisfatórias para quase todos que vivemos descontentes, frustrados e predispostos a agredir, aproveitando para isso qualquer pretexto porque "o mundo" (na pessoa dela...) é contra nós, nos tolhe, policia e cobra. Na verdade, não é na pessoa dela, mas no fato de ela ser minha esposa (estar no papel de, com todos os preconceitos favoráveis à "legítima").

Enfim, dependendo das pessoas presentes, afirmações que contradigam a declaração preconceituosa podem provocar reações sérias, até fuzilamento, fogueira, linchamentos, péssima fama, perseguições implacáveis e muito mais.

O Sistema é implacável contra qualquer oponente.

Na Alemanha nazista, por exemplo, críticas ao regime feitas em casa, pelos pais, levaram filhos a denunciá-los à Gestapo...

Na Idade Média (contra o *despotismo* da Igreja Católica) e durante a gloriosa Revolução Francesa (primeira luta histórica do povo a favor da *liberdade*), boatos podiam levar você para a fogueira da Inquisição ou para a guilhotina. E, hoje mesmo, não faça muito barulho contra os poderosos. Sempre foi e continua a ser bem perigoso, principalmente se você conquistar seguidores!

E lembre-se sempre: entre o Sistema, você, preconceitos e papéis sociais existe a mais estreita das ligações. O sistema não é vivo nem concreto, a não ser quando e enquanto encarnado em você, "chupando" sua vitalidade para continuar atuante.

Por que tanta história de vampiro?

SOLIDÁRIOS, APESAR DE TUDO

Em público nos comportamos bem melhor do que em casa. Mas, combinando duas desgraças, talvez nos seja dado entrever muita luz! Nosso acordo tácito em relação a preconceitos e papéis sociais, afinal, é uma profunda confirmação de nossa *natureza cooperativa*. É como se fosse um pacto coletivo de não agressão, e até aí muito bem. Pena que esse pacto não leve em conta a vida dos indivíduos. Ao mesmo tempo que se gera certa facilidade para o convívio social, aperta-se o cerco sobre a vida dos casais; pagam eles, com suas brigas, pela paz coletiva.

Está certo? É justo?

Não será possível achar média mais equilibrada?

VOCÊ É VOCÊ OU VOCÊ É O OUTRO?

Ao obedecer a preconceitos, você não é você, mas sem eles você jamais seria você!

Para começar a elucidar a charada, uma dica: "Quem não se perde não se acha", disse Cristo. Parece ser necessário *primeiro* perder-se nos costumes e loucuras sociais, despersonalizando-se, para depois começar a perceber que nada do aprendido era comigo.

Cristo outra vez: "Se não vos fizerdes como as crianças, não entrareis no reino dos céus". Isto é: cuide e aprenda a se livrar de todo o lixo que foi posto na sua cabeça durante a chamada educação para, ao mesmo tempo, ir aprendendo a perceber como você é e como as coisas são.

Todas as técnicas de cura, de transformação ou desenvolvimento da personalidade – acadêmicas ou alternativas, ocidentais ou orientais – não pretendem outros efeitos que não este: "provar" a você que sua educação só o prejudicou – o amarrou. A educação, tanto familiar quanto escolar e social, é feita *nominalmente* "a favor de todos", mas *efetivamente* atua contra você – contra cada um.

É evidente que ninguém pode fazer "tudo que lhe vem à cabeça". Mas poderíamos fazer muito mais do que nos apraz sem prejudicar ninguém, principalmente porque a repressão alcança, além do sexo e da agressão, tudo que é "infantil", isto é, toda alegria espontânea, a curiosidade e o entusiasmo, a disposição para brincar, cantar, dançar – amar.

O homem socializado e "normal" é sério e respeitável – *sempre* sério e respeitável.

Um chato!

O amor é o mais perigoso, o mais revolucionário e, portanto, o mais proibido dos sentimentos; é preciso negá-lo até onde possível e, para o que resta dele, será preciso fazer uma prisão de segurança máxima: O CASAMENTO.

Assim, em vez de criar crianças brincando e aprendendo com elas, nós transformamos a educação em um dever pesado demais, muito caro – e incrivelmente ineficiente!

Mais uma poderosa razão falsa existe para falarem "conter a fera que existe em nós" – a fim de justificar a *extrema repressão* da desobediência e da rebeldia dos "inferiores" (filhos-povo) contra os "superiores" (pais-governo) e legitimar a opressão e o abuso de poder dos superiores contra os inferiores.

Leão solto e leão preso – são iguais?

Você sabe muito bem quais são essas razões. Vá passear no Simba Safári e aproxime-se de leões e tigres saciados; não chegue perto demais, fique na sua, apreciando-os, e eles até chegarão a fazer poses, exibindo-se para você! Entende? Agora vá para perto de uma jaula de circo na qual um leão vive fechado em um espaço de 3 x 5 metros. "Não chegue muito perto, viu? É *muito* perigoso – escute o que sua mãe está dizendo!" Um leão meio morto de tédio adora uma imprudência que o faça lembrar-se dos velhos tempos das caçadas gloriosas – e você vai ver o que lhe acontece!

Exagero meu? Então me diga quantos metros quadrados úteis tem seu apartamento e quantos outros tem seu lugar de trabalho. Se você vai trabalhar de carro, aí tem uma sofisticada gaiola sobre quatro rodas; se de ônibus, aí o espaço é bem maior, mas o número de pessoas é maior ainda, você sabe.

Então, você vive como se vive no Simba Safári ou como o leão enjaulado do circo?

A moral da história é muito importante: o animal enjaulado é tomado de fantasias, emoções e intenções que o animal solto jamais teria. Por isso é preciso amarrar – pela educação – de dois ou três modos distintos – amarrar muito, dizer mil "nãos" – a fim de preparar a pessoa para que ela possa conter tanto os impulsos primários (do leão solto) quanto os secundários (do leão preso).

Não pense que essa ideia é só minha. Todas as escolas de psicoterapia separam essas duas categorias de impulsos. A noção é difícil, mas a separação dos dois tipos de desejo é imperativa. Falar em desejos naturais (ou instintivos) e culturais também serve. Mas o que a reflexão separa não existe separado, você sabe. O corpo não "se divide" (!) em cabeça, corpo e membros... Só nas palavras as coisas são divididas.

Difícil separar em nós os chamados desejos ou inclinações genuínos, autênticos, próprios, das tendências exigidas ou impostas pela sociedade – primeiro a familiar, depois a escolar e, por fim, a social.

A expressão mais clara das influências sociais está no desempenho dos papéis e na repetição das fórmulas preconceituosas.

Espero, a esta altura, que você concorde comigo quando digo: *todas* as brigas de casal têm que ver com preconceitos e papéis sociais.

Em quase todos os capítulos deste livro, aponto outros preconceitos, muito mais numerosos do que se poderia imaginar. Quase todas as situações típicas da vida social envolvem vários preconceitos que funcionam como normas para que o ritual seja impecável...

Raízes profundas dos papéis e dos preconceitos: automatismos motores complexos

Para encerrar, o principal! Tentaremos compreender agora a tenacidade e a indiferença das posições preconceituosas diante de qualquer fato ou demonstração que as contradiga.

Essa tenacidade se deve, em primeiro nível, ao fato de a palavra, como veremos, estar no corpo todo, e não apenas "na cabeça" ou "na língua".

Deve-se, depois, à "eternidade" da palavra, da qual também cuidaremos logo mais.

Deve-se, acima de tudo, *ao modo como foram aprendidas*. Preconceitos e papéis sociais não são aprendidos nem ensinados explicitamente na escola, não são claramente explicados para as crianças (mesmo que fossem, elas não os compreenderiam) nem mesmo decorados como se decorava a tabuada.

> O *aprendizado dos preconceitos e dos papéis, antes de mais nada, é simultâneo e integrado – uma coisa só. Digamos, a dança e o canto.*

Papéis e preconceitos são aprendidos por imitação – por identificação, dizem os psicanalistas. Mais: essa imitação começa desde a hora do nascimento, talvez antes. Ela é de todo comparável ao aprendizado dos filhotes de animais, que aprendem apenas *olhando e fazendo parecido* com o que veem nos adultos – processo totalmente não verbal.

Desde o começo esse aprendizado se faz "por fora" da consciência, sem intervenção alguma de vontade, deliberação, escolha, compreensão. É quase um adestramento, como se faz com animais no circo, ocorrendo apenas no circuito óculo-motor – ver-fazer.

Quem aprende não sabe que está aprendendo e mal percebe o fato *de estar imitando – raiz motora* do aprendizado. (Primeiro o homem faz; depois descobre como se faz – você vai ouvir mais sobre esse assunto logo mais.) Eu "não faço" o papel social. O Eu "não toma atitudes", elas "se fazem" – como se eu fosse *tomado ou possuído* instantaneamente por um espírito independente de minhas intenções conscientes.

Por isso, aliás, existe a psicanálise: para que você comece a perceber como aprendeu os preconceitos de que sofre, manifestos no seu comportamento.

Você declara o preconceito com muita convicção, assumindo ares e caras e jeitos típicos do pajé ou do grande sacerdote. Enfim, mesmo quando você o critica, continua preso a ele.

A *pose* reaviva-se quando a pessoa declara o preconceito em uma situação em que ele cabe ou na frente do "objeto" do preconceito, o negro, o judeu, a outra, a mãe e muito mais.

É importante compreender bem: na situação, a atitude *toma conta* de nós *instantaneamente*, antes de qualquer pensamento; aliás, quando começamos a pensar (dentro da situação), o pensamento *já está* determinado pela atitude, pelo ângulo ou ponto de vista no qual ela nos coloca.

Modelo animal: quando o impala sente o cheiro do leopardo *é tomado* pela reação de fuga – e é vital que o processo seja rápido, ou seria inútil.

Espero tenha você se surpreendido ao ler, em algum lugar deste livro, que *aos 5 anos de idade já aprendemos 80% de tudo que aprenderemos na vida.* Este é o ponto: até essa tenra idade, você *imitou* (ou identificou-se) diariamente, muitas vezes por dia, com *as atitudes (e os discursos) dos familiares.* Você desenvolveu atitudes (ou foi *tomado, possuído* por elas), desenvolveu *modos e jeitos* que serão as raízes motoras de seus papéis sociais. Você ouviu e repetiu dezenas ou centenas de milhares de vezes as fórmulas verbais de seus preconceitos. Dizem muitos: os "pensamentos" muito repetidos em nossa mente acabam acontecendo (sugestão). Nada está mais em nossa mente do que o preconceito, assim como os automatismos que compõem uma *atitude* (dezenas de milhares de *esforços musculares* coordenados, de *instalação instantânea* diante da situação). Esse "campo" de *circuitos motores* exerce forte influência sobre a consciência, sobre o curso do discurso ou da polêmica interna (do "pensamento"); portanto, estarão sempre ligados aos preconceitos/papéis.

Isso não é apenas psicologia do aprendizado. É o maior drama da humanidade.

Muito antes de compreender o que quer que seja da vida social, antes mesmo do aprendizado da palavra, já fui tomado por muitas atitudes e frases feitas que passarei a manifestar e repetir automaticamente ao longo – tantas vezes – da vida toda.

São as raízes *mais fundas* e as estruturas *mais persistentes* da personalidade – são seus alicerces, e nada do que se pretender edificar sobre eles poderá fugir desse balizamento.

Se e quando essas estruturas são criticadas ou contestadas pelas pessoas ou pelas situações, a sensação imediata é de que estão retirando o chão sob meus pés. Fico "abalado", "chocado" e na certa muito confuso, "sem saber o que fazer", fico "sem jeito" ou "perco o jeito".

Dizia mestre Reich: um dos temores maiores do homem é cair, eventualidade à qual ele está continuamente exposto. Quem o equilibra não é você, não é seu "eu". Vou falar difícil: quem o equilibra é seu extrapiramidal, auxiliado pelos canais semicirculares do ouvido interno, pelos olhos, pelo cerebelo, pela propriocepção e por muito mais.

Cerca de metade do cérebro está a serviço apenas desse equilíbrio – funciona o tempo todo apenas para nos manter de pé.

Para encurtar caminho: se você fizer um boneco com nossa forma e consistência, basta um empurrãozinho de nada e ele cai. Até se você o fizer levantar o braço na horizontal, ele também cai. É isso: a manutenção do equilíbrio do corpo no espaço é a função mais complexa e automática do sistema nervoso central. É uma segunda vontade dentro de você, algo capaz de organizar a cada instante os milhares e milhares de microesforços exercidos pelos músculos ao se contrair sem que você pense neles, ou sequer saiba de sua existência. São seu suporte – suporte de seu corpo e de todas as suas ações, qualquer uma delas capaz de perturbar esse equilíbrio.

Tudo isso se aprende até os 5 anos de idade, mas crianças, você sabe, são bobinhas, ignorantes, não compreendem o alto cerimonial das pessoas maduras nem nossos Sagrados Valores Tradicionais. Só sabem brincar, não fazem nada de sério; estão apenas esperando para se tornar tão maravilhosas quanto nós; aos poucos aprenderão tudo que temos para lhes ensinar – mais tarde. Por enquanto são muito pequenas...

Espero que você tenha se aborrecido com o número excessivo de palavras entre aspas pouco atrás. Claro, foi de propósito, foi para acentuar ao máximo o papel de nossos movimentos em nossa vida dita mental e, para tantos, *apenas* mental. Depois, ninguém compreende por que os outros são tão teimosos em suas *posições*...

É que para "mudar de ideia" você tem de mudar *de jeito, de posição, de atitude!*

Agora o quadro está completo e, creio, você está começando a compreender quanto essa tenacidade do primeiro aprendizado se reflete na sua vida de casal, tornando as brigas repetitivas e cruéis.

Contestar seus preconceitos é abalar suas estruturas mentais e físicas mais antigas e mais poderosas, já que tudo que veio depois foi construído sobre esses fundamentos. O pior que se pode fazer com preconceitos é considerá-los apenas estúpidos ou bobos.

Essa consideração está se fazendo, nos dias de hoje, outro preconceito – com pose própria, de superioridade desdenhosa frente aos "caretas", aos "quadrados" e aos "babacas".

Você sabe, mas não pensa sobre isso: preconceitos raciais – tomando-os como exemplo – têm sido "causa" (isto é, pretexto) de guerras implacáveis, de injustiças revoltantes, de matanças medonhas.

Encerro com dois exemplos de preconceitos cruéis, estúpidos e persistentes. Primeiro, os pezinhos mutilados das chinesas – dor eterna porque não há solda óssea, porque os ossos continuam a crescer, porque eles precisam ser quebrados periodicamente e porque, enfim, a jovem infeliz tem de andar a vida toda sobre esse horror de sofrimento e precisa sorrir elegante e discretamente. E falamos da mais antiga civilização da Terra, a mais "evoluída".

O outro não é menos revoltante. Você não sabe disso – é quase certo –, mas na África *de hoje*, $2/3$ das mulheres sofrem infibulação, isto é, o corte e a retirada a sangue-frio do clitóris, dos pequenos lábios e, conforme a tribo, de até mais do que isso, sem cuidados de anestesia, de hemostasia, de prevenção de infecções, causa frequente de morte de mulheres.

Mas é nossa Sagrada Tradição, você compreende? Se não fizermos assim, que farão os deuses conosco?

Claro: a fala é de homem – de macho (*só* de machos, que sabem como são as coisas porque seus bíceps têm mais força que os das mulheres, sua única superioridade indiscutível).

Os papéis psicológicos

Não falamos de outra espécie de papel, digamos, papéis psicológicos, encarnação de personagens típicos: o orgulhoso, a exibida, o servil, o herói, o bandido, a pérfida, a boazinha, o tímido, o valentão e tantos outros. Esses papéis são o *modo pessoal* de o indivíduo realizar seus *papéis sociais*. São, de outra parte, a soma de suas "defesas" ou *couraças*, edificadas em sua maior parte nos embates entre a criança, espontaneamente animal, e as exigências familiares, escolares e sociais.

Podemos dizer que nossas defesas são o negativo das pressões educativas pelas quais passamos – ou das quais sofremos. A cada agressão maior, ou em função de agressões menores porém repetidas, vamos compondo "placas" protetoras, constituídas invariavelmente de conjuntos de imobilidades, de movimentos contidos – um a cada "não!" A cada "não", uma fluência, uma expressão emocional, se transforma em estrutura – que é sua negação, sua não realização! Quando "bem defendidos", estamos quase paralíticos – e quase asfixiados! Aparentemente, a psicanálise não se deu conta do fato, pois nos termos propostos nossas "defesas" são tão ou mais prejudiciais do que o risco de desobedecer ao "não!"

Mas isso só se descobre correndo o risco...

Um "não" não é uma parede. É uma palavra... Dito por mamãe, papai, o professor, o padre, o patrão, o "não" tem a força dos preconceitos de muitos – a força da maioria!

Cercamo-nos de muralhas ditas protetoras, mas na verdade, e no mesmo ato, estamos construindo paredes de uma prisão, muitas vezes de uma solitária – sem comunicação nem contato real ou profundo com os outros... prisioneiros!

Mamãe disse "Não pode porque é feio"; papai disse "Não pode porque é errado"; o padre disse "Não pode porque é pecado"; o psicanalista disse "Não pode (fazer) – só falar"; o patrão disse "Não pode porque é comunismo"; o juiz disse "Não pode porque é contra a lei"; o governo disse "Não pode porque é subversão".

Portanto: *não se mexa – é perigosíssimo*!

Falar pode, quanto você quiser, como diz o psicanalista e como dizem os governos democráticos.

Você talvez se tenha mostrado indignado quando eu disse, bem atrás, que isso de "Primeiro eu penso e depois decido" é um preconceito. Você achou que eu estava duvidando de sua racionalidade, de seu bom-senso e de seu realismo. Você achou, até, que eu estava dizendo que você tem preconceitos!

Acertou. Foi isso mesmo. Agora posso esclarecer melhor a questão. Vou falar da mais poderosa influência que se exerce sobre nossa personalidade, a força arrasadora da "opinião coletiva", devendo-se dizer, melhor, da *sugestão coletiva* – a força decorrente dos "pensamentos" da maioria.

Para começar, não são pensamentos, mas automatismos mantidos vivos à custa de milhares e milhares de repetições que podem ser ouvidas em tantos lugares, em tantos contextos, sempre com as poses adequadas – de gente "séria e respeitável", de pessoas "normais", dos que se comportam (em público) "como se deve" (como mamãe ensinou...).

A opinião é efetivamente sua ou você apenas a repetiu? Faça um pequeno exame de consciência...

Para diferenciar pensamento pessoal de sugestão coletiva você pode fazer vários testes. No caso da *sugestão coletiva* temos a *pose* (bem característica); temos depois a *intransigência* e a disposição de defender o enunciado como se ele fosse um pronunciamento divino; em seguida, a disposição de "ensinar" ao divergente, de criticá-lo e, se ele for seu filho ou sua mulher, de obrigá-lo a "pensar" como você "Porque assim é o certo" – novo sintoma de enunciado preconceituoso; o *acordo* com a maioria é o sinal mais seguro de atuação de um papel/preconceito; certo *sentimento de segurança* (de novo decorrente *do acordo com a maioria*) é bem importante; enfim, o assentimento e até a *admiração dos circunstantes* porque você está se mostrando um cidadão exemplar, agindo "como se deve": você merece o nobre título de "pessoa normal"...

Eu e "eles"

Convém falar alguma coisa sobre o que denominarei de *política espontânea* – ou até *natural:* conseguir ter, conquistar ou incluir-se em *um grupo*, gozando assim da força dele, como se fosse toda sua. Se você não faz parte de um grupo, corre o risco de ter algum grupo, ou mais de um, contra você. Uma das formas mais tristes e odiosas da psicologia coletiva é esta: reunir bandos contra outro grupo ou pessoa. Em grupo, as pessoas se animam a fazer coisas odiosas – e sem culpa; dir-se-ia que "a culpa" dos crimes coletivos se dilui quando é o grupo que faz. Imaginemos o comandante de um navio negreiro, de um campo de concentração – ou de um bando que lincha alguém.

A força do grupo não pode ser contrariada por um só – essa a fórmula negativa e terrível da solidariedade ou da capacidade de cooperar dos seres desumanos: a cooperação na destruição, na tortura e no assalto.

> *Todo o jogo dos preconceitos faz o mesmo com o diferente talvez com menor derramamento de sangue, mas com não menor sofrimento da vítima – sofrimento mais perdurável do que a mais grave ferida do corpo.*

Se você não concorda com o preconceito, é um herege, merece a fogueira e todos se rejubilarão ao vê-lo queimando e "a verdade" sendo reafirmada. Quantas e quantas vezes essa história se repetiu ao longo da História!

As coisas, as palavras e a dança

As palavras são por demais importantes para os seres humanos. Estou me propondo investigá-las a fundo, na convicção de que elas ao mesmo tempo podem ampliar o bom entendimento entre as pessoas como, até com maior probabilidade, servir para confundi-las ou criar desentendimentos irremediáveis.

"Mas ela disse *isso*!" pode ser o começo de uma inimizade eterna. Há muito me espanta o valor dado pelas pessoas "ao que ele disse" e "ao que ela disse", como se palavras fossem armas capazes de produzir ferimentos mortais – e, para estas pessoas, é claro que podem mesmo.

Nosso primeiro passo será mostrar – são noções bem modernas – que nós não falamos apenas com a boca, a garganta ou o cérebro.

Nós falamos sempre com o corpo todo

É muito estranha a ignorância (negação?) das pessoas, dos costumes, da educação, da filosofia e da ciência em relação ao valor extraordinário de nossos *movimentos* – e do fantástico *aparelho (locomotor)* capaz de produzir esses movimentos. Já falamos bastante neles, mas não sobre os movimentos especificamente ligados às palavras.

Confundindo tendenciosamente *movimentos* e *corpo*, desprezamos, não percebemos ou nos negamos a perceber toda a influência do aparelho locomotor sobre a inteligência, as emoções, a imaginação (o simbolismo).

O corpo está para a alma (para o íntimo, para a consciência, para "a mente") como o barro estava para os edifícios das cidades e para a alimentação dos homens – lembra-se dessa linda história?

O corpo, a carne, é o responsável ou o "culpado" pelos nossos desejos "animalescos", pelas "paixões" descabeladas, por toda a pretensa inferioridade dos animais (da qual sofreríamos nós também) em relação ao excelso *Homo sapiens sapiens*: o corpo, responsável pela tentação, pelo pecado e, no limite, pela nossa danação eterna... Diante das altas aspirações do "espírito", o corpo foi tido como escravo dócil, sempre pronto a obedecer à "mente" – esse um dos *preconceitos* mais tenazes sobre a personalidade e a fátua vaidade dos homens. Foi preciso Freud, no começo do século XX, para mostrar quão pouco independente ou quão escravo é *ele* (o famoso ego) dos "impulsos" ou instintos, sempre tidos como "animais", "perversos", infantis, inferiores e inferiorizantes.

Tanto a visão tradicional quanto a moderna – pós-freudiana – omitem sistematicamente a importância psicossocial do aparelho locomotor, tido como servo, até escravo, agora, dos instintos e das emoções – ou do cérebro – (antes era escravo do espírito).

Sempre servo, escravo, cego, estúpido (parecido com criança, a quem é preciso ensinar – e disciplinar...).

Acreditam quase todos, inclusive nas escolas de Educação Física, que "o músculo" é um órgão *apenas executivo*, sujeito a todos os centros motores superiores do sistema nervoso (são muitos).

O MÚSCULO NÃO É APENAS AÇÃO, MAS TAMBÉM SENSAÇÃO

De algum modo ele "percebe" ou "sente" seu grau de tensão e sua velocidade de deformação, "informando" instantânea e continuamente aos "centros superiores" daquilo que ele está fazendo, sendo bem difícil saber "quem manda em quem" nesse circuito de *influência recíproca.* Dir-se-ia use "o espírito" do aparelho locomotor para explorar continuamente o que é possível, ou o que é preciso fazer, em cada situação concreta, a fim de apreender o *know-how* (o saber fazer) cabível ou necessário a cada momento. Tanto o cérebro informa – "dá forma" – o movimento quanto o movimento informa o cérebro.

> Nos movimentos automáticos – maioria –, o cérebro "manda" nos músculos e apenas verifica a execução, mas nas situações novas o cérebro (motor) precisa do cérebro (das sensações proprioceptivas, lembra-se?) para saber o que fazer. É como se ele fosse um cego levado pelas sensações provenientes dos músculos e articulações envolvidos no contato e na manipulação do objeto.

A essa altura você deve estar começando a ficar impaciente. "O que tenho eu que ver com essa aula de fisiologia da motricidade?"

Nada é mais movimento do que a dança, não é? Logo vamos aprender que *as palavras têm tudo que ver com os movimentos do corpo todo*, e só não é assim nos autistas, nos esquizofrênicos crônicos, nos lesionados cerebrais graves (e nas aulas de português).

Sem dança (do corpo) *– e sem música* (da voz) *– não há significado.*

De outra parte, *sem contexto* tampouco existe *significado*. Que significado pode ter um asteroide minúsculo vagando na imensidade negra do vácuo interestelar?

Também podemos dizer: *sem relações, não há significado*.

Aí tem você três equações ligadas ao termo "significado". Podemos somá-las, obtendo: sem dança (do corpo), sem música (da voz), sem contexto e sem relações não há nem pode haver significado compreensível.

Você dirá: "Mas um texto não tem música e muito menos dança; então ele nada significa?" A esse respeito vou citar um poema em prosa que está em meu livro *As vozes da consciência* (p. 76).

> A letra mata o espírito, isto é, mata a música. A letra está nos livros, nas leis escritas, nos códigos. Os livros têm letra mas não têm espírito; os livros não respiram. Por isso desconfio demais daqueles que se dizem inspirados pelos livros; eles não têm vida – eles

matam. Matam o quê? Matam o presente. São eternos como múmias e museus. Eternos como o sentido das palavras no dicionário – ou na Bíblia. Depois de matar o presente que flui, ainda se orgulham de seu espírito eternamente o mesmo. Mas não se iluda o leitor; a letra morta não existe apenas nos preconceitos, nos preceitos, leis e dicionários. Ela existe também em todos os demais livros, inclusive nos de ciência. Todo livro é um cemitério até o momento em que surge um leitor a emprestar seu espírito, seu sopro, sua respiração à letra morta.

Nós aprendemos, desde pequenos, que os grandes livros são a inspiração da vida humana. Mas eu estou dizendo: só indivíduos, ao lerem livros, podem emprestar sua vida – sua respiração – à eternidade e fazê-la viver. A eternidade da letra, para viver, precisa de mim. Se não empresto meu sopro vitalizante à verdade eterna, ela permanece eternamente morta.

Não é o livro que me inspira; antes, inspiro eu ao livro.

Examinemos o preconceito intelectual mais enraizado na mente do homem ocidental: *primeiro* compreendo, estudo, explico, decido; *depois* atuo. Seria difícil imaginar inocência intelectual maior do que essa. Como todas as tolices do mundo, essa também tem sua dose de verdade: a afirmação tem cabimento quando me movo *em situações bem conhecidas*, quase sempre regulamentadas por preconceitos, e então só me cabe verificar se o agir está de acordo com o que se espera.

Mas, sempre que estamos diante de uma situação nova, começar a agir, mesmo sem saber como, é a única possibilidade de aprender, conhecer, testar, tentar, experimentar até "dar certo" – mesmo que "no escuro" ou "por palpite".

"Sem saber como" quer dizer: diante do novo, os animais manifestam uma "tempestade motora", forma bruta da famosa técnica de "aprendizado por tentativas e erros". É aí, e assim, que nasce a nova forma de agir. Com o tempo, ela poderá até ser codificada, para ser reativada em circunstâncias similares.

Sempre foi assim, e agora vou começar do fim:

O RITUAL PRECEDE O MITO (VON NEUMANN)

Primeiro os homens fazem e *depois* compreendem o que fizeram, podendo então estabelecer regras para futuros empreendimentos semelhantes. Aliás, mesmo em situações amplamente conhecidas, se você tem de decidir algo importante, na certa vai pedir um tempo para "pensar no assunto". Mesmo assim, muitas vezes você descobre, *depois*, quantas tolices fez ou quanto de importante deixou de fazer. Na compra de uma casa ou de um carro, por exemplo. Em casamento nem se fala...

Vamos começar do começo do começo: passagem de embrião humano (um mês de gestação) para feto. Este, ainda com poucos milímetros de comprimento, mexe-se quase continuamente e continuará a se mexer vivamente até o sétimo ou oitavo mês da gravidez, quando o espaço vai restringindo essa vivacidade. Ele pouco dorme até o sétimo mês, contentando-se com breves períodos de imobilidade; a partir de então, do sexto ou sétimo mês, adormecido, ele sonha e durante o sonho... se mexe (e a cada hora e meia de sono tem uma ereção! – mas isso é outra conversa). O ouvido começa a funcionar por volta do *sexto mês* – e, desde essa época, o feto passa a ouvir a música da fala materna "por dentro", além de muitos outros sons e ruídos.

Estabelecido esse contexto, passo a palavra a William S. Condon e Louis W. Sanders, conforme artigo científico sensacional.

O título do trabalho já é impressionante: *Movimentos do neonato sincronizados com a fala dos adultos: participação interativa e aquisição da linguagem*. (Participação interativa quer dizer que o neonato interage com quem está falando diretamente com ele ou apenas perto dele – até com fala gravada em fita cassete.)

Os autores estão contribuindo para uma nova ciência chamada cinésica, interessada em estudar movimentos dos seres vivos em suas interações uns com os outros. Mais se estuda *a comunicação* entre eles do que a ação sobre o ambiente – mais expressões/impressões do que biomecânica.

Introduzindo o tema, eles dizem:

Quando alguém fala, várias partes do corpo de regra se movem. Foram então observadas unidades de comportamento: várias partes do corpo que estavam se movendo em diferentes direções e em diferentes velocidades mantêm essas direções e a velocidade umas em relação às outras por tempos breves, mas mensuráveis, de regra entre 0,04 e 0,16 de segundo. Essa modelagem é universal, tendo sido verificada em estudos interculturais. Estas formas quânticas de micro-organização dos movimentos de quem fala são isomorfas em relação à estrutura do fraseado – "autossincronismo" (esclarecendo: meus gestos dançam ao som de minha música vocal). Mais: a configuração organizacional ou as "unidades" de movimento do *corpo do ouvinte* são sincrônicas com *as do falante* – "sincronicidade interativa" (esclarecendo: você dança ao som da voz de quem esteja falando com você – e vice-versa).

Esses sincronismos não são fáceis de detectar na velocidade usual da comunicação, parecem ocorrer somente em relação à fala e são usualmente de todo inconscientes (não percebidos conscientemente pelos participantes)... Em casos patológicos (os da lista supra) nenhum dos dois sincronismos existe.

Depois dessa introdução, apresentam o resultado de suas pesquisas. Com equipamento sofisticado de alta fidelidade e precisão, registraram *movimentos de vários recém-nascidos*, assim como todos os sons próximos. Note: a maior parte dos neonatos com apenas poucos dias de vida. Mais de cinco horas de registros foram analisadas em busca de sincronismos, com precisão de centésimos de segundo, tanto no vídeo quanto no áudio.

Neonatos "dançam" (a expressão é minha, não deles) ao som de quem esteja falando por perto – e só dançam assim em função da fala (não de ruídos nem de música). Dançam ao som de *qualquer* fala, a língua dos pais ou outras.

Vamos exemplificar:

Ao ouvir o som da palavra inglesa *come* ["venha"] (na fala *kk* + *mm*), durante a primeira sílaba (*kk*) a criança moveu a cabeça levemente para a direita, seu cotovelo esquerdo estendeu-se de leve, o ombro direito girou para cima, o esquerdo girou para fora, a anca direita girou para fora rapidamente, a anca esquerda estendeu-se de leve e o dedão do pé esquerdo aduziu-se (aproximou-se do plano mediano). A sílaba e os movimentos duraram 0,07 de segundo.

Ao longo da segunda sílaba (*mm*), durante 0,1 de segundo, a criança moveu várias partes do corpo, diferentes das descritas. Os autores dão mais exemplos, mas para nossos fins o que aí está é suficiente. Outros investigadores, diante de resultados comparáveis registrados poucos minutos após o nascimento, concluem o óbvio: uma sofisticação gestual não pode ter se desenvolvido no tempo exíguo que medeia entre nascimento e teste; é preciso admitir que o feto "ensaiou" nos últimos meses de gravidez todos esses movimentos, ouvindo a música da voz de sua mãe. A música apenas; o texto não chega nítido ao útero. Fora dele, você sabe, a criança demora vários meses antes de emitir sons variados, e só pelo segundo ou terceiro ano de vida começa a falar palavras e depois frases.

Mas o leito músico-motor das palavras há muito vinha se desenvolvendo, *bem antes das palavras articuladas* (na noção adulta: bem antes do "pensamento").

*Dançar e cantar ao som das palavras precede
em anos o falar articulado.*

Tem mais: se você conviveu ou convive com crianças de 2 ou 3 anos, deve ter reparado como elas imitam *tons* de frases antes de dizer *as palavras* correspondentes. "Falando" com bonecas, elas imitam a voz de repreensão ou de aprovação de mamãe, a cantiga de ninar da vovó, a voz mais grave do papai, a voz submissa da empregada, conforme o momento.

É claríssimo que a palavra começa como música, como entonação, como prosódia!

O que *nós* fazemos quando queremos aprender a letra de uma *nova* canção? Cantarolamos primeiro *a música* e pouco a pouco vamos recheando o leito musical com as palavras, não é?

Enfim, uma das teorias sobre as origens da linguagem diz que ela se desenvolveu a partir da *cantoria*. Muitos povos primitivos fazem quase tudo cantando e dançando, e o pajé, ao atuar, faz uma arenga enigmática cujas palavras pouco importam – o texto é confuso ou incompreensível. Quantos "ensinamentos tradicionais" nos povos iletrados são transmitidos, de novo, meio cantados e não apenas ditos, mais para cantoria do que para discurso?

Outra teoria – pouco valorizada porque mesmo linguistas e antropólogos têm pouca compreensão da finura e da importância de nossa motricidade – diz que a palavra veio *depois* de termos desenvolvido a destreza manual – e de algum modo baseada nessa destreza, o que para mim é muito sugestivo...

Linguistas debatem interminavelmente sobre qual teria sido a origem e a evolução desse produto complexo – a fala – de altíssimo valor biológico, que não pode ter nascido de repente. Falam de um verdadeiro *instinto*.

Ora, o desenvolvimento de nosso aprendizado motor pode ser bem compreendido em função do que os primitivos *faziam* – ferramentas, abrigos, trajes, armas e implementos cada vez mais sofisticados e delicados; isto é, exigindo cada vez maior destreza e precisão oculomotora e manual.

Curiosamente, a extensão da representação cortical das mãos nada deve à representação da língua, mais a da laringe e dos lábios.

Mesmo um orador muito rápido na fala (cerca de trinta ou quarenta fonemas por segundo) faz menos movimentos, e eles são mais lentos do que os de um pianista ou uma datilógrafa! Nem esqueça a capacidade de atuação da mão ao escrever, de fazer minúsculos sinais com enorme rapidez.

Edgar Morin, em seu livro O *paradigma perdido*, acrescenta um passo a mais nessa hipótese de que a palavra tem muito mais que ver com os movimentos do que com uma "inteligência" abstrata, conceito bem mais obscuro do que parece. Pelo fato de ser a palavra "inteligência" tão usada, temos todos a ilusão de tratar-se de algo simples e evidente.

Traduzo livremente um trecho da página 71 do livro citado:

> O desenvolvimento da caça necessita da designação de objetos muito diversos, de locais, de plantas, de animais, da sinalização de numerosas ocorrências e ações. A estratégia da caçada exige sequências "lógicas" de atos articulados entre si e modificáveis conforme o andamento das ações precedentes, o que fornece à linguagem a cadeia intelectual que permite – ou determina – o sintagma.

Esclareço: sintagma é a junção de elementos linguísticos, sejam eles fonemas, sílabas, palavras, frases. Se bem entendi, Morin entreviu quanto a "estrutura" da ação determinou a "estrutura" da linguagem.

A CAÇADA (A AÇÃO) CRIOU A GRAMÁTICA

Claro, a caçada é apenas um exemplo entre muitos outros, uma vez que qualquer ação só acontece se realizada em certa ordem, e se você trocar a ordem dos movimentos obterá algo diferente do que pretendia. Se você precisa raspar a pele de um urso, jamais fará, para tanto, os movimentos que seriam necessários para lascar uma pedra ou desenterrar uma raiz com um pau pontudo. Seria difícil imaginar para a linguagem universal (Noam Chomsky) uma explicação mais convincente. Se todas as línguas do mundo têm a mesma estrutura gramatical, que melhor fundamento para essa semelhança senão esse: em qualquer lugar do mundo, do presente, do passado ou mesmo do futuro, se você precisar raspar por dentro a pele de um urso, você fará sempre movimentos muito parecidos!

Na feitura de um móvel, na montagem de uma máquina, na construção de uma casa, a sequência de ações é sempre fundamental e, se errarmos um passo nessa sequência, não obteremos o objeto. Haverá modelo mais perfeito para a gramática, pela qual só palavras dispostas em certa ordem podem ter sentido?

Podemos ir ainda mais fundo: para fazer movimentos – qualquer movimento – é preciso que muitos músculos atuem *em sequência bem determinada*, ou o movimento não se fará, não é claro? E se muitos músculos não mantiverem suas tensões por um tempo, não haverá atitude. Esta funciona, pois, como um "sistema" ou uma teoria.

Enfim, não sei se você sabe o quanto a palavra "articulação" vem sendo usada pelos filósofos. Articulações – concretamente – são as do cotovelo, do punho, do tornozelo...

Eu me sentiria feliz se você conseguisse apreciar a força desses argumentos em aparência tão simplórios!

Além do dito, acrescento: nossa hipótese usa, e ao mesmo tempo confirma, a noção de Piaget: nada poderá ser feito com ideias, "na cabeça", se antes não foi feito como ação, pelas mãos, ou com o corpo.

Enfim, o óbvio ululante: sem prática não há teoria. Isto é: a teoria (palavras em certa ordem) só pode ser de algum modo *análoga* aos atos aos quais ela se refere.

Quem nasceu primeiro, o movimento ou a fala? Claro que foi o movimento. Os animais vivem razoavelmente bem e não sabem falar. O mesmo se diga da criança antes dos 2 anos – e dos mudos.

Enfim, chegando ao chão: você acha que alguém será capaz *de fazer* algo meio complicado apenas *ouvindo descrições e explicações* sobre como se faz? (O famoso *know-how*.) Vou explicar como se pilota um avião, como se mergulha com equipamento de respiração e como se joga *snooker* – e eis você "formado" piloto, mergulhador ou campeão de caçapa... Eu "não expliquei tudo direitinho" para você? Então?

"Falar sobre", "ter visto" (coisas ou figuras), "ter sentido" (cheiro, gosto, prazer) e "ter feito" pouco ou nada têm em comum, você não acha?

Qual "o verdadeiro"? *Sem contexto, esta pergunta não tem sentido.* Para fazer exames (em escola) basta saber dizer (escrever). Para ter uma compreensão mais funda, é preciso no mínimo *ter visto* os objetos, *ter estado* nas situações às quais as palavras se referem, ter sentido alguma sensação ou sentimento.

Enfim, para ser contratado (!) você precisa *ter feito*: para ser admitido exige-se prática, não é? Aí não se pode mais dizer conhecimento "a respeito de"; agora ele faz parte de mim – está presente e atuante em meus gestos, atitudes, preocupações; desenvolveram-se em mim, ao longo do aprendizado prático, sistemas de compreensão e atuação semiautomáticos em relação a temas profissionais (também em relação a papéis sociais, vimos).

Só então – creio – nós de fato *sabemos* tanto o que estamos fazendo quanto aquilo de que falamos. Esse é o conhecimento do qual todos os outros podem nascer ou desenvolver-se. Mas o contrário não é verdade: os outros conhecimentos não permitem, você sabe, deduzir ou exercitar a prática sem... a prática.

O que acontece com o aprendizado profissional acontece, com mais força ainda, na educação familiar e na experiência pessoal de cada um.

A conclusão – exagerada mas lógica – é que ninguém usa as palavras com o mesmo sentido, nem sente e/ou vive situações semelhantes com iguais sentimentos ou as mesmas intenções. Você é a soma de todas as experiências que viveu, e essa experiência vivida aparece em tudo que você faz e diz.

Se você concordou até aqui, então concordará com a seguinte reformulação: ninguém jamais viveu ou viverá uma vida exatamente igual à de outra pessoa – nem que sejam irmãos xifópagos ou gêmeos univitelinos! Portanto, nas brigas, muito cuidado com o sentido das palavras, que podem ser bem diferentes para um e para o outro.

Se você não viveu a situação, não sabe como foi – isso é definitivo e suficiente para tornar descabidos todos os julgamentos que fazemos sobre as ações e motivos... do outro – antes de ouvi-lo. Quantas e quantas brigas de casal são desatadas ou alimentadas por ações dela (ou dele) julgadas por você – e vice-versa... Seria muito melhor, mais humano, mais lógico e mais justo se ouvíssemos com atenção o que o outro tem a dizer quando seu agir nos choca, surpreende ou incomoda. Aqui também a atuação dos preconceitos se mostra péssima: julgamos o outro não em função de suas circunstâncias, desejos e explicações, mas em função do que o preconceito declara ou exige. Abstraímos a pessoa – veja-se que coisa incompreensível. Retiramo-la de seu contexto atual e histórico e a "medimos" com a regra imbeciloide do preconceito "igual para todos" (como a lei, aliás).

Vamos recordar o óbvio: todo falar nos remete ao concreto, a coisas, ações, circunstâncias, objetos. Mas é grande o número de pessoas que fala palavras sem referencial concreto.

Aqui se propõe um problema lógico interessante: não é possível definir todas as palavras, e o conhecimento verbal precisa partir do evidente, de algum fato ou palavra indefinida.

Pense um pouco, é interessante: você define palavras com palavras, mas em algum ponto será preciso introduzir algo diferente de palavras, caso contrário giraríamos em círculos de uma verdadeira rosácea de significados, todas as palavras girando em torno de todas as palavras, não é? Então, quando a briga começar a ficar confusa ou sem sentido, é bom procurar onde estava o começo, ou *ao que* a briga está se referindo, não é?

Na tentativa de racionalizar seu descontentamento, você se põe mentalmente diante dela falando coisas (estou me referindo à preparação para a guerra). Preste atenção ao que você está "falando" consigo mesmo. De que espécie são seus argumentos, suas queixas ou acusações? Além de querer feri-la (porque ela o desgostou ou irritou, é claro!), o que mais "passa pela sua cabeça" ou, como eu gosto mais de dizer, "o que lhe vem à mente?" Fatos? O acontecido no baile, no cinema, no carro, anteontem, na última conversa, "naquele dia"? Ou é mais "o que ela disse" ontem e o deixou enganchado até agora? Será o jeito de tratar a mãe dela – ou a sua? Será porque ela gosta de se exibir? Por que é meio autoritária? Queixosa? Tagarela? Caprichosa? Olhe, sem essa espécie de exame de consciência, o mais provável é que vocês façam aquela guerra de machucar, mas não a de se entender – ou de negociar. Quando se consegue isolar e apontar com clareza o espinho, torna-se possível achar a saída, chegar a um acordo. Longas listas de queixas e acusações, feitas de uma vez só, servem para desabafar, mas não para resolver.

Nossa digressão sobre as várias formas de conhecer (ou de saber) foi feita, em menor parte, para ajudar você a clarear motivos de desacordo. Mas o principal vem agora.

Vamos completar nosso estudo sobre o aprendizado da fala – digamos, o que acontece conosco entre *1 e 5 anos*; nessa idade o principal da fala já está bem assimilado. Gente boa, levando em conta o que uma criança aprende nessa época, afirma o que já sabemos: até os 5 anos de idade, as crianças aprendem 80% de tudo que aprenderão na vida. Não se esqueça disso, por favor. Para mim, esse fato nos obriga a rever o que dizemos e tudo que fazemos com as crianças até essa idade. Ainda que nos seja dado aprender a vida toda, o fato é que aprendemos cada vez mais lentamente – aprendemos, por unidade de tempo, cada vez menos.

Podemos dizer: até os 5 anos aprendemos como é a vida, como são as pessoas e como é a "realidade" (sociogeográfica) na qual emergimos – tudo que importa à sobrevivência e ao convívio social.

Evidente para qualquer um: quase todo o falar da criança é concreto e funcional. Ela vai aprendendo por que falar é útil para mover e agradar aos adultos – assim eles vão e fazem, em vez de ela ter de ir buscar ou fazer, ou sentir-se frustrada, chorar e gritar! A criança fala do que vê e do que pretende, principalmente. Seria fácil dizer que a fala da criança é um verdadeiro modelo de objetividade, referida o tempo todo a objetos concretos e ações imediatas.

Evidente que as *primeiras abstrações* foram assunto apenas de conversa, sem relação imediata com atos. Começava o burocrata – aquele que vive sentado e falando (ou escrevendo)...

Ao mesmo tempo em que a criança aprende a dar nomes às coisas e ações – como o Criador após criar –, ela começa a ter sua dança exploratória e didática *interrompida* por ordens, pedidos, ameaças; de regra, cada um deles envolvendo *interrupções ou alterações da dança espontânea*. Começa aí o duro aprendizado das inações, do "Não faça isso!", ou "Assim, não!","Cuidado!", "É perigoso!" De início as proibições têm – elas também – um significado concreto e claro. Mas já começam a se insinuar os condicionamentos sociais, isto é, os preconceitos e os papéis sociais. Começa o "Não é assim que se faz", "O certo é fazer [ou não fazer] assim", "Isso não se faz!", "Menino, como é que você fez uma coisa dessas?", "Nunca responda a seu pai", "Os mais velhos sabem como são as coisas, ouviu?" Gradualmente, passamos do concreto para o abstrato, das coisas "reais" para as regras e normas tidas como ideais. Note: diante do concreto, é fácil saber o que fazer; diante do abstrato, muito menos, e pior quando o ideal colide com o real – conflito, repressão...

Aliás, por que existe o conflito? Porque não podemos *querer* duas coisas ao mesmo tempo, pois não é possível *fazer* duas coisas ao mesmo tempo. Sempre a motricidade, a ação, determinando a lógica.

Podíamos até dar um salto vital até a essência dessa lógica: o famoso *princípio de não contradição*. Ele também existe pelo mesmo motivo: não podemos fazer duas coisas ao mesmo tempo... Ou – jogando com as palavras – não tem cabimento fazer e desfazer a mesma coisa em um tempo só, ou em um só movimento...

Acredito que as primeiras "conversas" das pessoas tenham sido falas isoladas do agir – relatos, historietas de eventos recém-vividos, dramatizações de caçada e similares – ainda bem ligadas à experiência de todos no dia a dia. Ainda bem concretas, em suma, bem "infantis". Além disso, bem pessoais, já que no bando caçador todos se conheciam.

Mas o convívio entre muitas pessoas em cidades foi estabelecendo espontânea e fatalmente a separação entre os que fazem e os "superiores" – *segundo grau da abstração*. O primeiro era entre adultos e crianças – pais e filhos. A pirâmide de poder se duplicava "na mente" das pessoas, gerando níveis de abstração, cada um envolvendo grande número de pessoas "inferiores" em ação conjunta, coordenadas por uma ou por poucas pessoas "superiores".

Formava-se assim o primeiro princípio da lógica dos termos – ou dos conceitos: quanto menor o significado de uma palavra, maior o número de pessoas capazes de compreendê-lo, e quanto maior esse significado, menor o número de pessoas capazes de compreendê-lo ou de aceitá-lo. Não é igualzinho à distribuição das classes sociais?

O pensamento começava a se formar com base na experiência social vivida.

Parece-me fascinante – e convincente – compreender o desenvolvimento de nossa capacidade de abstrair partindo da escala social, cada nível *superior* com um número *menor* de personagens com *poder maior* sobre maior *número* de pessoas do que o anterior. Eu não saberia encontrar maneira mais clara de entender o que é abstrair. Mais: o de baixo é sempre muito mais simples do que o de cima, mais... uniforme – e menos livre!

Se você puser em paralelo a classificação dos animais e a hierarquia militar, as semelhanças se mostrarão incríveis:

➤ soldado raso, cabo, sargento, tenente, capitão, major, coronel, general;

➤ espécie, gênero, família, ordem, classe, filo, reino, super-reino.

Essa é exatamente a "estrutura" das funções ditas mentais – a forma de operar da inteligência.

A inteligência classifica conceitos cada vez mais genéricos ou mais abstratos, cada vez em menor número, partindo, de outra parte, de um número ilimitado de fatos, dispostos por ordem de frequência, de sequência ou de semelhanças.

A conversa cristaliza-se – quando socializada – sob a forma de preconceitos; mas vimos – até demais! – que os preconceitos são a *música*.

A *dança* são os papéis sociais.

Por isso e por muito mais, "mudar de jeito", de hábitos, de preconceitos, de poses, de manias, é sempre difícil. Para isso foram desenvolvidas todas as técnicas alternativas de ajuda e as acadêmicas de psicoterapia. Sobretudo inútil é pretender mudar atitudes com sermões, explicações, argumentos, "provas", comparações e outros meios semelhantes. Para conseguir mudar precisamos aprender caminhos tortuosos aos olhos da razão. Nosso senso primário de direção (ligado a nosso movimento) jamais se baseará apenas na razão, nos motivos explícitos, nos argumentos. Somos marchadores errantes por destino e por instinto, e não podemos deixar de sê-lo. Podemos usar eventualmente a razão, mas é certo que jamais nos basearemos somente nela. Mais importa perceber as mudanças a ocorrerem em mim o tempo todo – seres vivos são transformação contínua, "crescem" sempre – do que pretender cultivar esta ou aquela qualidade ou livrar-me deste ou daquele defeito. De novo e sempre: se você é capaz de descrever para sua companheira as mudanças que vai percebendo nela "por fora", estará fazendo o melhor que se pode fazer por uma pessoa: pô-la em contato com seu desenvolvimento – que é permanente...

Vale a pena lembrar que, depois das frases relativas a coisas e ações concretas, surgiu a *narrativa*, tanto na história da língua quanto no *aprendizado* da mesma. Inventar ou contar histórias, ainda hoje, é o meio mais fácil de interessar crianças e, no outro extremo, de prender a atenção de auditórios ou salas de aula. Se começamos "contando histórias", teremos certeza de ser ouvidos. Depois da narrativa e bem próximo dela, vem a *descrição* de coisas ou lugares. Só em último plano surge a fala de abstrações e generalidades, da teoria e do "pensamento", da "racionalidade", da "lógica".

Enfim, lembre: o *canto com palavras* é uma das mais antigas expressões do homem. Tanto assim que a articulação das palavras – a inteligência propriamente dita – e a música da voz são organizadas *separadamente* pelo hemisfério cerebral esquerdo e pelo direito, respectivamente.

Claro, ainda, tenha nascido primeiro a música (cantoria, gritos, choro, riso), que compartilhamos com tantos animais, e só depois a letra (a compreensão, o significado).

De novo, a ontogênese repete a filogênese, isto é, no aprendizado individual, seguimos o caminho da evolução das espécies. Na fala emocional a música é mais importante do que a letra, claro.

A PALAVRA DIVIDE, SEPARA E ETERNIZA A REALIDADE

Aspecto fácil de ver, nem por isso visto por muitos: a palavra divide, separa e/ou isola objetos, funções (verbos) e "partes" da realidade jamais vistas do modo como as palavras as dizem. "O corpo humano se divide em cabeça, tronco e membros", mas você dificilmente verá essas "partes" isoladas. A divisão de um objeto em "partes" segue a direção do olhar e/ou da atenção. Quando olhamos para um objeto ou quando pretendemos dirigir a atenção de alguém para um ponto, então usamos as palavras para as "partes": "Olhe para as pernas desta pessoa...", "Que olhos mais bonitos!", "Suas mãos são tão delicadas!"

Os estudiosos inventaram nomes expressivos para essas coisas. Dizem eles que a linguagem é linear, isto é, ao falar de coisas ou situações – sempre dadas em conjuntos ou inteiras –, nós decompomos esses conjuntos em palavras sucessivas e precisamos de várias delas para dizer o visto ou o acontecido.

Também: para *falar* de algo, usamos muito mais tempo do que para *perceber* a coisa. Pior quando queremos dizer o que aconteceu em certa situação; a descrição de todos os dados pertinentes pode tomar muitos minutos, quando, de novo, a ocorrência pode ter durado poucos segundos – ou menos!

Esse reparo nos remete à briga. Muitas vezes as pessoas brigam por um ou outro fato, pela olhada que você deu para outra mulher, pela desatenção dela naquele dia em que você estava discursando com calor, porque numa discussão em família ela tratou mal seu pai, porque ela esfriou seu entusiasmo com aquele possível sócio, porque ela falou com seu filho – ou com você! – com dureza, frieza ou bruscamente...

Fatos dessa ordem podem ocorrer em poucos segundos e é impossível reconstituí-los; durante esses segundos, um viu isto e o outro aquilo; passado o fato, nada mais poderá alterar essa percepção.

Para sermos bem claros, se você tivesse gravado o momento, os dois, vendo e revendo o tape, *poderiam chegar a mostrar, um ao outro, o que cada um viu no momento em que aconteceu. Sem essa alternativa, a ocorrência, para você, foi assim; para ela, foi assado – e nada pode modificar essas convicções.*

Nesses casos, o lógico medieval diria: "Non sequitur", *não é possível continuar; nada de sólido poderá ser estabelecido nem mesmo como pretexto para a briga! Será conveniente calar e guardar o que você percebeu para outra ocasião. Se esta se apresentar aí você poderá apontar no ato o aspecto da situação do seu interesse: aquilo que seus olhos viram (e os dela não). Por exemplo, a olhada do sogro para a doméstica...*

Na maioria desses casos, lidamos com expressões não verbais, as tais que vemos nos outros mas não vemos em nós – e vice-versa! Mas cuidado! Apontar comportamentos quando eles estão em curso perturba tanto a pessoa quanto chamar sua atenção quando se equilibra em uma corda bamba. Chamar a atenção perturba seriamente os automatismos das pessoas, quebra as sequências habituais. Quando você, usando essa "técnica", a faz sair do papel, ela cai em si – e isso é sentido muitas vezes como um tombo!

Por tudo isso podemos falar em um "mundo das palavras", ao mesmo tempo distinto e diferente do mundo das coisas. Para certos contextos é útil avançar um pouco mais e dizer: no mundo *interior* – na consciência – existem *duas realidades*, a das palavras, e a outra, sem palavras. Quando você está falando ou "pensando" em palavras, você é um; quando consegue "esvaziar" a consciência de palavras (difícil!), sobram outras realidades, sensações, emoções, percepções e mais.

Uma das finalidades primárias das meditações é essa: esvaziar a consciência de palavras – e de imagens também. É o encontro com o inefável – aquilo que as palavras não conseguem dizer ou para o que não existem palavras.

O pior, porém, no uso da palavra, está em *generalizar* e *eternizar* as coisas, pessoas e situações.

A palavra é "eterna", "sempre a mesma" para muitos, durante muito tempo (o significado de dicionário). Está implícito – aí o erro – que ela será *sempre* igual ou igual *para sempre*.

A palavra até pode ser, mas a *coisa* significada jamais poderá ser eterna.

Em cada sociedade as leis, os deuses, as verdades e os costumes eram eternos e "perfeitos", até a chegada do próximo saqueador coletivo – herói nacional para os do seu lado.

Só o que sai do tempo e entra no reino das palavras pode ser ou se fazer eterno. (Veja a seguir a fisiologia da eternidade.)

Outro modo bem sugestivo de declarar a mesma coisa: jamais a palavra será um cinema da realidade; ela será para sempre uma série *de fotos* – isoladas – sem movimento. Mesmo a palavra "movimento" não tem movimento!

A palavra não apenas lineariza como também imobiliza a realidade.

Ela primeiro anestesia e mata o acontecer, depois faz uma vivissecção nele e então dizemos: agora compreendo...

> *Nosso desejo de eternidade – bem profundo – mede nosso medo de acontecer, e nossas repetições eternas existem para impedir que nos seja dado perceber o movimento – esse sim, eterno – da personalidade viva em desenvolvimento, e do universo em expansão e transformação contínua.*

O REFLEXO DE AGARRAMENTO

Uma raiz corporal desse modo de ser poderá esclarecer a ideia. É o *grasping reflex*, o reflexo de agarramento, presente no recém-nascido humano. Se deslizarmos um dedo pela palma da mão de um nenê, ele agarrará imediata e fortemente nosso dedo. Desenvolvido na vida arborícola dos símios, esse reflexo está hoje em nós tanto no corpo – enquanto tendência – quanto na mente, mas sua força é a mesma – e muita. Para os símios, acreditar na solidez dos galhos era seu primeiro ato de fé e sua segurança (segurança = segurar-se – agarrar-se; inseguro quer dizer "não agarrado"). Precisamos acreditar na solidez da matéria e na repetição dos fatos ao longo do tempo; caso contrário, ficaremos – assim parece – desorganizados, perdidos, "balançando no vazio..." Por isso, solidificamos e eternizamos tudo, em um verdadeiro espasmo de terror diante da possibilidade de todas as coisas serem feitas de algo parecido com gelo, eternamente a derreter-se. Inclusive as relações pessoais, os amores, as amizades, o casamento...

Essa escolha é fundamental: você quer um casamento estável, sólido, estabelecido, seguro, respeitável? Tem cabimento? Em vez de viver lutando contra mudanças em sua mulher e em seus filhos, você precisa aprender a acontecer, a perceber que você não é e jamais poderá ser "o mesmo" nem mesmo em dois dias sucessivos. Que tal pôr atenção nas mudanças espontâneas a ocorrer, inevitáveis, em vez de ficar a vida toda como os holandeses, segurando o mar para que ele não inunde a... casa!

Experimentar a eternidade é apenas perceber que saímos da realidade e passamos a existir como palavras – ou como ideia – no "espaço mental".

Apelemos para Aristóteles a fim de compreender melhor esse enigma. O sábio definia o *tempo* como "o número do movimento". Logo, o evidente: onde não há movimento não há tempo! Claro, não é? Eternidade é a *ausência* do tempo, nada mais.

Passemos da altura da filosofia para a intimidade do leito erótico-amoroso. Se ao longo de um "mergulho" mágico (*mergere* = misturar) lhe ocorrer um infeliz "Por quê" ou um "O que é isto", é sinal de que a mágica se desfez e você voltou para a bana-

lidade do costumeiro. *Você saiu do acontecer. Não adianta esperar pela volta da magia. Ela se dissipou – agora sim – "para sempre..." Sumiu! O que fazer? Relaxe e respire muitas vezes.* Você não imagina quanto a respiração pode fazer para pôr as coisas de novo em movimento.

Convido-o a fazer uma observação em você mesmo. Sempre que estamos concentrados em alguma coisa, em alguma atividade interior ou exterior, nós paramos de respirar. Verifique: quando você está concentrado "no pensamento" (preso ao *diálogo* ou *monólogo* interior), principalmente quando *está preocupado*, você fica *sem respirar*. Você sabe que após um tempo de concentração, ao parar, a primeira coisa que fazemos é dar um grande suspiro, não é? Por quê? Porque estávamos sem respirar!

Quando você estiver aperreado por preocupações, um modo fácil de atenuá-las é "passar da cabeça para o peito" – é perceber e *reassumir a respiração*. Enquanto você estiver com ela, as preocupações ficarão bloqueadas. Não é só fisiologia. Quando você está "pensando em palavras", *a sensação de vida*, sentida no movimento incessante da respiração, *se detém*, percebe? A sensação, nessas circunstâncias, é de que tudo está parado – eternizado!

É aí que queríamos chegar, a compreender – e modificar – esse fato fundamental: qual a espécie de vida que vivemos quando somos pensamento, quando todo o eu está concentrado em uma sequência de palavras mentais? Isto é, quando estamos experimentando a eternidade *na respiração parada* – no existir como e enquanto palavra – e nada mais.

Para a maior parte da humanidade, o que não tem nome não existe – para o jurista e para o psicanalista também... Mas dizia Shakespeare haver muito mais na realidade do que possa estar contido em nossa vã filosofia... É sempre o carrapato e tudo que ele *não* parece perceber – *nem* fazer.

Outro erro grave induzido pelas palavras é o fato de serem todas elas – exceto os nomes próprios – *genéricas*. Bastaria dizer assim para concluir, em boa lógica: as palavras nada dizem, pois nada do que existe é genérico, mas individualizado. Já passamos pela questão. Não existe "o" cão, nem "a" mulher. Todas as falas do mundo envolvem generalidades, a menos que sejam narrativas ou descrições. "Os norte-americanos", "os latinos" e por aí vai. Aparentemente, as pessoas estão sempre falando de grupos de pessoas ou situações *semelhantes*, mas o que estão fazendo é reunir grupos de pessoas ou situações de acordo com umas poucas categorias – quando não uma só, como "negro" ou "judeu". Um número desconhecido mas muito grande de *outras* características das pessoas do mesmo grupo considerado pode divergir demais e até se opor às qualidades consideradas pelo falador. Isso vale para o cão, a mulher, os norte-americanos, os latinos e mais.

O falador considera sempre as semelhanças e nada diz das diferenças, que podem, eventualmente, ser tantas e/ou tão grandes a ponto de reduzir a bem pouco as afirmações feitas sobre as semelhanças. Todo pensamento conceitual é parcial, excluindo tantos ou mais significados do que os declarados. Difícil? Releia com vagar e você verá que é bem assim mesmo.

O ponto vale uma digressão; é importante e já tangenciamos várias vezes por ele. Imagine alguém psicanalisado durante cinco anos, duas horas por semana (e dois meses a menos por ano de feriados, férias etc.), oitenta horas por ano, quatrocentas no total. Cada hora de conversa dá mais ou menos oito páginas datilografadas. Nosso psicanalisando teria escrito, pois, um romance como Victor Hugo, com oito volumes de quatrocentas páginas. Ao ler esse romance, ficaremos surpreendidos com o número de repetições de comportamentos, de pensamentos, de desejos e mais. Com essas semelhanças, bem organizadas, poderíamos fazer uma teoria sobre a personalidade – ou confirmar a própria Psicanálise de modo espetacular. Mas isso isolando as semelhanças, isto é, *retirando-as de seu contexto*. Isso é abstrair (retirar/isolar do contexto – que é a realidade do aqui/agora) e, no mesmo ato, conceituar (agrupar os episódios isolados pelas suas semelhanças) e generalizar (induzir ou acreditar em semelhanças futuras).

De outra parte, examinando o sentido de *cada uma* das semelhanças no trecho de onde a retiramos, constataremos que nunca há repetição completa, semelhança perfeita e muito menos igualdade.

É isso, percebe? As palavras servem para chamar a atenção ou apontar uma direção (para dirigir o olhar). Mas quando você se põe em contato com a coisa, aí é só você e ela, aqui e agora. O concreto é sempre único – não há no mundo dois grãos de areia iguais, duas folhas iguais na mesma árvore, muito menos dois seres humanos iguais (salvo a clonagem, com a qual foram criados ovelhas, vacas e camundongos)!

Concluindo: você já viu exposições de borboletas ou muitas delas, variadas, juntas. Qual delas ou quantas delas você tem em mente ao dizer "borboleta"? E quando você disser outra vez borboleta – será a mesma?

Sempre que a acusa de ser digamos, exibida, você está ignorando o modo especial e único como ela se exibe, pois não há dois exibidos que se exibam do mesmo modo nem pelos mesmos motivos. Você a está colocando em uma categoria na qual ela desaparece, assim como desaparece o soldado raso no uniforme verde, lembra? Pior ainda quando você faz comparações ou julgamentos. "Por que você não faz como sua irmã? Ela é tão decidida e você é tão hesitante – nunca sabe o que quer e sempre com esse eterno 'não sei'..."; "Que bom se você me desse o apoio que minha mãe sempre deu a meu pai..."; "Minha outra namorada se interessava tanto por surfe..."

Vivemos querendo "enxertar" qualidades nas pessoas, baseados em relacionamentos prévios, esperando "o mesmo" de pessoas na certa diferentes.

"A culpa?" Sempre do casamento. Como ninguém jamais conseguirá ser tudo para o outro, tentamos remediar as carências com essa ideia descabida de enxertos psicológicos... Adiante dedicamos muitas... palavras (!) para esclarecer esta questão: as coisas, pessoas e situações são sempre as mesmas ou são sempre diferentes?

Semelhanças e diferenças existem sempre na realidade.

Escolher ou preferir ver semelhanças nos dá uma aparente segurança (podemos prever) – e um tédio bem real; perceber sempre diferenças é perder-se em um turbilhão de incertezas, mas, já vimos, as incertezas são sempre reais e as repetições, ilusórias.

Sentimo-nos mais seguros na ilusão da certeza do que na vibração do acontecer sempre imprevisível.
Mas o amor está aqui e não lá! A escolha é sua: viver ou mumificar-se.
Conselho: disponha-se a aprender a viver cada vez menos com certezas e cada vez mais com o inesperado. Quando você chegar ao fim deste caminho, experimentará – e somente deste modo – que "A realidade é um acontecer global e contínuo" (McLuhan) – e você também!
Aí você é um iluminado.
Importante: na família, como na escola e nas conversas do cotidiano, só se ouve, se aprende e se aceita a forma de pensamento conceitual, ou seja, aquele que se refere a semelhanças – o chamado pensamento lógico ou "racional" e até "normal" (o único normal!) para muitos. Em lugar algum se aprende ou se fala na arte de perceber diferenças.

No entanto, a dança entre o genérico e o específico – entre as semelhanças e as diferenças, o previsível e o surpreendente – é o movimento central do pensamento que se desenvolve. Na verdade, as diferenças são a inquietude das semelhanças, o começo da desordem onde antes reinava a ordem – tudo em seu lugar, arrumado e explicado!

O DIÁLOGO

Agora, bem informados sobre as palavras maravilhosas e enganadoras, podemos considerar o *diálogo*, tido como o melhor modo de resolver divergências e diferenças entre você e sua namorada. Mas a própria palavra diálogo é mais enganadora do que parece.
Primeiro porque, se os dois estiverem dispostos a dialogar, metade da dificuldade desaparecerá. Vezes demais um ou outro não quer saber de conversar – e desse caso cuidaremos adiante.
Segundo porque dialogar de verdade é difícil. Para que o diálogo seja frutífero é preciso que:

➤ Quando ela estiver falando, sua cabeça esteja vazia de tal modo que as palavras dela se façam o seu pensamento.

➤ Enquanto ela fala, você não fique mentalmente pensando nas respostas a serem dadas quando ela der uma folga.

➤ Olhe para ela toda enquanto fala, isso é essencial, como vimos. Sem atenção às caras, tons de voz, gestos, você não compreenderá a fundo seu ponto de vista.

➤ Se você pensar bem no que estou dizendo, descobrirá que me refiro a muito mais do que a um diálogo; estou falando de uma "troca de papéis".

Trata-se de tentar ver e sentir as coisas como ela as vê e as sente. Quando você conseguir essa coisa difícil, poderá até continuar a manter suas posições e opiniões, mas terá ampliado sua visão e seu sentido; terá aprendido a ser e a estar no mundo de outro modo. Você fez uma troca autêntica e, se for bem honesto, compreenderá quanto são verdadeiras todas as razões alegadas por ela e quão razoáveis são suas afirmações. Ela pode até "estar errada" – na sua opinião; mas não será mais tida por você como estúpida, nem você entrará nessa de que "Mulher é burra", irracional, incompreensível... As explicações e os fatos apresentados por ela podem ser bem diferentes dos seus, mas igualmente cabíveis, reais, até inteligentes...

Diálogo sem pausas é cabeça sem coração.

Última característica do diálogo integral (vamos chamá-lo assim): pausas entre as falas são absolutamente essenciais. É no silêncio que as palavras calam ou "descem" até... o coração! Na briga do tipo "metralhadora", de razões e ofensas, os dois se atropelam reciprocamente e nenhum ouve ou compreende o que o outro está falando.

E agora, para esclarecer essas normas do diálogo eficaz, vamos fazer um quadro da situação capaz de integrar o que dissemos até aqui sobre palavras, gestos, tons de voz e mais.

Quando duas pessoas estão dialogando, na verdade muitas "pessoas" estão presentes e atuando, a saber:

Eu falo e você fala – compreensão das palavras, do que um e outro estão dizendo.
Dois personagens em *comunicação intelectual*.
Eu falo com certo tom de voz, com certa música vocal. Você fala com certos tons de voz e com certa música vocal.
Dois personagens em *comunicação emocional*.
Eu faço caras, gestos e mexo o corpo (como um ator); seus olhos me veem – eu não me vejo!
Você faz caras, gestos, mexe o corpo (como uma atriz), meus olhos a veem – você não se vê.
Dois personagens em *comunicação não verbal*.
Os dois estão, portanto, cegos ao que o outro está vendo – não esqueça jamais esse dado!
Para encerrar o tema e abranger toda a sua complexidade, recordo outros "personagens" presentes em qualquer briga de casal.
Falamos bastante da adrenalina e do animal presente na briga, ao lado do falador. Procuramos mostrar a relação entre eles, análoga à famosa corrida entre a tartaruga e a lebre. As respostas animais são muito mais velozes, prontas, improvisadas e ágeis do que as da tartaruga. Enquanto você pensa e/ou fala cinco palavras, o animal percebeu dois ou três sinais de ameaça – ou de submissão – ou de desânimo e mais.
Faltam ainda os personagens constitutivos do triângulo das Bermudas, no qual naufragam todos os entendimentos e negociações: o acusado ("A culpa é sua"), o advogado de defesa e o juiz. Muitas vezes a eles se aliam o carcereiro e o carrasco... Esse triângulo consome a maior parte da energia interior da humanidade; vivemos todos, quase sempre, perdidos nesse tribunal, "provando" quanto somos corretos e honestos em nossa intenções – tão mal interpretadas por ela... Nosso diálogo interior é uma sequência interminável de acusações, confissões, de "Não tive culpa porque...", "Mas a culpa é dela porque...", "Mas ela devia...", "Será que o erro foi meu?", "Mas uma boa esposa não deve..."
Você sabe quem é esse juiz? Para Freud, poderia ser o pai – centro do superego; para pessoas religiosas, poderia ser Deus; para quase todos, o juiz é a opinião pública – *a sugestão (ameaça)*

coletiva – com sua lista de regras preconceituosas, de deveres e obrigações impossíveis, exigidas por todos e cumpridas por ninguém... É só conversa – seja a de fora, seja a de dentro.

Você com certeza já visitou ou jantou com um casal amigo em estado de lei marcial. Reparou como os dois se dirigem a você como se você fosse o juiz, cada qual argumentando com veemência para "provar" que o outro estava errado? Chato, não é?

Reconhece que você já fez o mesmo – muitas vezes? Por fora (com ela) e por dentro (contra você mesmo)?

Se você disser que nunca fez isso, feche este livro e jogue-o no lixo. Ele não lhe servirá para nada. Você é um caso perdido... Coitado de quem viver a seu lado! Aliás, ilusão minha. Se você é desse tipo, nem sei se compraria o livro, e se tivesse comprado (por insistência dela...) deixaria de lê-lo logo no começo.

Enfim, para completar a confusão, claro que na sua briga de casal entram sua mãe, a dela, os pais, parentes, amigos e até inimigos. Quero dizer que estão presentes nessa hora de alerta todas as suas *identificações*, todos os personagens que você imitou ou imita. Somos um conjunto de identificações e trocamos de papel e de posição com facilidade e rapidez.

Para pensar demora, mas para mudar de atitude ou de cara basta um instante.

Para que você possa visualizar e compreender melhor as interações de tantos personagens, vou propor um modelo. Digamos, uma festa entre conhecidos e amigos; em certo momento, estão reunidas nove ou dez pessoas em um círculo de conversa.

Quantos níveis de interação coexistem nessa conversa, tida como banal?

Há primeiro o nível do palco e da audiência, de quem quer ou faz questão de falar (o ator), de quem gostaria de falar (o impaciente), mas não tem oportunidade (porque o ator não dá vez), e ainda o dos que gostariam de falar mas têm vergonha ou medo. Todos gostamos de receber atenções, mas ter várias pessoas olhando para você pode ser embaraçoso, não é?

Há depois as simpatias, facilmente perceptíveis; mas muitas vezes é necessário ou conveniente disfarçar essas simpatias, como quando ela está ao lado do marido, por exemplo. O mesmo se diz das antipatias; quando estamos entre amigos, não podemos deixar que antipatias apareçam muito claramente, não é?

Em seguida a política – quantos estão do lado de quem fala, quais os indiferentes e quais os opositores. Se você tem maioria, pode continuar falando.

Agora você não vai se surpreender se eu disser que *todos* esses elos e ligações poderiam ser mostrados – isto é, são perfeitamente visíveis – se fizéssemos uma gravação bem cuidada, em vídeo, dos personagens. Você não concorda?

Emitimos o tempo todo muitas expressões, isto é, fazemos muitos movimentos, grandes e pequenos, rápidos e lentos, *todos significativos*.

Como em tantos outros contextos já examinados, nesse também notamos a riqueza de informações e de influências recíprocas que são negadas, pois responder adequadamente a todas elas seria no mínimo bem difícil e no máximo impossível. Então selecionamos o que dá para perceber e responder, e tendemos a negar tudo aquilo a que seria difícil ou embaraçoso responder.

Você concluirá, desse longo capítulo, que eu complico as coisas demais. Mas vou lhe dar uma dica para reverter a confusão, para se dar conta de que ela apenas descreve como a personalidade é rica, mesmo quando, num exame superficial, as pessoas parecem simples, preconceituosas, ignorantes, limitadas. Somos muito mais do que percebemos, ou muito mais do que fomos levados – outra vez! – a pensar/sentir de nós mesmos (a criança que não sabe nada).

Bem simplesmente: jamais conseguiremos pôr em palavras tudo que experimentamos, vimos, ouvimos e vivemos.

Se você entrar por esse bom caminho e, guiado por minhas palavras, começar a negociar melhor, a aprender com ela em vez de pretender ensiná-la, a se enriquecer e se aprofundar em vez de estar certo e ter razão, então poderá experimentar, em função de um amor cada vez melhor, quanto existe em você – muito além de tudo que já imaginou.

Deixamos claro, ao longo de todo o texto, quanto somos prisioneiros física e mentalmente, a bem (!) da civilização – de certo tipo de segurança coletiva, cara demais em termos de ansiedade para os indivíduos e, também, em termos de perda de felicidade e/ou aumento de sofrimento.

Nós nos fizemos prisioneiros de nós mesmos – e estou falando da humanidade e do destino coletivo, e não da sua vida pessoal apenas.

Em busca do tempo perdido, do famoso Marcel Proust, que eu não li, me servirá bem para ilustrar o que pretendo: o livro é a descrição de um quarto, um aposento, segundo ouço dizer. Na certa, com todas as associações e relações entre os objetos e a história de vida do próprio Proust. Aliás, se quiséssemos e tivéssemos paciência, qualquer lugar e qualquer coisa serviriam para... escrever romances intermináveis – ou ficar falando, falando, falando... A partir de um grão de areia, posso contar a História do Universo... Cada vez se torna mais claro neste livro o quanto a realidade psicológica também é quântica: em nós, tudo se liga e tudo influi sobre tudo. Agora combine as duas afirmações.

Primeira: somos prisioneiros de nós mesmos (fomos aprisionados desde muito cedo) e uns dos outros. "Todos vigiam a todos...", lembra-se? Pouco podemos fazer que seja de fato de nosso gosto; a vida é feita muito mais de renúncias do que de realizações, muito mais de obrigações e deveres, aborrecimentos e tédio do que de felicidade, alegria ou prazer.

Segunda: falar pode, quase tudo, quase sempre. O *falar* adquiriu, por força das circunstâncias, o valor do *fazer*; a maioria das pessoas, durante a maior parte do tempo, prefere falar a fazer, decidir, escolher. Toda a nossa revolta e descontentamento, em vez de se traduzir em ação, limita-se a críticas e acusações e ao famoso "Você – ou alguém – devia..." fazer, cuidar, assumir, responder. Eu não...

Usamos demais a palavra para explicar, justificar ou demonstrar por que *não* fizemos isto ou aquilo, ou apenas para dizer "O que nos aconteceu?" (como na tragédia grega), raramente para declarar o que decidimos ou escolhemos. Os brasileiros, de modo especial, hesitam demais em declarar seus próprios gostos e inclinações nas situações concretas. Tomar posição ou declarar nosso parecer em situações reais nos compromete e então vamos levando nossa vida em banho-maria. Não é de estranhar. Quase nunca se lê, nos textos de psicoterapia, essas duas palavras: decidir e escolher. Já nos textos empresariais, só lemos essas duas palavras... Preferimos, quase todos, viver como aventureiros apenas na identificação visual com as imagens da TV ou do cinema – como experimentar a variação, a aventura e o risco... sem risco!

Esperteza, bobeira ou treino para um dia, quiçá...

Por isso nos demos a tarefa de mostrar, de tantos modos, quanto a palavra *não* está apenas "na cabeça" ou "na mente". Ela está no corpo todo, e é também por isso que, em certa medida, ela satisfaz ou tem certo poder de substituir a ação.

O DESABAFO MANTÉM A SITUAÇÃO

O momento mais claro para ver como e em que medida a palavra satisfaz temo-lo no *desabafo*, no "pôr p'ra fora", "soltar os cachorros", "perder as estribeiras" (essa é do meu tempo) ou, ainda, "rodar a baiana" (essa é de 1995!). Desabafar é dizer coisas pessoais em altos brados, soltando tudo que está preso, isto é, deixando livre a expressão emocional. Essa dança de guerra, mais as machucaduras produzidas pelas palavras usadas como farpas e gumes, produz certo alívio, é claro. Caçada virtual!

E o preço? Muito caro. O outro ficou machucado – magoado, ofendido, humilhado –, e isso tem consequências sobre o andamento da relação. Como sempre, vida de criança é a pior: mesmo magoada ou ferida, ela precisa "reconhecer" o erro; há pais psicopatas que ainda exigem da criança – depois da surra – pedidos de desculpas ou de perdão pelo "erro" cometido!

Mas o pior do desabafo é o seguinte: uma vez aliviado de uma série de tensões e constrangimentos, estou pronto para... continuar aguentando as tensões e constrangimentos – que me levaram a desabafar!

Assim é em família. Ela aguenta de segunda a sábado; no sábado desabafa (até as crianças sabem disso e ficam esperando); no domingo ficam os dois meio emburrados, e na segunda ela começa a empilhar de novo aqueles dissabores que a levaram ao desabafo. Em suma, o desabafo é literalmente uma válvula de escape. Baixando um pouco a pressão, a caldeira, daí a pouco, pode receber mais pressão...

Desabafar: a maneira mais segura de sustentar situações... insustentáveis

Não quer dizer que o desabafo seja sempre errado. Nada é sempre errado. O erro está nos modos, na hora ou nas circunstâncias. A diferença entre desabafos perniciosos e desabafos funcionais está aí: se leva ou induz a repetições de brigas, o desabafo está contribuindo para manter a situação injusta. Se for eventual ou circunstancial, pode ser benéfico.

O elemento destrutivo mais comum de qualquer relacionamento é esse: cair nas repetições.

Além de machucar uma ferida aberta, a repetição vai trazendo aos poucos uma profunda sensação de desespero, de "Não tem mais jeito mesmo", de fatalidade, de resignação – ou de irritação crônica, o mais comum e o pior dos estresses familiares.

Você poderá perguntar (como tantas mães!): mas se ele continua a fazer do mesmo modo, não será necessário repetir os mesmos... conselhos?

Você decide. Quantas vezes, durante quantos anos, você vai ficar repetindo as mesmas exigências? Esse é um círculo infernal – difícil é sair dele, pois ao repetir você cai no que dissemos há pouco: estresse crônico. Aí você se desespera e me pergunta, ansioso: então como é que eu faço? De momento digo apenas: parar de se repetir é bem melhor, custe o que custar. O que você vai fazer depois falaremos ao considerar as soluções.

Somos aventureiros nisso também: guerras novas nos renovam; guerras velhas nos envelhecem – e quanto!

Se você juntar tudo que leu, poderá concluir que este livro foi escrito, antes de mais nada, para evitar a *repetição* das brigas, ou para reavivar brigas mortas, isto é, as relações mortas ou agonizantes.

A *LAPIS PHILOSOPHORUM*

Encerremos estes tópicos com duas comparações bonitas e inspiradoras, a fim de desanuviar um pouco tantas considerações sombrias e complicadas.

Você já ouviu falar dos alquimistas e de sua busca da "pedra filosofal", o famoso diamante da sabedoria e da imortalidade.

Eu achei a pedra. Ela é *qualquer* objeto, olhado como o milagre que ele realmente é. Vimos de quantas maneiras cada coisa se liga a todas as outras, como se cada objeto fosse um diamante, cada raio representando uma relação desse objeto com muitos ou até com todos os outros.

Mas essa imagem é estática – é o retrato de *um momento* da realidade de um objeto, ou pessoa, ou situação. É preciso pôr todos os objetos-diamantes em um polígono de espelhos e fazer o prisma girar – um caleidoscópio!

Esse é um retrato fiel da realidade, tanto externa quanto interna, com toda a sua riqueza e sua ilimitada capacidade de transformação.

Ou você prefere a segurança tão perigosa – e tão pobre – do carrapato?

A escolha é sua – mesmo.

E de todos nós.

Importante: é devido a essa riqueza que as brigas de casal não têm fim – mesmo quando as coisas vão bem. O desejo ou gosto pelo convívio frequente é sinal evidente de que estamos querendo formar um casal. Esse convívio nos leva a perceber, dela, mil pequenos hábitos; tendemos a olhar para eles com simpatia – dentro do encantamento amoroso. Se você casar, as coisas pioram demais. Aí, juntando a muita convivência, da mesa à cama, dos dinheiros, das tarefas e mais, vão se somando muitas estranhezas ("Como são ridículos os hábitos dos outros", disse Pitigrilli). Com essa amplitude de conhecimento sobre ela, difícil acertar todas as pontas e os passos da dama. Saindo da dança social coletiva – simplória, ritualizada e hipócrita – caímos na... Psicanálise: dez anos de terapia e olhe lá... É um exagero, e não pense você que sou psicanalista, mas lá se demonstra como, multiplicando-se os encontros, vão surgindo interminavelmente aspectos e mais aspectos da pessoa; como é difícil perceber, avaliar, organizar e resolver tantas reações, fantasias, costumes, manias, desejos, frustrações... Todas as complicações pessoais denunciadas pela Psicanálise existem e podem ser vistas – e sofridas – no casamento. Portanto, se você se sente meio perdido ou perdido de todo, não se condene. Você está com certeza lidando com o problema mais difícil de sua vida. (Ela também, é claro.) Tenha paciência – e tolerância – com você e com ela. Se você conseguir...

O diamante e o caleidoscópio dão pé para mais uma reflexão valiosa em relação à briga de casal.

CRÍTICAS, CRÍTICAS E MAIS CRÍTICAS

"Ela (ele) vive criticando tudo que eu faço, pega no meu pé o tempo todo."

Vezes demais, em especial entre casados, após as grandes batalhas iniciais, que podem durar anos, vai ocorrendo uma espécie de paz armada ou guerra de trincheira: hostilidades crônicas. Estas consistem em escaramuças de fronteiras que duram segundos, por vezes uma só frase bem venenosa, um olhar fulminante, um movimento orgulhoso de cabeça, uma clara expressão de desprezo por aquele... bandido! O bandido que um dia foi meu amor...

Se você está me acompanhando – e concordando! – na descrição da multiplicidade de possibilidades presentes e atuantes a cada momento, então concluirá comigo:

Fazer críticas é a tarefa mais fácil do mundo, principalmente quando você está odiando a pessoa e a conhece bastante em muitos aspectos pequenos, ridículos, vergonhosos ou humilhantes (que existem, com variantes, em todos); pior ainda quando você a vigia dia a dia, hora a hora – como acontece muitas vezes no casamento –, uma vez que a monotonia da vida, a estabilidade "segura" da rotina (sem mais surpresas) e a tentação de sair, de mudar e de aventurar-se foram se acumulando nos anos de prisão, cada vez mais entediantes e sem esperança.

Aí podemos ser cruéis e nos fazemos todos – todos – especialistas em torturar, com críticas, *nossa companheira, ex-amor, aliada e inimiga*. Lembra-se do que dissemos sobre a capacidade, o gosto e a competência dos seres humanos em matéria de torturar o "inimigo"? Do prazer da caçada, que era agressão e morte, mas também alimento e vida? Pois é disso que estou falando. Se não podemos mais nos sentir vivos por força do amor, então vamos nos sentir vivos exercendo o poder de controlar, vigiar e torturar nossa infeliz "escolhida" – nossa "alma gêmea"...

Gaiarsa, como você é pessimista!

Meu amigo (ou inimigo), você não tem memória. Recorde o que você fez a semana passada com ela – ou o que ela lhe disse naquela hora crítica – *ontem*!

Tenho certeza: qualquer pessoa – absolutamente qualquer pessoa – sabe do que estou falando e viveu momentos assim. Mas tudo que não concorda com os preconceitos da "felicidade eterna do casamento" – reconheço – tem muito mais força do que meus pobres argumentos fantasiosos, pessimistas, irreais e ingênuos...

Já que você não quer me ouvir – já que você me critica tanto... – então ouça mestre Freud em uma de suas afirmações mais inspiradas: se você não quiser recordar o que fez, continuará a fazer sempre igual – sem saber o que está fazendo, sempre espantado e confuso com as consequências de suas ações, sempre tão bem-intencionadas, não é? Por que, agindo sempre com tão "boa intenção", tantos fatos acontecem *ao contrário* do que desejávamos ou pretendíamos?

Você sabe?

Azar, não é? Destino...

Eu compreendo...

Sou psiquiatra e minha profissão é compreender.

É tal a riqueza da personalidade e tão fatal seu crescimento que ninguém jamais será perfeito, isto é, acabado. O bom fotógrafo de moças nuas sabe mostrá-las bem demais, mas olhos críticos (de outras mulheres!) saberão apontar imperfeições mesmo em *miss* Mundo.

Esta é também uma boa hora para discutir duas das palavras que mais causam infelicidade entre as pessoas:

O CERTO E O ERRADO

Ou: quem é o culpado – quem errou!

Já ventilamos vários aspectos da questão; tantos, que a charada já está resolvida – basta ressaltar certos ângulos do que foi dito.

Primeiro, o mais inesperado. A busca do "errado" é a atividade favorita das pessoas, principalmente as mais virtuosas, as mais "direitas", pois *contra o errado elas poderão voltar toda a sua agressividade reprimida.*

Vimos de quantos modos estamos quase todos insatisfeitos, e por isso em busca de um culpado para puni-lo pela nossa infelicidade! Por isso pomos toda a nossa agressividade na busca e no castigo ao errado – e assim reforçamos nossa prisão! Pois o errado – o divergente, o diferente – é o único capaz de nos salvar, já que o certo (para tantos) é o que tantos dizem ser certo – e pouco mais do que isso: força da maioria obrigando a maioria a proceder/falar do mesmo modo.

Essa afirmação não produz tonturas? Não parece o cão a girar sobre si caçando a própria cauda? Pois é a simples descrição do entrelaçamento entre preconceitos e papéis sociais – a famosa "roda" dos hindus.

Não estranhe, meu amigo (você ainda é meu amigo?). A filosofia de vanguarda, hoje, inspirada na biologia molecular, aprofunda a análise dos sistemas autogerados e autossustentados à custa, precisamente, de circuitos entrelaçados – em última análise, circulares: cada "sistema" uma rosácea de catedral medieval, sem começo nem fim.

Lidamos com o famoso "Ouroboros" da simbologia clássica – a serpente a comer-se pela cauda, alimentando-se eternamente de si mesma:

opressão/exploração de poucos sobre muitos,
gerando miséria, rancor e ressentimento generalizado,
fomentando desordens,
justificando assim a necessidade da opressão...
Afinal, é preciso defender a paz social, não é?

*Então vamos fazer cada vez mais armas –
a fim de garantir a paz.*

Si vis pacem, para bellum (viva o latim): se quereis a paz, preparai-vos para a guerra. Os romanos eram especialistas no assunto.

Vamos morrer de rir ou enlouquecer? Hoje são produzidos/negociados no mundo, por ano, *centenas de bilhões de dólares* em armamentos!!!

Mas o pessimista sou eu, claro.

Enquanto o mundo for governado pelo complexo militar político-industrial, falar de amor é subversão das mais perigosas. E a onda de desemprego que ocorreria? E os bilhões que seriam perdidos?

Mas hoje, com todos os "benefícios" do capitalismo, o número de desempregados no mundo é de 239 milhões! E está crescendo.

Filosofia do certo e do errado

Passemos agora ao segundo ponto do certo/errado: o filosófico.

É fácil e já sabemos como é: se ficarmos percebendo só o que se repete e fazendo como sempre se fez, nada mudará, certo? Então precisamos demais de quem faça diferente para nos livrar da "roda" (das repetições). Precisamos de quem erre, ou então aprender a mais elementar das verdades, por demais obscurecida pelos preconceitos "ideais" – até da ciência (que é a ciência das repetições, vimos): *se não errarmos – pessoal e/ou coletivamente –, nada aprenderemos, além do que já sabemos.*

Além disso, se você levar a sério o que dissemos – e demonstramos – sobre a riqueza da realidade, então concluirá que "o certo"... não é possível, pois a realidade não se repete jamais.

O certo, segundo nossos preconceitos atuais, é rigorosa e exclusivamente jurídico: o acordo entre o agir ou o falar, e certa regra ou expectativa bem definida desde o começo. "Certo" é fazer como a lei manda (ou o costume, o preconceito e mais). Só posso estar certo em um mundo newtoniano, onde tudo já é conhecido, e cada ato liga passado, presente e futuro por linhas simplórias de causa-efeito, onde as consequências de qualquer ação ou decisão são tidas como... *certas* – e muito bem sabidas!

Sabemos: nenhum computador consegue, hoje, vencer *com certeza* um jogo de xadrez, com apenas 64 "possibilidades" (casas) e seis funções (peão, cavalo, bispo, torre, rainha e rei). Se pensarmos no caleidoscópio ao qual tanto nos referimos, a probabilidade de saber *com certeza* a consequência (o futuro) de qualquer ação *concreta* ultrapassará o número de átomos do universo – com um 0, (zero vírgula) seguido de muitos zeros antes do 1:0,000.............01.

Deus que me perdoe, mas nem Ele poderia saber tudo que aconteceria quando criou o universo e, depois, o homem. Aliás, tendo criado a liberdade – como a descrevemos anteriormente –, como poderá Ele saber o que irá acontecer? Hoje a teologia está fora de moda, mas em velhos tempos esse era um problema difícil para os religiosos.

Depois da filosofia e da teologia, vamos falar de nós, de cada um: *ou você faz como os outros (ou de acordo com preconceitos, dá na mesma), ou faz como não se espera, como você "não devia"* – essa é a única noção de "erro" com algum sentido. Bem elementar, meu caro Watson: ou você acerta o alvo, ou não acerta... Mas para saber disso – pasmem, senhores – é preciso que haja um alvo, não é? Cansamos de demonstrar que não há alvo, que o futuro é imprevisível.

O FUTURO É O PRÓXIMO INSTANTE, SUA PRÓXIMA DECISÃO – E MAIS NADA

A moral tradicional espera que acertemos na loteria a cada ação que fizermos.

Então, e desde já, acabe com essas acusações contra sua namorada porque ela está errada, tá? E – mãe do céu! – esqueça o certo e o errado quando você estiver diante de seu filho, ou ele se sentirá réu eterno por ter pecado contra a lei cósmica (a de seu mundinho familiar). Ele apenas fez diferente do que sua mãe achava certo, ou sua vizinha, ou sua sogra.

Se você continua me lendo, é certo que neste momento me perguntará, aflito:
Mas, então, não há o certo e o errado?
Não há. Não há O certo e O errado, isto é, não há *um* modo de agir ou de pensar que seja certo *para todos*, em todas as circunstâncias, desde *sempre e para sempre*.

"O" certo é o mais poderoso dos *preconceitos* humanos, sinal seguro de nosso desespero e de nosso desejo – o famoso – de certeza e segurança. Fundamento teórico, além disso, de todo poder absoluto de alguém, da lei, da ciência, da verdade, de Deus ou do que seja.

Mais e muito pior: *esse* certo e errado eternos tem sido, ao longo da História da Desumanidade, poderosíssimo pretexto para mil agressões crudelíssimas e irracionalíssimas, tanto individuais quanto coletivas. Lembra a perseguição aos cristãos? Aos escravos negros? Aos judeus? É sempre a mesma e, segundo parece, os homens não aprendem. Ela é causa e consequência da invenção do Deus Único (o meu), da Verdade Única (a minha) e da negação da vertiginosa riqueza da realidade.

A realidade é Deus acontecendo e não
o Deus eternamente existente.

Mas não se desespere: ao contrário de tudo que você poderia estar pensando de mim, a esta altura de meu anarquismo caótico, devo declarar que *acredito do fundo da alma em um certo e um errado!*

E acredito, além disso, que o *meu* certo e o *meu* errado são de fato o certo e o errado!!!

Não! Não comece a me jogar pedras. Leia um pouco mais: minhas razões são simples e convincentes.

Certo é o que faço e me leva até onde pretendo ir ou produz as consequências esperadas, planejadas ou desejadas por mim.

Ou, também, para evitar o que temo ou me desgosta.

Pode me xingar quanto quiser, mas meu melhor exemplo – o mais fácil de compreender – é o da mãe. Qual a mãe que, na maioridade do filho ou da filha, pode dizer para si mesma: meu filho é bem parecido com o que sonhei a respeito dele, preencheu quase todas as minhas esperanças. Quantas? Pergunte, faça uma pesquisa, e você nem ficará espantado porque já sabe a resposta: 90% das mães dirão a você que seus filhos estão longe do que elas esperavam, pretendiam ou sonhavam.

Mas não me veja com maus olhos por eu viver xingando a mãe de todo mundo. Elas estão em ótima e numerosa companhia. Quantos governos, economistas, planejadores, industriais, militares podem dizer ter conseguido realizar o que pretendiam? Se não conseguiram, então sinto muito – ou fico bem contente –, estão todos errados.

Como podemos ter tantas boas intenções, fazer tanto e conseguir tão pouco do que pretendíamos? Tanto sacrifício e ao final não temos a menor ideia do que fizemos para chegar tão longe do desejado? A essa luz, podemos afirmar: quase todos estão errados, já que muito poucos estão contentes com o que fazem ou conseguem. Estes – e só estes – estão certos.

E os maus e seu sucesso, estão certos também?

Claro que sim.

Errados estamos todos nós, que não conseguimos impedi-los de nos explorar. A obediência cega a regras descabidas nos deixa desorientados e faz de nós presas fáceis, dando aos maus ensejo para suas manipulações e seu sucesso.

Na verdade e alcançando o limite: são precisamente nossos comportamentos "certos" que permitem a eles planejar a exploração e a opressão, na certeza de não serem importunados a não ser por alguns revolucionários. Mas estes são poucos e fáceis de crucificar – e a multidão aprecia, aplaude e até se sente dignificada diante do castigo dos... "maus", "subversivos", "anarquistas". Jesus Cristo, por exemplo. Mas há muitos outros – demais!

Hoje as coisas estão mudando, pois os simples estão gozando de uma *televisão* – estão começando a "ver longe" e a perceber como os grandes são pequenos, cruéis, mentirosos e perigosos.

Os sem terra, apreciados por uns e criticados por outros, são, por isso mesmo, um movimento provocador.

O barro começando a tomar forma... Não parece muito; afinal, são pouco mais do que miseráveis, ignorantes. Mas a paixão da filosofobiologia do presente é exatamente esse fato: a autoformação e a autossustentação de estruturas novas a partir da desordem – do ruído – existente. Nas velhas, claro.

"A CULPA É SUA" – "VOCÊ DEVIA" – "É SUA OBRIGAÇÃO"

São estes os três gritos de guerra universais – os três inimigos figadais do amor, implacáveis, cruéis, tendo atrás de si ou sob eles o apoio poderoso e ameaçador da maioria, sempre desejosa de apedrejar alguém, pois seus inimigos reais são invisíveis e inatingíveis. Nomeia-se então o bode expiatório e toda a agressão contida se despeja sobre ele. Após o sacrifício do diferente, sentem todos paz no coração, pois o mal foi extirpado, a vítima, imolada, e todos podem dormir tranquilos – enquanto os poderosos continuam lá, incólumes.

E vice-versa! Estranha fábula de *feedback* social, capaz de manter quase todos na linha e de se opor a qualquer transformação.

Mas os três meliantes merecem exame – julgamento! – separado, pois seria difícil dizer qual deles mata mais amores, qual distancia e isola mais as pessoas.

Primeiro a culpa e o assim chamado perdão. Estranhou o "assim chamado" perdão? Você acredita que é possível perdoar?

Perdoar pode significar uma de duas coisas: apago, desfaço ou faço desaparecer de mim aqueles sentimentos, intenções e pensamentos ruins despertados pela outra pessoa; ou então me comporto diante dela como se nada tivesse acontecido. Nos dois casos, trata-se de...

APAGAR OU DE ALGUM MODO DESFAZER O PASSADO – SERÁ POSSÍVEL?

Será possível reverter o tempo?

Será possível atuar a partir do que está acontecendo, com a intenção de modificar o que já aconteceu? Modificar o que "já acabou?"

Mover-se a uma velocidade maior do que a da luz?

A opinião de Stephen Hawking seria muito bem-vinda, pois Einstein acha que não...

Como teria nascido essa ideia deveras metafísica? Talvez do fato de que ninguém é impecável de todo – e todos sabem disso (meio que em segredo...). Depois, se quem peca uma vez deve ser excluído para sempre da sociedade, então não haveria sociedade (e todos sabem disso...). A invenção do perdão deveu-se, pois, à preservação da estrutura social, como se pode ver modelarmente na Inquisição: se você dissesse (sempre as palavras!) que renunciava "para sempre" a suas ideias heréticas, então poderia ser readmitido na sacra sociedade. A força da maioria é mais poderosa do que qualquer lógica, ou do que a própria realidade – pense bem nisso!

Preconceitos não são estúpidos – são todo-poderosos.

O perdão nada contém de realidade. É liturgia ou ritual social, tido como garantia de paz e união social, todos unidos nos crimes comuns: aceitação irrestrita e cega das sacrossantas fórmulas dos preconceitos sociais, união de todos contra cada... desalinhado.

Sendo radical, só para esclarecer: a força da maioria *determina* o que é a realidade. Se você sair desse balizamento, ou não o entenderão ou o perseguirão.

Então, nenhuma realidade nessa noção de perdão? Sim, alguma realidade existe. Todos já experimentamos este fato: após ter sido magoado ou ofendido, vez por outra o efeito ruim se desfaz sozinho, em menor ou maior tempo. Tudo se passa de fato como se nada tivesse acontecido. Tenho para mim, porém: o desaparecimento de maus sentimentos se deve em boa parte ao restante do relacionamento. Se você, em conjunto, naquele período está se dando bem, se você teve e sabe que pode ter muitos outros momentos felizes com ela, então algumas raspadas cicatrizam definitivamente por conta própria, espontaneamente.

De onde se deduz: se você quer facilitar o perdão, tente criar ou aprenda a gozar de todos os momentos de prazer ou de felicidade com ela – mesmo à custa de deixar passar alguns desentendimentos menores.

É muito claro. Quanto maior a felicidade, mais fácil o perdão.

Reciprocamente: se o perdão tarda ou se arrasta por dias ou semanas, é porque a relação está muito pior do que o atrito presente faria supor.

O *perdão de boa qualidade não exclui a cicatriz da mágoa sofrida. Nada "passa" assim, de vez e de todo. Nenhum animal ferido esquece o lugar, o modo como foi ferido; seria péssimo se ele esquecesse, pois o predador tampouco esquece... Essa cicatriz altera o relacionamento para sempre! E quando as cicatrizes são muitas, pode ir se desenvolvendo sobre elas uma úlcera crônica, que, se continuar a ser machucada, pode virar um câncer tanto no corpo como na alma – ou no coração.*

Excluído esse caso de perdão autêntico, penso que o mundo seria muito melhor se, em vez de falar em culpa/perdão, começássemos a falar em *aprendizado*. Difícil de perdoar é ter pecado que se repete, isto é, quando não aprendo com o "erro". Essa é nossa posição central. Briga repetida é pura agressão – mais nada.

E a culpa, irmã gêmea do perdão?

Não existe culpa. Só existe o medo, ao qual se dá o nome de culpa sempre que o "pecado" é a desobediência a algum preconceito – desacordo ou desafio ao que é aceito pela maioria. Se me arrependo e peço perdão, isso quer dizer que doravante farei "como se deve" (como mamãe gostava...) e, portanto, não será mais preciso me castigar. Não preciso mais disfarçar diante de todos nem fugir ou negar o que fiz. Posso desfazer o mal feito, parece. Meu medo era ser excluído ou castigado por ter divergido do meu grupo.

Transformar o medo em culpa é vantajoso, pois *in natura*, como diz mestre Caetano, não existe pecado nem perdão. Se você, carnívoro, errou o pulo, perdeu o almoço; se você, herbívoro, tropeçou na corrida, virou almoço. Não é muito diferente no mundo dos negócios e da política...

Nem no mundo das mil chantagens emocionais do cotidiano.

Admitir a própria culpa é reconhecer que eu fiz porque quis, porque estava em mim ter feito de outro modo. Portanto, em boa lógica aparente, posso – poderia – desfazer o que fiz. Nesse sentido, a culpa é um consolo diante da fatalidade do acontecer – que não acontece retroativamente.

O feito está feito para sempre, assim como serão para sempre as consequências do que fiz.

Duro, não é? Não é muito mais consolador acreditar que eu "podia" ter feito de modo diferente? Ou que eu posso desfazer o mal feito?

Estamos abordando um problema fundamental da briga de casal: quanto à própria briga, à tortura e ao sofrimento, as pessoas estão "pagando" pelas pressões sociais, pois a culpa não é de ninguém em particular, mas de todos quantos dizem apoiar a lei. Inclusive você, quando defende uma posição preconceituosa. Sentir-se culpado é declarar que aceitamos o papel de bode expiatório. Essa ideia está tão enraizada nas pessoas – é um preconceito tão profundo e tenaz – que é difícil evidenciá-lo. Um exemplo histórico poderá ser útil – o da Psicanálise é um deles. Lá se dizia – não sei se ainda se diz – que "A culpa é sua", "Você é o errado", "Você cavou seu próprio buraco".

Qual a verdade complementar? Você foi induzido, *desde que nasceu, a se comportar assim e assim, e essa "educação" o tornou confuso, obscureceu seu senso de direção – por isso você errou! (Como a mãe que fez tudo que devia e saiu um filho nada esperado.)*

Então – retornando – de quem é a culpa? Sua ou da sua educação? A culpa é sua ou exige-se de você o impossível? Veja-se que "processo" (já ouviu falar em Kafka?) satânico: sua educação familiar e social exige de você comportamentos "ideais" (para os poderosos) de obediência e subserviência a regras precárias, simplórias, fanáticas, até ridículas. São boas para manter o sistemão e ninguém parece se perguntar se são boas para ele – para cada um. Não são – como estamos demonstrando a cada linha deste texto maldito. A culpa – se houver – liga-se a essa deformação sistemática, mais o apoio aparente da maioria a essas mesmas regras, vítimas que foram, quase todos, da mesma deseducação perversa e compulsória.

Cristo é sempre um bom exemplo. Morreu na cruz por falar de amor em uma sociedade cruel e implacável. Não se pode perturbar desse modo a paz dos cidadãos sérios e honestos – quem diria! – que carregam todos os pecados do mundo... Somos todos Jesus Cristo e Pilatos – ao mesmo tempo.

Então, companheiro, quando você brigar com ela, procure pensar nessas coisas, e nossas propostas de solução nem precisarão ser explicadas. Nunca diga que a culpa é dela – nem sua!

Nesse contexto cabe um reparo particular: jamais existirá alguém que seja o culpado *exclusivo*, seja lá pelo que for. Nossas ligações e vínculos interpessoais, por demais numerosos, naturais e sociais, tornam incompreensível qualquer atribuição de culpa a uma só pessoa.

Fiz assim porque ela fez assim – essa é a verdade última; com um acréscimo: *ela fez assim porque eu fiz assim.*

Confuso? Também acho. Mas sair dessa confusão excluindo a responsabilidade de um ou do outro é muito pior: justifica todas as agressões das quais falamos. Pense bem, esse argumento é difícil, pois o deixa em conflito permanente – preso entre tendências contrárias, todas "verdadeiras"!

E a ideia psicanalítica segundo a qual se você cisma com o jeito de alguém é porque tem problema semelhante – é válida?

Claro que sim, em certa medida. Mas, resolvido o seu problema, cessará a ligação com o outro? Claro que sim, também em certa medida; mas, levada às últimas consequências, evidencia-se o absurdo da proposição. Quer dizer: se eu resolver "todas" as minhas dificuldades pessoais... ficarei desligado de todos! O que você acha? Qual a graça dessa situação?

A meu ver, é bem mais plausível e animadora a noção de que todos temos mil ligações, das mais variadas qualidades, e jamais alguém se desvinculará de toda a... humanidade.

Ou seja, velha questão há muito resolvida por mestre Jung: será possível esgotar o inconsciente? Depois de ter sido analisado por vinte anos – com sucesso! – nada mais em mim será inconsciente? Basta formular a pergunta para perceber sua falsidade (ou suas limitações).

As diferenças pessoais são necessárias – ou convenientes – para o desenvolvimento dos dois

Ou: sem diferenças, nada acontece. A analogia com voltagem elétrica surge sozinha: sem diferença de potencial, não há como aproveitar a energia.

Podemos formular o mesmo problema em termos bem diferentes: jamais sabemos ou poderemos saber quem, como ou quando começou a briga. É como escolher começo e fim seja lá do que for. Na realidade, nada começa nem termina – tudo se transforma. Falar em começo e fim é uma exigência ou conveniência para desenvolver o pensamento verbal. Este sim, sendo linear, tem maiúscula "no começo" e ponto final no "fim"... do parágrafo!

Começo, meio e fim existem nas frases, nos parágrafos, nos capítulos e nos livros – e em tudo que exiba palavras. Onde não há palavras, não existe começo, meio nem fim.

Se você tem dois filhos ou mais, sabe muito bem do que estou falando: quando, como e quem começa a briga entre irmãos?

"O PROBLEMA É SEU" – EXISTE ISSO?

Tanto a Psicologia quanto a Psicanálise e o povo usam demais a expressão "O problema é seu", por vezes reforçado por um "O problema é exclusivamente seu" ou "não tenho nada a ver com isso". Para mim, sempre que essas frases são ditas, elas apenas indicam ou a irresponsabilidade de quem as diz, ou seu desejo de não participar da questão, de "puxar o carro", como diz o povo.

O paralelo mais claro para essas afirmações talvez seja este: será possível "falar sozinho"? A fala pressupõe o outro tão inerente e fatalmente que falar sozinho é uma impossibilidade. Mais compreensível é dizer que "Algo em mim fala com algo em mim".

É impossível haver um só falando com nenhum – ou com ninguém...

O que você acha?

A questão, pois, é estabelecer o que *cada um* fez e não cobrar de um só.

Essa de um só culpado é o mais triste sinal de uma organização autoritária, de nossa incompetência em nos entendermos, e o mais seguro sinal de nossa agressividade, sempre em busca de pretextos para se exercer "justificadamente", isto é, sem culpa. Esse é o microelemento dinâmico de toda a estrutura social autoritária, sempre de olho no divergente e pronta a acabar com ele – ou a neutralizá-lo – onde quer que se manifeste.

Note uma restrição ao dito: pode dar-se de, em um caso ou outro, a "culpa" não ser sua; poderá ser de outras pessoas, colegas, filhos, parentes, escola, trânsito, penúria e mais. Mas contínua verdade: jamais alguém fará um ato "errado" com responsabilidade exclusiva. "O problema é seu" mostra apenas a negação de nossa solidariedade! Ou o desinteresse do outro em você.

É hora de discutir também a questão do bode expiatório, expressão tantas vezes usada por mim nestas páginas. *O casal é o bode expiatório de toda organização social injusta e exploradora – resumo de todo o meu discurso.*

Desde que ouvi essa história do bode fiquei perplexo. Tradicional e anualmente, em certo período da História judaica, um bode era jogado do alto de penhascos, despedaçando-se na queda. Segundo o simbolismo do cerimonial, o bode levava consigo os pecados da comunidade. Primeiro – pensava meu moleque interior –, qual o fantástico interesse que Deus pode ter na morte de um bode, a ponto de aceitá-la como representativa – e nela perdoando – de todos os pecados cometidos por um povo durante o ano?

Depois, mais sóbrio: como pode esse pobre animal levar consigo o pecado, noção que, sem se falar em alguma espécie de consciência, não tem sentido algum?

A seguir vieram os exegetas, que viam no bode expiatório uma prefiguração de Cristo – piorando ainda mais as coisas. Que símbolo mais esdrúxulo para figura tão excelente!

Então? Como fica?

Na vida das agrupações humanas com muitas pessoas, as relações são cada vez mais impessoais. Dessas relações nascem males terríveis, como viemos mostrando passo a passo, e a responsabilidade por esses males é de todos, seja por ações, seja por omissões. Como, quando e a quem imputar o mal que é de todos? Vamos então – e portanto – nos trucidar coletivamente, já que somos todos culpados.

Tem cabimento essa "solução"?

Dá para começar a entender o pobre bode? O diferente é escolhido para ser vítima da agressão coletiva, acumulada pela inconsciência e pela irresponsabilidade de todos – dos que mandam e dos que obedecem.

Melhor destruir um do que brigarem todos entre si. O bode não leva os pecados; o pobre bicho serve como desaguadouro do descontentamento de todos com a situação reinante – fruto do... pecado de todos.

Mais fácil brigar com sua mulher do que fazer revolução ou sair xingando todo mundo, não é? É muito menos arriscado, pois nada de importante é modificado por isso – afora suas mágoas e rancores. E os dela. Você desabafa e continua bonzinho, e o mesmo acontece com ela. Fale-se, pois e também, em uma cabra expiatória – chega de discriminação!

Compreenda-se bem, e apesar de tudo, quanta sabedoria (sobrevivência) há nesse símbolo ridículo – e terrível. Melhor, sem a menor dúvida, sacrificar um ou uns poucos em vez de permitir a explosão da destrutividade de todos contra todos. O terror, na Revolução Francesa, é um bom exemplo.

Quando o processo do bode ocorre? Quando – além da injustiça social – ocorrem secas prolongadas, inundações ou outras catástrofes e privações naturais – e aí o processo é bem claro e até funcional. Aí o desespero – e o caos – coletivo é ordenado e simplificado com a morte do... culpado.

Bem pensadas as coisas, os imperadores-reis-deuses funcionam do mesmo modo; aceitemo-lo, pois sua ausência é pior do que sua presença – enquanto nos mantivermos, como estamos todos, no empenho permanente de conquistar mais e subir mais alto, a qualquer preço! Como já se disse: pisando na cabeça de todos os de baixo.

Obrigações e deveres

As reflexões seguintes – sobre os deveres e obrigações – complementarão essa questão difícil. Afinal, temos ou não obrigações (ou deveres)? Claro que temos, mas de duas espécies, quando, de regra, ao falar em obrigação, a maioria fala como se houvesse uma só.

Apesar de quanto dissemos da sociedade injusta e opressiva, ainda parece ser verdade que é melhor viver em sociedade do que sozinho (se viver sozinho fosse possível). A cooperação de todos, mesmo que involuntária e inconsciente, cria condições de vida muito melhores do que as do bando caçador... (e muito piores também, claro). Na cidade, quando todos fazem por todos, concentram-se condições extremamente variadas de desenvolvimento (e de opressão). A diversidade de ofertas é bem aceita pelo nosso curioso chimpanzé; a satisfação de necessidades básicas é mais fácil e mais segura (para quem tem alguns meios e até para os destituídos da fortuna). Até certa espécie de segurança existe, em comparação com a vida selvagem. É justo que esse benefício seja pago com algum sacrifício da parte de cada um – se este for necessário.

Mas há muito tenho para mim: se "a sociedade", com suas exigências preconceituosas, espera ou exige de mim o sacrifício de minha vida, então não a compreendo, e é certo que não obedecerei a essas regras mortíferas. Como pode ela – quem é ela? – querer o desaparecimento dos indivíduos que a constituem?

Já dizia São Tomás – logo ele, o maior filósofo do catolicismo: se a organização social não tem como finalidade primária o *bem de todos*, é dever do cristão fazer o possível para subverter a ordem estabelecida!

Eu também acho – e é o que estou fazendo, não é?

Essa é uma das espécies de obrigação. Na vida social ela aparece na forma de bom desempenho dos papéis que cabem à situação de cada um. Seria ótimo se todos fossem bons pais, bons profissionais, bons alunos e mais. Mas não confundir bom desempenho de papel com comportamento automático, sempre igual ou semelhante – robotizado. Nesse caso não se pode falar em responsabilidade pessoal – estou fazendo porque todos dizem fazer, por medo de ser diferente, para garantir minha sobrevivência, e não por ser minha vontade ou gosto.

E com isso entramos na segunda forma de dever ou obrigação: as obrigações *para consigo mesmo*. Você vai se espantar, mas quem melhor cuidou dessa questão foi a Igreja Católica Apostólica Romana na sua dogmática. Diz ela que o juiz mais alto de suas ações é seu "foro íntimo", isto é, sua consciência. Você pode cometer o mais terrível dos pecados, mas se, honestamente, estiver convencido de sua justiça ou acerto, Deus o perdoará. Na prática, a Igreja não fez nada disso, mas é preciso perdoá-la, pois nenhuma instituição serve aqueles aos quais sua atividade se destina. Hospital não é feito para doentes e escola não é feita para alunos – você sabe – nem política é para o bem do povo, não é? Nem casamento para a felicidade amorosa!

Imperfeições humanas – o que se há de fazer? Mas, por favor, vá notando os "pecados" da sociedade, sempre tida como perfeita, pois se você não segue o costume, acontece-lhe o que estamos dizendo.

Logo, nem todos os deveres sociais são legítimos ou justos, nem todos os deveres consigo mesmo são errados, caprichosos ou narcisistas (outro fetiche moderno).

Difícil saber como equilibrar essas duas categorias de deveres, não raro em conflito. De regra, os deveres sociais são muito mais favorecidos do que os pessoais. Um dos lados ou momentos mais importantes de uma ligação amorosa é quando vamos passando dos julgamentos/condenações coletivas ("A culpa é sua") para a apreciação dos valores pessoais; quando "a mãe" se faz Inês e o "senhor marido" se faz Alberto, entende?

Mais, muito mais: o relacionamento deveras amoroso auxilia – e talvez só ele auxilie – as pessoas a passarem gradualmente de seres coletivos a individuais, a se descobrirem gradualmente como pessoas, a passarem de fantoches a seres humanos. Ou você pensa que Pinóquio é só uma história para crianças?

Dir-se-ia que somos todos transformados desde pequenos em larvas, lagartas, taturanas; só o amor pode nos transformar em borboletas – aliás, como de fato acontece com elas!

As duas classes de deveres são incomensuráveis. Sociedade perfeita – em que todos fazem o que devem – é a dos insetos sociais, iguais a si mesmos há dezenas de milhões de anos. Alta competência de sobrevivência, criatividade nula e individualidade zero.

Nós, que somos caprichosos, instáveis, indignos de confiança, inseguros, nos espalhamos pelo mundo todo, ocupando-o, adaptando-nos, sobrevivendo e desorganizando qualquer espécie de ecossistema. Você vê a vantagem de não sermos estáveis, dignos de confiança, sempre aí, cumprindo a obrigação a qualquer preço?

O alternativo é tão necessário quanto o conservador, mas se ambos tiverem certa clareza em relação a seu papel social poderão conviver pacífica e cooperativamente, em vez de se entrematar como fizemos até hoje.

Inúmeros casais naufragaram em mil desentendimentos dolorosos porque não compreenderam o valor de sua associação. Um conservador e uma revolucionária – ou o contrário – podem formar a dupla mais sensacional e emocionante do mundo, um garantindo o chão, permitindo assim ao outro voar com segurança! Com o tempo, o conservador pode até aprender a voar também – e o alternativo talvez descubra a paz decorrente da estabilidade.

Reciprocidade – o segredo de Confúcio!

É bom repetir: hoje é a época das mudanças, e toda estabilidade, desejável em períodos... estáveis, pode se tornar perigosa e maléfica.

A dança dos contrários

Esse assunto é fácil mas por demais contrário a hábitos sociomentais muito arraigados.

Assim como uma coisa não pode ser e não ser ao mesmo tempo, sob o mesmo aspecto (falamos e demonstramos isso bem lá atrás), acreditam todos que um só indivíduo não pode ser bondoso *e* maldoso, tímido *e* orgulhoso, empenhado *e* vagabundo, forte *e* frágil.

Mas em se tratando de gente é preciso repensar essas coisas, pois se gente é lógica, é também bastante irracional.

Sua mulher, por exemplo.

Você dirá: sim, podemos ser contraditórios, mas não manifestar comportamentos opostos ao mesmo tempo. Podemos, sim. Digo até que vivemos fazendo assim o tempo todo – sem querer, porém. O caso é sempre com a comunicação não verbal, com nossas caras, gestos, posições e mais. Quando aprendemos a observar – os outros e/ou a nós mesmos –, começamos a perceber que manifestamos continuamente contradições entre as mensagens verbais e corporais que mostramos ou emitimos. Posso *sorrir* com um pouco mais de tensão que o necessário nos lábios e esboço assim *agressão* – junto com o sorriso! Posso manter a cabeça *orgulhosamente* "alevantada" e os ombros espremidos de medo – ou de *humilhação*; posso sorrir *gentilmente* enquanto meus olhos *perscrutam*, como se eu fosse um policial, qualquer sinal negativo no interlocutor; posso *sorrir alegremente* enquanto minha fronte mantém o vinco da *preocupação*; posso declarar *com firmeza* minha disposição a cooperar com gestos frouxos *de desânimo*; posso declarar *submissão* olhando o interlocutor *de cima para baixo*.

Lembro de um dia no qual, surpreso, pude me dizer: estou feliz e triste.

Raramente sentimos um sentimento "puro" ou único; cada decisão envolve a consideração de várias alternativas e tudo isso aparece imediatamente no corpo, que "se inclina" em uma direção ou em outra...

Quando nos livramos do princípio de não contradição (!), podemos começar a perceber o quanto são contrárias ou até contraditórias nossas expressões corporais.

No cotidiano, facilmente ouvimos dizer que fulano é ótimo – ou péssimo –, beltrano é muito orgulhoso, sicrano é muito medroso, aquele outro é cínico e assim por diante.

Primeiro comentário: esses qualificativos são aplicados em tom categórico e exclusivista, mesmo quando quem diz está sabendo que tal extremismo é, no mínimo, improvável.

Ninguém pode ser cínico, só cínico e sempre cínico!

Mais: podemos ouvir, sobre a mesma pessoa, comentários opostos. Casos quase cotidianos: "Todos (os de fora) acham meu marido um amor, mas em casa ele não é nada disso. Queria que você visse o que ele diz e faz..." Outro exemplo de todo dia: "Aquele casal é incrível; parece se dar tão bem..." (o de fora, observando o casal no restaurante). Vá você passar umas horas disfarçado na casa do casal maravilha e verá cenas bem diferentes. Também o milionário maduro e sua amante jovem; na sua função de chefe ele é temível; nas mãos da boneca, um fantoche. Mais um? O bom funcionário, serviçal, quase servil; vá vê-lo em casa! Um tirano exigente e intratável com a mulher e os filhos.

Exemplo real, esquemático e bastante engraçado: "Minha mãe (mais de 60 anos) fala demais, demais; meu pai fala muito pouco, mas toda noite, desde a hora de deitar até mais de meia-noite, ele, dormindo, fala, fala, fala..."

Quanto mais ela fala, mais ele cala, e quanto mais ele cala, mais ela fala. De noite ele se vinga...

Quanto mais autoritário ele, mais submissa ela.

É mais fácil pensar em *dois* opostos, e pode-se ouvir a qualquer hora que sempre existe o *outro* lado. Em filosofia, fica-se na tese e na antítese. Mas o fato é que estamos sempre entre *várias* possibilidades e *vários* inconvenientes. De novo a estrela e o diamante! Falar em *apenas* duas alternativas já é simplificar demais o problema, não esqueça. É melhor do que ver só um aspecto, mas ainda é bem pouco.

O casamento – longo tempo de convívio – tende ou a produzir trocas e mudanças nos dois, ou a tornar cada um, pela contestação contínua, mais do seu próprio jeito, a confirmá-lo em seus hábitos, a estimular e reforçar seus comportamentos e expressões.

Nem poderia ser de outro modo: o vivo cresce sempre – o tempo todo; se o ser não se desenvolve, ele se compacta, ficando cada vez mais rígido e/ou embutido. Pense numa árvore: na periferia dos ramos e das raízes ela cresce; o tronco não muda muito, mas se espessa.

No casamento, o comportamento dos dois tende a adaptar um ao outro, mesmo que de mau jeito – como esses que exemplificamos. A adaptação tem um pouco de apreciação consciente, de diálogo, de boas intenções; mas, além do que fazemos sabendo que estamos fazendo, a adaptação ao outro tantas vezes presente se faz "sozinha" – mesmo que você não queira, não perceba, mesmo contra sua vontade.

Adaptar-se é a segunda função da vida (a primeira é crescer). As mesmas brigas de sempre só podem reforçar as mesmas "atitudes", cada um "treinando" o outro a se fazer cada vez mais repetitivo, esquemático, automático – cada vez mais ele mesmo – o de sempre!

Já vi casais de velhos que se odiavam de longa data dizerem coisas desagradáveis um ao outro a cada frase ou reparo, o tempo todo!

Esse rancor matrimonial é o pior sentimento que conheço; é a coisa mais peçonhenta, amarga, azeda e torturante de que tenho notícia ou experiência. Sim, experiência – terrível. Quem não a tem, vez por outra? Mas quando ela dura muitos meses – até muitos anos – é, na certa, o pior veneno que se pode imaginar.

Já vi casais cuja única finalidade na vida era infernizar e torturar o outro o tempo todo, em cada frase, em cada olhar. O horror dos horrores. Só dois prisioneiros vitalícios obrigados a morar para sempre na mesma cela poderiam desenvolver sentimentos tão terríveis; e só dois que se proibiram de admitir outra pessoa ou qualquer outra atividade na própria vida chegam a esse ponto de miséria moral e de degradação recíproca.

Outros ódios também eternos em família surgem – agora até frequentes – quando há dinheiro em jogo, herança, partilha, irmão que rouba irmão, cunhado que se apropria de tudo e mais...

Regra: sempre que você se encantar com alguma alta qualidade de sua namorada, fique prevenido – de leve! Não tenha a menor dúvida nem estranhe: em algum momento ou circunstância ela mostrará o oposto.

Exemplificando: em bons períodos ela irradia felicidade, é atenciosa, prestativa, carinhosa. Se ocorrer o pior, ela se mostrará sombria, distraída, preguiçosa, fria...

O mesmo acontece com você. Se quer economizar o analista, proceda assim: verifique seus aspectos mais favoráveis, digamos, bom humor, gentileza, empenho. Pense nos opostos ou no contrário dessas qualidades e comece a prestar atenção em você. Procure bem, porque eles existem e em certas circunstâncias aparecerão: o azedume, a grosseria, o desleixo...

É muito difícil perceber e aceitar essas contradições que nos dividem quando elas estão atuando. O agir não pode ser... duplo!

Exemplifiquemos com ela na sua frente: em certas horas você é o próprio mocinho dos filmes, em outras, o bandido. Enquanto você manifesta um ou outro em momentos diferentes, ela saberá como se conduzir e o que fazer com um e com o outro.

Mas quando ela, depois de longo convívio, souber por experiência bem vivida que você é mocinho-e-bandido, como ela se sentirá? O que poderá fazer? Como se conduzir? O que decidir? Vou além: como você se sentiria percebendo-se ou sentindo-se mocinho-e-bandido ao mesmo tempo? Enfim, some você e ela, ambos como ótimos e péssimos ao mesmo tempo? Que confusão, não é?

Foi por isso que os homens inventaram o bem e o mal, o certo e o errado – para poderem agir ou para saberem o que fazer a cada momento. Sempre a motricidade governando a... ação!

Para garantir a possibilidade de agir; foi preciso dividir as pessoas ao meio e distribuí-las em dois grupos bem distintos e permanentes: os bons e os maus, os certos e os errados. Foi preciso uniformizar para facilitar a escolha. Imagine você uma guerra entre dois exércitos em que a metade de cada um está usando a farda do outro...

O DE DENTRO ESTÁ POR FORA

Mas ainda não falamos o mais difícil e, na certa, o pior sobre esse assunto – a coexistência dos opostos.

Freud, o que ele disse e o que faltou dizer – e foi dito por mestre Reich e tornado bem claro por mim. Fazemos ou sofremos de muitas identificações, disse Freud. No inconsciente, disse Freud. No corpo, acrescentou Reich.

Identificar-se é mostrar modos e maneiras do outro em nossos gestos e atitudes (identificação = imitação, de regra inconsciente; a criança antes dos 5 anos, lembra-se?). Se está no corpo e, como mostrei e é óbvio, se não vejo meu corpo, então o outro *vê os outros em mim* bem melhor do que eu. Minhas identificações não estão nas minhas expressões faciais, nos meus gestos e posições? Então elas são visíveis – para o outro – se ele souber ver e ler. Mas, mesmo que ele não saiba ler (dar nomes a expressões é difícil), essas atitudes influem em nosso relacionamento, pois o animal dele quer proteger-se de mim – ou me atacar – sempre que estamos sob lei marcial (doméstica...).

A complicação é maior do que parece, pois até agora pouco dissemos de novo, apenas repetimos o já sabido em outras palavras – a tal comunicação não verbal. O pior é isso: tenho modos que me agradam, dos quais até me orgulho ou envaideço, e aspectos ou reações que nego quanto e enquanto for possível. Se tive um pai prepotente, talvez eu desenvolva o oposto, a brandura e a docilidade; mas minha mulher ou meu filho me acham prepotente apesar de tudo, com espanto e incredulidade de minha parte.

O drama é este: o que mais nego em mim
é o que mais aparece de mim.

Não se esqueça nunca de Reich nem de mim, leitor. Nós estamos convictos de que não há emoção nem intenção, muito menos atitudes ou expressões que não sejam corporais, que não *apareçam* de algum modo em meus gestos, caras e maneiras, em certos momentos ou circunstâncias (poucas identificações estão operantes o tempo todo). São modos pelos quais sou percebido e julgado, cada qual vendo em mim aquelas atitudes e maneiras mais estimuladas pelas circunstâncias naquele momento.

Mais um reparo e uma lição aprendida por mim a duras penas, após muita busca bibliográfica e pessoal. Ser reprimido não significa que nada aparece, que eu "seguro" o desejo perfeita e completamente ou que só o psicanalista, com sua técnica, seria capaz de evidenciá-lo. Nada disso. Ser reprimido significa ter reações e expressões que aparecem em mim em certas circunstâncias – por vezes em instantes – e que são negadas por mim. Mal as percebo, não me dou conta de que fui levado, impelido, e nada consegui fazer para me impedir de mostrar o que mostrei. Literalmente, quando estimulado pelas circunstâncias, atuo, me movo e me deixo levar como se eu fosse tomado por um espírito diferente do que reconheço como meu – ou como eu.

A marca da repressão é essa: depois do fato, não acredito ter feito o que fiz nem ter dito o que disse – muito menos *do jeito* como fiz e falei. Sempre o jeito, sim senhor; é no jeito – no gesto, na cara, na voz – que aparece o reprimido, "o" inconsciente, o automático, sempre *mais veloz* do que o refletido, o deliberado ou o intencional. Se reconheço o que fiz – pode acontecer –, então arrumo as mais curiosas explicações para "provar" que o feito era compreensível, até lógico ou necessário!

Repito (pior que mãe!): o reprimido é *visível* – quando aparece. Quando não aparece, ninguém pode saber o que ele é ou o que faz. É por ser visível que ele atua tantas vezes sem que eu me dê conta de como – sem que eu saiba o que fiz para entornar o caldo. Logo em seguida, invento mil explicações e justificativas, mas nenhuma delas tem que ver com o que passou pela minha cara-voz-gesto. Racionalização é isto: boas razões – *de fato verdadeiras* –, mas que nada têm que ver com o que mostrei; foram minhas expressões que influíram sobre ela, e dessas expressões minhas racionalizações não cuidam.

É sempre a história do genérico (explicação) e do específico (a expressão surgida no aqui-agora). São dois universos que não se tocam. De modo simplificado mas útil, podemos dizer que esta é, também, a diferença entre pensar e sentir.

PENSAR ESTÁ SEMPRE FORA DO TEMPO. SENTIR, JAMAIS!

Essa é a novidade trazida pela Gestalt-terapia: não pergunte nem pense – sinta. Mas convém expandir a noção de sentir. Em português, subentende-se sentimento e sensação, mais nada. Em inglês, *to feel* e *feeling* englobam sentimento, sensação e intuição: a resultante tem muito que ver com "sentir o caminho", o rumo, a direção. É quase sinônimo de percepção global, mais a decisão espontânea nascida dessa percepção. Também podemos dizer: os animais "sentem" o que fazer em cada situação, na certa sem "pensar", o que nos remete ao animal em nós. "Sentir", nesse sentido, significa perceber a resposta espontânea de nosso animal, bem anterior e mais imediata do que formular a situação verbalmente e discuti-la com nós mesmos ou com alguém. "Sentir", enfim, reunindo todas essas descrições, corresponde a "ouvir a voz do coração" – uma boa ideia meio esquecida e que hoje parece estar se reanimando.

"É AMOR OU É INTERESSE?"

Talvez devido à pobreza generalizada, no Brasil "não fica bem" falar em dinheiro a não ser entre negociantes ou na hora de negociar explicitamente. "Dinheiro não tem importância" é uma frase fácil de ouvir, assim como "Deixa que eu pago". No romance popular e nas novelas, o costume é tentar distinguir o amor e o interesse, estando implícito tanto a importância de separá-los quanto sua oposição, tida como radical: se for interesse não pode ser amor – e se for amor não pode ser interesse.

Sempre um idealismo pouco sensato, fácil de resolver se, em vez de interesse ou dinheiro, dissermos capacidade ou competência *em sobreviver*. Dito assim, a oposição desaparece, pois é mais do que evidente: a sobrevivência vem antes – antes de qualquer outra coisa.

O famoso "Seu amor e uma cabana", sabemos, é simpático como declaração de amor em um momento especial e poderia até ser verdade por um tempo limitado. Mas, bem prosaicamente, é preciso primeiro alguma certeza quanto a dispor de alimentos, roupas e lugar para morar – claro, não é? Mais: se os dois trabalham ao modo da maioria – oito horas por dia mais as duas horas de condução –, não sei se sobrarão ao final algum tempo e alguma disposição para estar bem presente, interessado, com certa dose de paciência, de bom humor.

Incerteza quanto às necessidades básicas da existência tampouco animará a pessoa a se dedicar amorosamente ao parceiro. Sempre a opressão dos poderosos dificultando tudo que se refere ao amor.

Há mais complicações – e sérias – nesse contexto. O domínio masculino tradicional levou o trabalho feminino – cuidados domésticos e com crianças – *a não ser remunerado*, reduzindo a mulher à dependência em relação à sobrevivência, o que é péssimo. Os homens dispõem, assim, de poderes permanentes de tirano no lar, poder de fato usado e não raro abusado pelos senhores maridos (nesse particular, no namoro é diferente). Abusado e tido, pelo agente, como justo e legítimo: não é ele que trabalha, árdua e sacrificadamente o dia todo? E a mulher faz o quê, durante esse tempo? Para muitos machos meio degenerados, ela não faz nada. Melhor seria dizer: nada do que ela faz rende dinheiro – portanto não ajuda a facilitar a vida tão sacrificada do senhor marido.

Uma quantidade incalculável de sofrimento feminino (e infantil) se deve a essa situação. Difícil é encontrar quem não abuse do poder quando dispõe dele, e a maioria dos homens faz isso mesmo: abusa do poder, cuja forma usual é a humilhação da esposa, no pressuposto de que só ele trabalha (na verdade, só ele ganha salário). O abuso tende a se intensificar, pois inúmeros homens têm apenas esse poder – o do Senhor Marido (e Senhor Pai).

Enfim, piorando ainda mais: a maioria dos homens trabalha sob ordens de outros, e quase sempre os patrões também abusam de seu poder. A malfadada pirâmide da pisação de cima para baixo. Quando o senhor general acorda maldisposto, é o soldado raso quem acaba pagando o pato – quem não sabe disso?

Principalmente porque ainda há muitas mulheres não capacitadas – ou muito limitadas pela educação – por isso descrentes de si mesmas, incapazes de sair da situação humilhante, convictas de que se perderem o senhor marido passarão fome – na rua! O pior é que a mãe dela também acha! É literalmente a situação da escrava.

Será possível amar ou continuar amando nessas condições?

Pior é a anuência íntima de tantas mulheres – ignorantes, limitadas e condicionadas – diante dessa situação. Hoje atenuada, antigamente (1920/1930, em Santo André) vigorava a noção: se você não casar – a famosa solteirona! –, viveu em vão e a qualquer momento poderá ficar na rua, desamparada e perdida! Mais um ângulo precisa ser lembrado nesse contexto. Como tantas mulheres nunca receberam salário por seu trabalho nem como filhas nem como esposas – inclusive pouco ouviram falar dessa possibilidade –, elas não têm noção nem sensação *da relação entre trabalho e dinheiro*. Por isso, podem se perder ao lidar com o dinheiro; para elas, o dinheiro "cai do céu". Inúmeras brigas de casal resultam daí – da mais completa incompreensão entre os dois em relação a dinheiro.

No namoro, de regra o homem está mais disposto a ser generoso e a não cobrar o que paga, pois está dando do que lhe sobra (não tem a obrigação de dar). No casamento é diferente, e ele começa a se sentir explorado ao verificar que o dinheiro, antes meio folgado, agora ficou bem mais curto.

Hoje, com frequência a mulher trabalha fora também (ou só ela), e aí o problema se inverte. Conheci histórias bem tristes de mulheres que limitavam propositalmente sua competência para não "humilhar" o senhor marido, desempregado, menos competente ou que recebe um salário menor.

Nada complica tanto as ligações amorosas quanto dinheiro/sobrevivência.

Se você acertou esse ponto a contento *para os dois*, tenha certeza de que sua ligação já é muito boa.

Um susto

O sentimento mais comum entre casais (ao lado de muitos outros) é o de *desprezo recíproco*.

Errou – essa não é minha. É de Virginia Sapir, terapeuta de família mundialmente conhecida.

Entendo muito bem essa denúncia tão séria e creio poder compreendê-la, isto é, trazê-la para o cotidiano.

"Ele não é bem o que eu pensava, não é um bom marido..." "Esperamos tanto um do outro e agora..." "Ele é como tantos outros..."

Dirão muitos: mas não tem ela o direito *de esperar* ser amada, apoiada e compreendida? Com essa "explicação" a questão parece respondida – mas não está! Ela sonhou de boba, ou sonhou porque desde a primeira boneca até o segundo ano do casamento ouviu dia e noite, dos familiares, amigos, telenovela, revista feminina e mais, que o Príncipe Encantado existe. Existe, sim: às vezes, mas não 24 horas por dia! E muito menos para sempre! O mesmo acontece com a alma gêmea!

E o pior e o definitivo: e se ele não acha, não concorda nem está disposto a mudar, o que você vai fazer?

Ela tem todo o direito *de esperar* – mas não tem outra influência na situação além de apelar para o seu direito, o que o irrita e afasta mais ainda!

Essa é uma das fontes do desprezo: "Que desilusão, você não é o meu sonho, não é o que parecia..."

A outra é pior. Em casa ou entre não familiares, posso ter comportamentos por vezes extremamente diferentes. Não raro temos uma figura pública mais bem elaborada do que as atitudes... familiares. Quase todos gostam de ter e de cultivar uma boa imagem pública e não sei quantos gostam de fazer boa figura em casa!

Você tem então os dois extremos: a brilhante figura para os outros e o outro personagem – por vezes bem pequenino, meio apagado, irritante ou muito aborrecido – com o qual você convive diariamente! Até dorme com ele!

Veja mais uma vez, leitor, é sempre o indivíduo pagando pelos pecados coletivos. Tanto a imagem ideal que um espera encontrar no outro quanto a ideia de ser perfeito – visando ideais impossíveis – são dois dos mitos mais repetidos no cotidiano e tidos como *normais* e *naturais*!!! Servem bem mais para torturar do que para ajudar.

Ilusões feitas para desiludir!

Mas gostaria que você pensasse em outras possibilidades no lugar do desprezo – cujas razões o tornam simétrico, de algum modo igual dos dois lados.

Zero a zero – afora a infelicidade dos dois (essa é somada, dupla...).

É bem mais fácil desprezar do que tentar desfazer, assimilar ou integrar todos esses *opostos*, lembra-se deles?

É muito mais fácil desprezar, mas é também muito mais caro emocionalmente. Você continua a alimentar a fantasia de saber o que é o bem e o mal, mas todo o meu livro grita:

se houver Bem e Mal
Certo e Errado
para *todos*
e para *sempre*,

então todos e tudo mais estarão errados
para todos
e para sempre.
Prisão perpétua ou guerra eterna.

Você fica paralisada no centro de tantos "puxões" e "empurrões" dos seus muitos motivos, dos seus muitos personagens interiores. Você fica dividida ao meio – exatamente como ele – entre o que acha bom/certo e *contra* o que acha mau/errado. Contínua a dança a quatro – não a dois; cada qual e sua sombra, tida como a sombra do outro!

Família e consumo

O tédio familiar e matrimonial é o maior promotor do consumo compulsivo de nosso mundo (e da destruição do planeta, pois os dois, consumo e lixo, vão juntos – é bom não esquecer). Qualquer novidade ou bugiganga alegra meu chimpanzé por um tempo, permitindo-me esquecer – por um tempo! – minha aridez espiritual e a falta de sentido de minha vida.

Algo de parecido se pode dizer das reformas e mudanças de apartamento, de bairro, de móveis, pintura, decoração, política...

Não confundir tédio com bom gosto. Falo mais de uma compulsão destinada a "disfarçar" – atenuar – a ansiedade, e não do prazer de me ver cercado de um cenário e de objetos do meu agrado.

Romeu e Julieta

Romeu tinha 14 anos e Julieta 13, você sabia?

De onde vem a força dessa história até hoje imortal?

Do *imprinting*, "impressão", semelhante à impressão de livro ou de jornal.

O termo nasceu de etólogos, cientistas que estudam animais em seus ambientes naturais, e as primeiras observações foram feitas por Conrad Lorentz em marrecos.

O fato é esse: aquilo que estiver ao lado de um marrequinho quando ele quebra a casca do ovo será a mãe dele para sempre, mesmo que seja um telefone, um ferro elétrico ou o Conrad Lorentz! A vantagem dessa forma de apego instintivo é óbvia; quase sempre o que está ao lado do marrequinho quando ele quebra a casca do ovo é a marreca sua mãe. Era preciso a esperteza e a crueldade do cientista para produzir o desencontro revelador.

Pouco a pouco os biólogos foram percebendo que o processo de *imprinting* é bem mais geral, e a cada dia são descritos mais casos.

E o que tem Shakespeare com isso?

Vejamos. Creio – é um ato de fé – que a adolescência é o tempo do *imprinting* do jovem com a jovem e vice-versa. É a época de desenvolver o amor sentimental, sensual e sexual pelo sexo oposto. Talvez comece com o sexo, mas, deixado a si e com liberdade de experimentar, não duvido que a sexualidade se expanda, envolvendo sentimentos, apegos e vínculos entre os dois sexos.

De outra parte, se criarmos muitas dificuldades para que eles se encontrem e aprendam, talvez *jamais se desenvolva* entre os dois uma ligação tão ampla, profunda e harmoniosa quanto seria de se desejar – para o bem de todos.

Você compreende? No período mais importante da vida para criar vínculos válidos, nós fazemos tudo que podemos para que eles não se encontrem, nem convivam, nem se relacionem corporal e sexualmente.

Sempre vigiados e controlados, prevenidos e ameaçados...

Se mulher e homem aprendessem a se amar, o mundo seria bem outro – assim como a educação dos filhos.

Mas, como diz Bermúdez, psicodramatista argentino, "O amor dá muita coragem" – e isso compromete demais as estruturas arcaicas, mantidas pela família, que consagram a eterna velhice da pirâmide iníqua.

É preciso que nos amemos mal e precariamente, ou nossa força seria perigosa. Você já imaginou como seria se nos sentíssemos todos animados pelo idealismo e pela paixão – e pela força agressiva! – da adolescência? Aceitaríamos as atuais condições de vida?

Lembre-se: na adolescência, com o aumento dos hormônios sexuais no sangue, o jovem se vê animado não só de desejos sexuais, mas também de grande disposição para a luta. No mundo animal, na época do acasalamento, os machos lutam entre si a fim de se exibir para as fêmeas – e ser aceitos como pais de seus filhos.

A adolescência não é só a época do amor; é, ao mesmo tempo, a época da violência. Dos crimes cometidos no mundo, quase todos são praticados por menores de 20 anos! Nessa idade o homem *é naturalmente* corajoso e sedento de aventura e de variedade – ressurreição do velho caçador errante – e o pior inimigo de qualquer vida monótona entre quatro paredes.

Enfim, é nessa idade que o ardor e a intensidade do amor e do desejo do homem pela mulher alcançam seu máximo.

Logo, é preciso estragar desde o começo essa ligação. Ela compromete seriamente as estruturas...

Logo, que morram Romeu e Julieta – se possível para sempre.

Que o amor seja apenas um poema e um drama pungentes, sim, mas só na literatura e no teatro.

O poeta errou ao fazer que os dois se suicidassem. Eles não se suicidaram – eles são suicidados (!) por nossos costumes e preconceitos.

Morte ao amor!

A ESTRANHA CONTRADIÇÃO

Capítulo 4

Em público, sempre que se fala em briga de casal a reação das pessoas é mais de tolerância resignada, compreensão tácita e paciência bem-humorada: "Sabemos todos como são essas coisas...", "É assim mesmo, não tem jeito – nem remédio..."
E bem no fundo de todos soa a frase: "Casamento é assim!" ou "Namoro é assim – que se há de fazer?!"
Se for a mãe dela, ouviremos: "Paciência, minha filha, marido é assim..."
Se for a mãe dele, ouviremos: "Paciência, meu filho, mulher é assim..."
Se for o povo, ouviremos: "Em briga de marido e mulher, ninguém mete a colher..." Isto é: "Eles que se arrumem, não tenho nada a ver com isso. Não são casados? Então..."
Se a briga for entre mãe e filho, as coisas ficam bem piores: "Mãe está sempre certa", "Mãe tem sempre razão", "Essa criança deve ter feito alguma coisa muito errada".
No entanto...
Quando *você* está envolvido em uma briga de casal, é terrível, não é?

Xingos grosseiros, caras de ódio, gestos de ameaça, abusos de poder, acusações humilhantes, gritos exasperados, vozes rancorosas, olhares implacáveis, cobranças descabidas.

Depois da arruaça, continuam os dois a mastigar o amargo e o azedo da situação, a se torturar com as torturas imaginadas para o outro, a se desesperar: "Não sei mais o que fazer", "Meu Deus, como pudemos chegar a esta situação?", "Não aguento mais!", "Queria esganar aquele estúpido", "Vou embora – para sempre!", "Queria morrer!"

Em relação à briga de casal, você não acha muito esquisita essa contradição entre opinião pública e experiência particular?

Pense um pouco: o fato é tão comum que se torna difícil recapturar a sensação de estranheza diante dessa autorização para agredir...

Agredir pessoas... amadas!

Pense: se você agredir um vizinho ou um colega do modo e com a cara que faz quando agride sua namorada ou seu filho, vai ficar com um olho roxo ou terminar a briga numa delegacia, não é?

Então?

Família não é algo maravilhoso? Como podemos, então, dentro da família, cometer tais atrocidades com apoio e aprovação coletivos e risco praticamente nulo de intervenção policial?

Mais do que isso: já no namoro a agressão está autorizada – pois quem namora já está meio casado, não é?

Não é *muito* estranho?

Que transcendência podem ter essas brigas? Não são uma banalidade, coisa de todo dia? Então, para que tanta insistência?

Leitor, me desculpe, você não está estranhando essa contradição porque ela está profundamente ligada a preconceitos sobre o casamento. Ninguém estranha porque acontece todo dia e toda hora, e é muito difícil surpreender-se com o habitual.

"As coisas são assim mesmo, ora", "É natural..."

Quase ouço em surdina: "Deus quis – ou fez – as coisas assim".

Deus quer a briga de casal...

Meu problema não é tentar fazer que você ressignifique a situação, na feliz expressão dos neurolinguistas. Sou mais ambicioso do que isso. Espero fazer que você *reemocionalize* a percepção desta banalidade – briga de casal. Preciso, sim, pois este livro está sendo redigido por inteiro com a intenção de melhorar essas brigas e mais: uma vez modificadas as brigas de casal – pasme, meu amigo! –, grande parte da estrutura social será modificada e, na certa, para melhor.

Não espero sua compreensão neste momento; talvez no fim do livro você concorde comigo e passe a brigar de outros modos, diferentes dos usuais, bem menos dramáticos e mais eficientes – e menos repetidos!

Guarde este pensamento ridiculamente lógico: se as coisas se repetem elas não mudam, certo? Mas se tudo está sempre em mudança, então como ficam as coisas que se repetem?

Amor e salvação

Mais uma razão existe para sustentar minha esperança de reemocionalizar a briga de casal – a mais valiosa para mim. Não tenho outra escolha senão acreditar que o amor e só o amor pode ser a salvação – a salvação de cada um e a de todos.

Na certa, a salvação *não* está no amor que conhecemos. Maltratado desde o começo (crianças nunca foram bem compreendidas), o amor conhecido é pobre, limitado, limitante, exclusivista, possessivo, de todo a serviço da segurança e do poder.

À medida que você conseguir melhores brigas, é bem capaz que comece a sentir outra espécie de amor – essa é minha esperança.

Você sabe disso. Recorde as melhores horas de amor que experimentou até hoje e pense: viver em "estado de graça" – em permanente encantamento amoroso – não será o verdadeiro paraíso?

Vamos iniciar nossa longa e variada viagem lembrando os horrores e as maravilhas de nosso famoso inconsciente, por demais presente nas brigas.

Inconsciência

Primeiro Freud e nossa agressão, nosso medo, nossos desejos tidos como malsãos porque reprimidos (os animais não têm desejos "perversos"...); junto com isso, o apego indestrutível à família eterna e ao eterno triângulo: pai, mãe e filho!

Seriam a essência dos conflitos pessoais e das brigas de casal, não é? Para mestre Sigmund, quase tudo está aí, na família, no complexo de Édipo. Para mim também, mas de outro jeito – e muito mais!

Depois veio Carl Gustav Jung e sua noção de inconsciente coletivo, englobando e de algum modo reeditando, na vida de todos nós, tantos fatos da História da civilização. Hoje, era das comunicações, o inconsciente coletivo vem se fazendo cada vez mais claro – e mais poderoso – na força dos preconceitos e na rigidez dos papéis sociais.

Se você pensa que não exerceram influência nenhuma sobre suas brigas o *Homo habilis* (2 milhões de anos!), o homem de Cro--Magnon, os egípcios, os romanos, os vikings e tantos outros povos, terei muito prazer em demonstrar que está enganado.

Você acredita que sua briga com ela seja um problema "particular", exclusivamente dos dois; vou mostrar quanta gente briga, em você e nela, quando, na aparência, só você e ela estão aí – se xingando...

Depois veio Wilhelm Reich e sua revelação espetacular.

A questão era a seguinte: *onde* e *como* estão escondidos em nós nossos desejos mais secretos, nossas manias mais embaraçosas, nossas amarras mais firmes (nossos "princípios" mais sólidos), nosso orgulho, nossa agressividade – e nosso amor? Ou seja: onde está, como é e como funciona o famoso inconsciente?

Resposta de Reich: está em *nosso corpo*, seus modos de estar, de exprimir-se, de gesticular.

Mas se o inconsciente está em nosso corpo, como podemos ignorá-lo tão completamente?

Aqui opera um processo evidente mas nunca lembrado em psicologia: minhas expressões corporais me são tão ou mais desconhecidas do que minha consciência – do que penso, imagino ou acredito ser.

Você já se viu em fotos, na certa; talvez tenha se visto também gravado em videoteipe. Que tal? Era você mesmo? Ou era alguém meio estranho para você?

Esse estranho é o que todos veem em você o tempo todo.
Todos veem, menos você.

Se mais pessoas do que está acostumado começam a olhar para você em público, qual é seu primeiro pensamento? Estou desarrumado, sujo, com alguma coisa fora de lugar? E toca procurar e imaginar: o que será que chamou a atenção das pessoas? Um espelho – urgente!

Veja estas: em uma festa um amigo se achega e, discretamente, avisa: "Você está com o zíper aberto!" Ou então, na mesma festa, achega-se a amiga de sua namorada e a previne: "Você está com os dentes sujos de batom".

Diga se "o" inconsciente não é esperto! "Ele" não achou o esconderijo perfeito?

Freud ficou procurando você no meio de palavras, confissões, declarações, recordações, sonhos, fantasias... Reich apenas olhava. E, como as mulheres sabem muito melhor do que os homens, se você olhar com atenção e estiver interessado, será difícil enganar-se sobre o que o outro está *sentindo*.

Hoje, Reich se vê confirmado por milhares de horas de filmagem do personagem humano. Por meio dessas imagens tornou-se patente o que já era convicção (secreta!) de muitos: ninguém consegue esconder nada de ninguém – a não ser de quem esteja desinteressado ou não esteja olhando...

Dito de outro modo:

Tudo que eu acredito estar escondendo aparece em meus gestos, caras e tons de voz.

Por isso, principalmente, Reich é pouco apreciado – ou muito temido! Ele nos empurra com força para nosso corpo, por milênios ignorado, depreciado, maltratado – "matéria", "carne", "pecado", "tentação"; até, em resumo, "porta para Satanás...", porta da sensação, "a carne é fraca..." Se você começar a cuidar e a contemplar seu corpo como trata ou contempla seu carro – Deus me livre! –, o que dirão os outros?

Veja estes exemplos: modos imperativos, jeito autoritário, de humilhado, de desconfiado, de esperto, de bobo, de subserviente, de dissimulado, de ingênuo e tantos outros jeitos – cada qual "dizendo" tanto da pessoa ao primeiro olhar de quem esteja observando! O inconsciente só é invisível para o sujeito, não para os outros. Por isso meu corpo é o melhor lugar – o mais secreto! – para "esconder" tudo quanto se faz preciso esconder ou disfarçar na frente dos outros.

E esse é o primeiro dogma falso, o primeiro dos preconceitos do convívio social: estamos todos convictos de que se for preciso ou conveniente "disfarçar" emoções, nada mais simples – é só disfarçar!

Ninguém esconde nada de ninguém

Mas estamos dizendo – e mostrando: ninguém esconde nada de ninguém; somos todos transparentes diante dos olhos de um bom observador interessado. Sua namorada ou sua mulher, pode crer, te percebem – demais! – *enquanto* estiverem interessadas em você, seja porque te amam, seja porque te odeiam!

Existe, como nos ensinou Bergson, uma *memória de imagens* (tida como se fosse toda a memória) e uma *memória de posição e movimento*, capaz de guardar e integrar toda a vida passada, mas bem fora do alcance da consciência comum; ao alcance, porém, de um sentido bem conhecido dos neurofisiologistas mas ignorado por todos os demais: a *propriocepção*, nosso senso de movimento e de posição. Temos todos seis sentidos, e não cinco, mas quase ninguém sabe disso... Muito da atividade clínica de Reich consistia em apontar, mostrar ou imitar as maneiras, caras e posições da pessoa até ela perceber – pela propriocepção – esses jeitos e caras, até ela fazer de si mesma uma imagem compatível com o que mostrava – e os outros viam.

Nossos músculos, juntas e tendões estão recheados de orgânulos sensíveis a tensões, trações, compressões e movimentos; se treinarmos, poderemos ganhar consciência cada vez mais fina dessas realidades – também "internas", mas sensoriais, fáceis de sentir, como é fácil ver com os olhos ou cheirar com o nariz.

Repare nestas palavras: intenção (= "em tensão"), contração (ação contra), contensão (com tensão). Como você se contém?

Com-tensão! Então vamos lá. Feche os olhos e mova um braço, devagar, *sentindo* como se faz esse movimento; o que lhe permite sentir tal movimento é a propriocepção. Ela comunica à consciência as noções/sensações de pré-parados (parados antes!), expectantes, prontos para brigar, prontos para se afastar, prontos para abraçar ou controlando-se, "segurando-se", fechados. São, todas elas, *atitudes* tanto "mentais" quanto "corporais". Todas elas são bem "desenhadas", diferentes umas das outras, todas elas *preparação* para atos igualmente bem determinados, todas elas visíveis para os outros e visíveis para o sujeito.

Não parece, mas a briga de casal começa aqui, nas expressões e/ou na linguagem *não verbal*, tudo quanto "dizemos" com o corpo, a face e a voz. A maior parte das brigas começa por aí. Exemplos: "Manhê, olha ele olhando pra mim daquele jeito!", "Não aguento mais olhar para sua cara de enjoada", "Ai, que jeito mais antipático", "Você é de um orgulho!" (jeito de orgulhoso), "Não adianta se fazer de vítima!" (jeito de vítima), "Por que você me olha com essa cara?"

Há milênios a maioria acredita que o corpo pouco tem que ver com o íntimo – e que sempre será possível disfarçar o que sentimos. Na verdade, negar a possibilidade de disfarçar sentimentos e tendências desagradáveis é comprometer toda a pirâmide de poder e vários costumes sociais.

Também nessa área das caras e dos jeitos a sociedade arrumou bem as coisas. Aprendemos desde muito cedo que "não se deve" dizer o que estamos vendo na cara ou no jeito de mamãe, do papai, do professor, papa, presidente, patrão. Imagine as seguintes frases ditas para o interessado: "Mãe, você é muito invejosa e despeitada", "Pai, o senhor tem medo da mamãe", "*Fessor*, o senhor não está interessado no que está dizendo", "*Fessora*, a senhora tem uma voz estridente que raspa o ouvido da gente", "Chefe, o senhor parece que tem o rei na barriga", "Senhor deputado, vossa seriedade não convence ninguém". Em todos esses casos, melhor cantar com o coro e mostrar que acreditamos na sua sabedoria do que dizer aquilo que todos estão vendo – menos o sujeito.

"Quem vê cara não vê coração." Será? Reich, as mulheres, os policiais e os bons psicólogos sabem muito bem: vendo a cara estamos vendo todas as emoções a se formar e crescer nas pessoas, a raiva, a inveja, o despeito, o desprezo, o orgulho, o sorriso de pouco caso, a indiferença, a curiosidade e quanto mais!

A PALAVRA TEM LETRA E MÚSICA

E a voz! Basta começar a falar e imediatamente saberei se você está triste, alegre, com raiva, ciúme, inveja e mais.

A palavra tem *letra e música*; a letra – a palavra articulada – retrata a inteligência e é função do hemisfério esquerdo do cérebro; a música retrata a emoção a cada instante e é função do hemisfério direito – predominantemente.

Freud andou pelo caminho do povo (do preconceito). Toda a psicanálise – segundo ela mesma – se destina a "desmascarar" as pessoas, despi-las de seus falsos valores e levá-las a um melhor contato com suas emoções e desejos primordiais. Mas Freud tampouco acreditou em seus olhos – ficou só no ouvido, na comunicação a ocorrer em nível verbal apenas. Como o povo, Freud não acreditava que fosse possível ver na cara o coração das pessoas, ou seja: não acreditava que fosse possível conhecer alguém observando sua aparência e comportamento, precisamente os aspectos da pessoa ignorados por ela mesma – que não se vê. Inconscientes *para ela*. Chegou ao limite da negação do olhar: na psicanálise clássica, o terapeuta, sentado à cabeceira do divã, mal vê o paciente, deitado a noventa graus em relação à direção do olhar do analista.

Estranha história esta: nenhum animal conhece seu aspecto exterior – aquele visto por todos os animais do bando. Nenhum animal pode saber se ele é do bando que vive acompanhando ou se seu bando é outro – de outra espécie, com outro aspecto. Por isso cada espécie animal gregária desenvolveu seu cheiro próprio, senão...

Se você ficar se olhando no espelho, logo chegará alguém com o inevitável "Narcisista!" Até você é capaz de dizer isso para si mesmo. Parece que procurar conhecer nosso rosto e nosso corpo é proibido – estranho, não é? Se, em vez de apenas olhar, você começar a passar a mão por seu corpo para sentir como é, então será tido no mínimo como pervertido, no máximo como tarado.

O CORPO É PROIBIDO!

O psicólogo dirá depois que você não se conhece, que não tem consciência de si (você é inconsciente). Mas ele também se engana. Ele acredita estar dizendo que você não se conhece "por dentro"; como pode ver, estou dizendo que você não se conhece "por fora".

Por tudo isso, companheiro, aqui vai um primeiro modo de melhorar as brigas.

Em vez de dizer o que você acha dela, em vez de julgar seu comportamento, descreva para ela (ou imite se você for bom nisso) os modos que exibe ou mostra nesta ou naquela circunstância.

Pergunte a ela se a cara com que está olhando para você agora é dirigida a você ou se está ligada a uma lembrança ocorrida no momento, a uma questão que nada tem que ver com você ou, até, a uma cena de novela vista antes de você chegar.

Peça para ela descrever como são os seus modos conforme o dia, o lugar; as circunstâncias.

> Lembre sempre e diga a ela: você me vê melhor do que eu me vejo, e eu te vejo melhor do que você se vê.

Em uma briga meio quente, enquanto você diz uma frase – um "pensamento" – de dez palavras ou mais, você gesticula o tempo todo, *muda o tom de voz duas ou três vezes e, com certeza, faz de cinco a dez caras diferentes, que você não vê (se visse...).*

Pode-se mesmo dizer você me conhece melhor do que eu, e eu te conheço melhor do que você – sob muitos aspectos. Importante para todos é conseguir aos poucos harmonizar, até onde é possível, o que cada um pensa e imagina de si (sua imagem interior) com aquilo que os outros veem em você "por fora" – sua aparência exterior.

E não comece dizendo que sua aparência é apenas máscara, fachada ou "defesa", como dizem os psicólogos; não diga que não é você, que os outros deveriam ignorar sua aparência externa porque ela é falsa. Você é também o que mostra – mesmo sem saber o que está mostrando! E não imagina quanto está perdendo ou ignorando – de ruim e de bom – ao desconsiderar sua "casca". Ela tem, até, a probabilidade de estar mostrando para os outros o que você possui de pior – como adiante se demonstra.

Sempre que possível, troque uma acusação por uma descrição.

Se conseguir fazer assim, perceberá depressa como, em vez de se machucar à toa, vocês dois melhorarão muito um com o outro e também cada um consigo mesmo e com os demais.

MEDO + RAIVA (CONTIDOS) = ANSIEDADE

Capítulo 5

Essa é a fórmula do explosivo de qualquer briga de casal.

Precisamos aprofundar, e é bom para qualquer um aprofundar a compreensão do que é a ansiedade, porque ela está presente em quase todos na maior parte do tempo.

Um explosivo – assim a sentimos: quando estamos ansiosos, nosso corpo parece cheio de energia, pronto para fazer "não sei o quê".

Podemos compreender em que consiste, como se forma e o que fazer para diminuí-la ou aproveitá-la, conforme o caso.

Sim, isso mesmo, aproveitá-la; existe uma ansiedade boa e depois falamos dela.

Mas primeiro a ruim – a que nos leva a dizer e a fazer coisas extremas das quais depois nos envergonhamos.

Principalmente durante brigas de casal, mas também nas brigas entre pais e filhos – você sabe – dizemos cada uma! Depois fico horas em conversa interior, "provando" por a+b que tudo que disse era aquilo mesmo. Mas reconheço que posso ter sido meio grosso. Homem, sabe como é....

Os modelos mais simples de ansiedade são a *pressa* e a *impaciência*. Nos dois casos estamos *preparados* (pré-parados!), *aqui e agora*, para uma atitude ou um comportamento que só poderemos realizar *lá – no lugar do compromisso*.
Em nível subjetivo é o que sentimos:

➤ quando presos a uma situação da qual gostaríamos de fugir;

➤ ou experimentamos uma raiva que não podemos manifestar.

Neste livro, medo e ansiedade são tidos como emoções "iguais" em relação às sensações internas – iguais para quem as sente. Se existe *perigo ou ameaça evidentes*, diremos "Estou sentindo medo". Ocorrendo as mesmas sensações sem ameaça, perigo ou opressão identificáveis, diremos "Estou ansioso".

Para nossa conversa, medo, ansiedade, angústia, impaciência, sensação de pressa – ou de opressão – e "gastura" (Nordeste) são sinônimos.

"Síndrome do pânico" é a perturbação emocional que consiste na facilidade de sofrer de intensas crises de ansiedade. A pessoa está apavorada e não sabe nem percebe o que a leva à beira da desorganização total do comportamento. Isso é o pânico.

A doença nada tem de moderna. Mestre Freud durante a vida toda estudou a ansiedade, e toda a sua teoria gira em torno dela – como surge e o que fazemos para "fazer de conta" que ela não está aí. Em psicanálise, "mecanismo de defesa" é defesa diante da ansiedade. Tampouco pense que só os seres humanos sentem ansiedade. Todos os mamíferos com certeza podem experimentar ou sofrer de ansiedade – basta ter um sistema nervoso simpático.

O SEGREDO DA ANSIEDADE

Qual a diferença entre uma pessoa confortavelmente sentada em uma poltrona assistindo à TV e essa mesma pessoa correndo no limite de sua resistência, fazendo seu *cooper*?

Enorme, não é?

E entre uma zebrinha pastando tranquilamente na savana e outra dando tudo que tem para fugir da leoa?

Já pensou nisso? Quando um bicho dispara para fugir de um predador, seu organismo sofre uma *aceleração automática* considerável do coração, da respiração, da circulação. Aumentam o tônus muscular, a glicemia, a pressão arterial, a abertura dos capilares nos músculos e mais. Todas as funções necessárias para o esforço extra se intensificam.

Sabe o que é tudo isso?

Efeito da adrenalina, tão na moda!

Ela serve para isso, para preparar (pré-parar, lembra-se?) um animal ou uma pessoa para que lute ou fuja. Tanto na luta quanto na fuga – em condições naturais – o animal precisa de um aporte muito maior de energia para a movimentação complicada, intensa, por vezes demorada, presente nas situações de ataque e/ou fuga.

Se, no meio de um salto em que um leopardo fosse alcançar um cervo, nós o imobilizássemos com uma rede bem apertada, ele sofreria uma crise de pânico: inteiramente acelerado e preparado para agir – ei-lo paralisado!

Se o caso fosse automobilístico, poderíamos dizer: a pessoa vítima de ansiedade está com um pé no acelerador e outro no freio!

Claro que essa aceleração visceral com alta freagem do comportamento resulta em verdadeira tempestade orgânica. A ansiedade é a "causa" imediata de toda a patologia psicossomática – ou de todas as somatizações: transformação de um conflito de impulsos "psicológicos" em sintomas corporais.

Como isso funciona no cotidiano de quase todos nós?

O que nos ameaça, o que nos persegue, gerando em nós esse medo vago – essa ansiedade – tão presente tantas vezes na vida de quase todos?

O que a adrenalina e as lutas da natureza têm que ver com a briga de casal?

O maior problema da ansiedade – e a única maneira de lidar com ela – é saber qual é o perigo – *sempre real* – que ameaça a pessoa sem que ela consiga localizá-lo.

Exemplos tornarão a questão transparente.

Para uma criança de 3 ou 4 anos, mãe irada e ameaçadora pode ser pior do que uma onça para um veadinho. Mas, se o garoto disser estar morrendo de medo de sua mãe, ninguém acreditará, pois mãe é sempre boa e o lar é o lugar da paz...

Imaginemos a casa de um pai autoritário, daqueles bem chatos. Na hora em que ele chega em casa, todos mudam de jeito – e de respiração! Ficam contidos, em alerta! Chegou o perigo e todos se aprontam para não despertar a fera. Todos ansiosos, com muita vontade de ir embora, sair da mesa – e de casa!

Mas não podem. Filho não sai de casa assim, à toa, não é?

E quando marido e mulher brigam e depois se veem deitados lado a lado na mesma cama? Ambos com *vontade de agredir* o outro – ou *vontade de estar longe* – sem fazer uma coisa nem outra?

E se você trabalha com um patrão do velho estilo? Você não vive o tempo todo desejando ir embora, achar outro lugar? Ou com vontade de dizer para o velho algumas coisas que ele precisaria ouvir? Mas você não diz nada e continua ali, não é?

Pois é: medo ou raiva – corpo pronto para agir e ao mesmo tempo freado, contido. Pé no acelerador e pé no freio, não é?

E quando você está ao lado dela mas as coisas estão sem graça?

Acontece que é quarta-feira – dia de namorar... Então fica, e daí a cinco minutos começa uma briga, porque a sua vontade, naquele momento, era estar em outro lugar. Pode dar-se de ela também estar com a cabeça em outro assunto, como não? Mas como é quarta-feira, dia de namorar, continuam aí, ambos com vontade de estar em outro lugar ou até com outra pessoa! Seu animal – que jamais será civilizado – o empurra para longe e seu compromisso social o mantém aí, perto. Depois de um tempo pode até acontecer de seu animal começar a ficar com raiva por estar preso! Aí as coisas pioram e, levado por essa sequência de sentimentos e reações, você começa a lembrar o domingo passado, no baile, quando ela dançou com seu amigo e – conforme parecia – estava gostando bastante! O resto você já sabe – até bem demais!

O que mata – os sentimentos e o aqui/agora – é a obrigatoriedade de estar junto. Em certos casamentos, então, parecem colados – e há quem goste disso e diga, até, que o certo é assim, "Família que permanece unida..."

A *questão é esta:* quantas vezes *e durante* quanto tempo *duas pessoas têm prazer em estar juntas e em fazer companhia uma para a outra? Perceber a hora da despedida – e despedir-se! – é um dos maiores e melhores segredos dos bons relacionamentos.*

A essa descrição primária, é preciso acrescentar algumas variáveis capazes de despertar ou alimentar ansiedade.

Falo do condicionamento. Se alguém foi atropelado por um carro azul-pavão, poderá depois sofrer crises de ansiedade ao ver carro igual e até ao ver a cor azul.

Não estranhe. Se um animal for atacado perto de certa árvore e conseguir escapar, nunca mais passará perto dela. Em matéria de luta presa/predador, não se tem muitas oportunidades de aprender – não se pode "tremer" muitas vezes! E a natureza ensina isso aos bichos.

Mas casos esquemáticos assim são mais de cinema.

Bem mais comum é a não identificação do perigo – ou da tentação!

A pessoa está se negando sentir e ver aquilo que seu bicho está vendo e sentindo. Ou, se estiver vendo, não pode falar a respeito e, se falar, duvidarão dela! É a criança de 3 anos dizendo que mamãe é uma bruxa ou o garotão de 15 anos dizendo que seu pai é um carrasco. A ansiedade é um aviso do bicho: para ele as coisas não estão bem e é preciso fazer algo – fugir (afastar-se) ou brigar. Nós negamos demais nossas reações instintivas e, depois de um tempo, não compreendemos nada do que o animal "diz" – só morremos de medo (de ansiedade)... dele! (De nossos impulsos ou pulsões animalescas; humanescas, diria melhor.)

FRUSTRAÇÃO COLETIVA – QUASE PERMANENTE

Voltemos ao circuito sociopolítico: vivemos assaz descontentes a maior parte do tempo, com mil queixas e críticas entre nós e também em nosso diálogo interno. Raramente fazemos nosso gosto na hora em que ele se propõe. Trabalhamos porque não tem remédio, mas com pouco ou nenhum prazer, de regra mal pagos – e oito horas por dia é demais. Poucos podem satisfazer caprichos e/ou realizar atividades aprazíveis.

Poucas vezes estamos com quem gostaríamos, na hora em que gostaríamos.

A vida da maior parte das pessoas é rotineira, monótona, com pouco entusiasmo e pouco interesse.

"Vai-se vivendo..."

Por isso a agressão em família está autorizada, para que esta seja o bode expiatório de toda a desorganização social, de todas as carências afetivas e de contato, de toda a opressão moral e... cívica.

Quero dizer: todas as frustrações, coações, humilhações e privações que venha a sofrer em seu dia a dia você "tem de engolir" quando acontecem – ficando p. da vida. P. da vida quer dizer ansioso, pronto e disposto a fazer não sei o quê – mas muito disposto! Em todas essas circunstâncias a adrenalina está a mil – e você tem de ficar bonzinho.

Em casa você desabafa – aí pode!

FAMÍLIA: O AMORTECEDOR DA AGRESSIVIDADE COLETIVA

A família absorve a maior parte das emoções ligadas às frustrações sociais, funcionando como um regulador de emoções negativas. O acúmulo dessa revolta – desse desespero – poderia levar a desordens públicas, greves, arruaças e, no limite, a revoluções.

Por isso em casa pode-se fazer horrores – e fazemos! Os piores comportamentos, ações e reações de que somos capazes, nós os realizamos em casa – no lar, doce lar.

Compare seu comportamento social, no trabalho, no bar, no clube, com seu comportamento em casa.

É PRECISO COMPREENDER A ADRENALINA

Precisamos deixar bem claro um ponto fundamental para compreender a briga de casal.

A descarga de adrenalina no sangue, proveniente de todo o sistema nervoso simpático e das glândulas suprarrenais, é automática e incontrolável, nada tem que ver com vontade, com desejar, querer.

A descarga ocorre sempre que no ambiente próximo estiver presente um risco, uma ameaça ou uma possibilidade atraente – seja na situação, seja nos personagens.

Não podemos liberar adrenalina no sangue "por querer" nem "por querer" impedir que essa liberação se faça.

Uma vez instaladas, as reações ligadas à adrenalina demoram uns bons minutos até amainar.

Tampouco esse tempo pode ser reduzido por querer.

Quando a briga começa "quente", um ou os dois já estão sob o efeito da adrenalina, o hormônio de ataque/fuga.

A briga pode então – e deve – ser considerada uma luta entre animais, inteiramente levados pelo instinto de defesa/ataque, ambos cheios de todas as manobras e manhas de que são capazes os animais para conseguir o que precisam ou fugir das ameaças.

Os animais, na caçada – você já viu na TV –, são incríveis em sua agilidade e astúcia em ferir e/ou em não se deixar ferir.

Casais em briga também – se você conseguir apreciar o espetáculo a certa distância...

Nós fazemos pior do que os animais e depois "provamos" que assim é o certo... Depois da agressão, continuamos falando conosco, justificando quanto fizemos, por mais absurdo que tenha sido.

Nosso animal – nosso anjo negro

Vamos voltar ao animal – precisamos saber mais sobre ele.

Lembre-se: ele nos "assalta" sem mais nem menos – é o que parece! Mas, em vez de dizer "Que bobagem essa ansiedade que estou sentindo", é preferível, sempre que ansioso, dar uma boa olhada em volta, ver se percebe algo parecido com ameaça ou aprisionamento. Nosso animal não libera adrenalina à toa; se há ansiedade, há uma atitude se formando em você – ou uma intenção –, e seria muito bom se percebesse isso que "vem subindo", "isso que vai invadindo e armando meu corpo", pré-parando-o – para quê?

Quero mostrar bem esse personagem que chamarei doravante de *o animal* (ou o bicho), sem nenhuma depreciação; pelo contrário, acreditando ser esse animal, talvez, o melhor de nós mesmos...

Nosso animal é o guardião de nossa liberdade – a única indiscutível: qualquer animal lutará furiosamente, até o limite de suas forças, sempre que meio preso ou preso de todo. A liberdade de movimentos é absolutamente vital para todos os animais – também para o nosso, o de cada um de nós. Vital quer dizer essencial para a vida.

Falta de liberdade tem muito que ver com doença psicossomática. Uma vida monótona deprime até o sistema imunológico, que é um sistema de luta – a mais pura luta de defesa da individualidade de que tenho notícia! Ele reconhece qualquer substância alheia a nosso corpo e, de regra, consegue neutralizá-la. Ninguém reconhece melhor do que ele o que em nós é nosso ou não.

Mas nas brigas de casal o papel do animal é atrapalhar bastante, é embaraçar todas as falas. Continuam os dois falando, mesmo sabendo que o outro não está ouvindo ou ouve "do jeito dele" – teimosamente diferente do meu.

O caso se complica pelo seguinte: quando a briga chega à adrenalina, os dois se comportam como animais – mesmo no uso da palavra, que se faz então instrumento de ataque, de defesa, é "manejada" como arma para ferir – quanto mais, melhor...

Quando o animal se acende governa o show, pois é muito mais rápido do que falas, discursos, argumentos, provas. Enquanto falamos uma frase, estamos vendo e mostrando um número considerável de expressões faciais e corporais que o animal percebe bem melhor do que o falador. Enquanto duas pessoas estão brigando, dois animais astutos e espertos se "farejam"; tentam adivinhar a falha, melhorar a guarda, tornar o golpe mais fundo – mais mortal...

O animal vê/reage.

Ele não "pensa" nem argumenta, está sempre pronto para o que der e vier. Olhos nos olhos, todos os sentidos alertas, os músculos prontos – como fazer para se machucar menos e machucar mais o outro ou fugir?

É parecido com o jogador "inteligente" de futebol. À velocidade em que acontecem as jogadas, é impossível "pensar" para realizá-las, a não ser nos lançamentos longos. O mais são reflexos e intuições – bem parecidos com os que ocorrem, na certa, entre predador e presa durante a caçada.

Por isso, briga quente não dá em nada – exceto o desabafo, após o qual muitas vezes sobrevém certa quietude ou vazio (adiante falamos do desabafo). Mas as feridas ficam – e doem! E a distância aumenta, assim como a desconfiança, a vigilância recíproca (ou a indiferença), o rancor...
    Por que a ansiedade é tão incômoda, tão desagradável, chegando a ser insuportável?
    Em face de perigo ou promessa, é preciso estar atento e *imóvel* para perceber bem a situação. Na vida selvagem esse momento de imobilidade é curto, pois os animais logo identificam o perigo e saem da imobilidade reagindo a ele – quase sempre adequada e, na certa, rapidamente!
    Mas nossos perigos são muito mais *duradouros* que os dos animais. Parecem-se mais com o caso de um filhote escondido em uma touceira enquanto o predador ronda por perto. Nossos perigos são mais desse tipo, e durante a imobilidade ficamos *sem respirar muitos segundos*. Por isso, ao perigo inicial – de origem externa – logo se soma outro, de origem interna: o temor de asfixia, ligado à *respiração parada*. Podemos ficar até muitos segundos sem respirar sem ficar asfixiados; mas quando o organismo percebe a respiração inibida – parada – acende sinais vermelhos de perigo imediato, o que libera mais adrenalina! Você sabe: não podemos ficar sem respirar mais do que uns tantos segundos – a respiração é sempre urgentemente necessária.

É essa contenção respiratória que dá colorido sombrio – ansioso – a todas as nossas preocupações.

Deixe-me explicar a diferença entre respiração parada e ansiedade, de um lado, e asfixia, de outro. Esta é a falta real de oxigênio, capaz de apagar a consciência em poucos segundos. Quanto à respiração parada, pode continuar parada uns bons segundos sem asfixia, pois temos certa reserva de oxigênio no corpo, em parte no pulmão e em parte no sangue circulante.
    Para esclarecer melhor: se você respirar uma vez ao máximo, inalará dois a três litros de ar. Como no ar existe 20% de oxigênio, temos em dois litros de ar quatrocentos mililitros de oxigênio, suficientes

para um minuto e pouco de vida. Consumimos, em atividade simples, cerca de trezentos mililitros de oxigênio por minuto. Claro?

Logo, na ansiedade, há sempre parada respiratória, mas dificilmente se chega à asfixia. Na crise de pânico, chega-se à beira da asfixia – o que desorganiza o funcionamento cerebral. As funções cerebrais mais complexas começam a se desorganizar após *poucos segundos* de carência de oxigênio.

Pré-parados, pré-ocupados – curiosas palavras que contêm o segredo da adrenalina, que nos... *pré-para – para agir*.

Remédio: se, ansioso, você conseguir se dar conta de que não está respirando e reassumir a respiração, a ansiedade se dissipará imediatamente, mesmo que retorne daí a pouco.

Reassumir a respiração quer dizer perceber primeiro que a respiração estava parada e, depois, que você voltou a respirar. Melhor ainda se você começar a respirar *de propósito*.

Note bem: respirar não resolve o problema – não afasta o perigo. Respirar dissipa a ansiedade, permitindo assim à pessoa perceber melhor e decidir com mais calma sobre a dificuldade que despertou o medo/inibição ou o desejo/inibição.

A BOA ANSIEDADE

E a boa ansiedade, qual é?

"O melhor da festa é esperar por ela", diz o povo.

Quando você se prepara para encontrar-se com ela – nos períodos de encantamento amoroso – não é ótima a sensação? Não é um *pré-parar-se* para um encontro prazenteiro? Seu bicho também gosta muito dela, viu? Ele fica alegre antes da hora, com *pressa* de se sentir feliz... Impaciente! (Lembra-se das duas ansiedades mais comuns? A pressa e a impaciência...)

Encerrando: ansiedade é o que sentimos quando contemos a resposta automática de nosso animal diante de perigos, opressões, aprisionamentos ou promessas de realização de desejos. Nenhum medo (ansiedade) é bobo, como tantos dizem diante de uma pessoa ansiosa. Tente localizar o perigo ou a promessa que está aí – e você os encontrará, de regra, em desejos e sentimentos "proibidos" – aqueles dos "nãos" intermináveis ouvidos desde que você nasceu.

BRIGA DE CASAL – CURSO SUPERIOR

Nas brigas de casal – sabemos –, por vezes se estabelecem confusões lamentáveis de intenções, discursos e sentimentos – dramáticas algumas, cômicas outras.
Vamos demonstrar, de dois modos diversos, um teorema humanista – ou humanizante.

TODOS TÊM RAZÕES

Sempre que duas pessoas estão interessadas na conversa, aprendem e saem dela modificadas. É como se ambos olhassem o mundo com os olhos de um e de outro.
Falamos em "troca de ideias", mas o principal é a troca de impressões e o relato de fatos pessoais com certo acompanhamento afetivo-dramático. É mais uma troca de experiências do que de ideias.
Se, porém, você se puser como se só a sua verdade fosse verdadeira, então é um tirano intelectual – próximo de se tornar um fanático. Nesse caso, ou você consegue prosélitos, seguidores cegos em busca de esperanças, ou oponentes e atritos onde quer que

você vá – sem contar as cãibras ligadas à rigidez das atitudes solenes, graves, quase litúrgicas: o Senhor da Verdade.

Essa tem sido bem mais da metade da História das religiões – ou o destino da religiosidade da maior parte da humanidade. Até hoje tem sido assim, e o problema não é só das religiões, mas também de qualquer ideologia, inclusive a científica. Pode-se ser fanático em ciência como em qualquer outra atividade.

Implicitamente, quase todos acreditam na Verdade – como se ela pudesse ser única, eterna, apanágio desse ou daquele grupo religioso ou de outros (até do Corinthians).

É deveras lamentável o esforço apostólico de tantas religiões que insistem na propriedade exclusiva da Verdade, no esforço compreensível de converter pessoas, mas, ao mesmo tempo, na guerra – agora absurda – contra todas as demais religiões.

A noção-intuição de um deus único – Rá, o sol – parece ter nascido com Akenaton (1397-1362 a.C.) no Egito. Não sobreviveu aos muitos deuses já existentes, e inclusive Akenaton teve triste destino.

Ressurgiu com Jeová, que permanece até hoje – o senhor da Bíblia.

Modelo e símbolo de autoritarismo despótico, ele não foi apenas inspiração para o poder absoluto dos poderosos, como foi também e de muitos modos o retrato desses poderosos, que existiram e atuaram bem antes dele.

Lembra-se, leitor, de uma frase que todos contestam? Primeiro o homem faz, depois compreende e, eventualmente, controla. O poder absoluto existiu *muito antes* do poder simbólico ou religioso. Foi, portanto, seu modelo e inspiração – e não o contrário.

Antes dele, durante e depois dele, existia a crença e a adoração de vários deuses, semideuses, heróis imortais e mortais coexistindo de modo tão harmônico e gracioso quanto irracional e fantástico.

Melhor muitos deuses do que um só. Melhor ligar-se a várias pessoas do que a uma só – um para um e para sempre é muito pesado para os dois.

Melhor existirem muitas verdades do que A Verdade, pois esta, bela e divina quanto se queira, é ela também um disfarce do Velho Poderoso. Não parece, não é? Mas logo ela servirá de pretexto e justificativa para um mundo de arbitrariedades e maldades do predador perfeito, sempre em busca de quem caçar e torturar.

Outra demonstração de "Todos temos razões": Wilhelm Reich disse uma vez (no livro *O assassinato de Cristo*): "Todas as declarações são verdadeiras".

Então, como fica A Verdade?

Não fica. Foi substituída pela verdade de cada um, porque ninguém vê o mundo como as moscas, segundo mil olhos ao mesmo tempo. De cada olhada vemos um pouco, um pouco de cada ângulo, vemos diferente conforme a luz, a cor...

Nunca vemos nada de todos os ângulos, nem cada um de nós, nem todos nós.

Considere um jogo de futebol, por exemplo. Se você for ao estádio, verá o jogo de um só ângulo e de uma só distância.

Essa é a imagem do preconceito – único, simplório e sempre o mesmo.

Se você assistir ao jogo pela TV, com dez ou quinze câmeras, dez a quinze ângulos e várias distâncias, pergunto: *qual das imagens é a verdadeira?*

O mesmo acontece em qualquer espetáculo ou cena do cotidiano, inclusive com sensações, imagem e recordações. Também o mundo interior pode ser descrito e/ou interpretado de muitos modos.

Mas então – e definitivamente – A Verdade não existe? Foi-nos dito tantas vezes e de tantos modos que ela existia, que na vida o principal consistia nisso mesmo: achar a "minha" verdade ou descobrir o que é verdade para mim.

"Minha verdade" é uma expressão ambígua. Queremos dizer, com ela, que a pessoa encontrou a religião que lhe convinha, ou seu modo próprio de entender e organizar a vida? São duas verdades bem diferentes, note-se! Já resolveremos a questão.

Comecemos então com *a minha* verdade – a única verdadeira!!!
Não ria de mim nem me xingue antes de ler o que segue!

A Verdade – a única! – é a soma de todas as declarações feitas sobre a mesma pessoa, situação ou objeto.

Só esta verdade une, ensina, acrescenta e faz crescer.

É a única verdade viva, comparável a uma árvore cada vez mais frondosa, mais fecunda, quase digo cada vez mais verde.

PAUSA.

A esta altura você bem pode me perguntar: então, como se fala tanto na tal verdade única – cada religião, até cada país, dizendo que a deles é a certa e sempre dispostos a guerrear contra todos para obrigá-los a aceitar a salvação de minha verdade suprema?

Vamos ver se você tem bom ouvido. Essa da minha verdade única e suprema não se parece demais com as falas do grande poderoso, do deus faraó, do Augusto Imperador de Todo o Universo, de todos os megalomaníacos que já ocuparam posições de poder desde que a História é História?

Verdade Única, um só Senhor – o Tirano, Jeová, Alá, Hitler!

Vamos além: não serão nossos deuses tão cruéis quanto nós mesmos, quem sabe simples replicação de nosso comportamento violento, caprichoso, ciumento e egoísta?

Ao mesmo tempo, não representarão eles a megalomania de todos – cada qual comprazendo-se em imaginar-se um pequeno deus?

Não gostaríamos muito que nossa verdade se fizesse a verdade de todos?

Não levamos nossos filhos, por boas e por más, a aceitar nossas verdades (nossos condicionamentos) como se elas fossem revelação divina?

Júpiter já queria dizer Deus-Pai e sempre existiu um Pai no alto de todas as hierarquias religiosas do Ocidente.

Mãe, não!

Mas o caso é pior do que isso. O que exigiu Deus Pai – Jeová – para "aplacar sua ira" diante da desobediência de Adão?

A morte de seu filho – Jesus Cristo.

Não é disso que falamos o tempo todo neste livro deveras ímpio? Que na família o que chamamos educação é exatamente isso –

liquidar com o Natal, com a Criança Divina e Eterna, conforme éramos todos ao nascer?

A verdade única e o Deus único, tidos como as mais altas concepções do espírito humano – ou até como revelação divina –, não terão sido apenas um pretexto a mais – o maior e o pior – para nos oprimirmos, torturarmos e matarmos uns aos outros?

Não será essa forma de religião a consagração – o tornar sagrado – da agressividade do Grande Caçador, e sua melhor justificativa para continuar no velhíssimo caminho do poder absoluto, conquistado e mantido à força e a qualquer preço?

Sabemos: as piores guerras da História seguiram pretextos religiosos: judeus contra os gentios, romanos contra cristãos, cristãos contra pagãos (as Cruzadas), muçulmanos contra todos, brancos contra negros (escravos), nazistas contra judeus... chega?

Dá para ver agora o que dissemos sobre as duas verdades, a coletiva (religiões instituídas, ameaçadoras, "iguais para todos"), e religiões mais personalizadas, como as orientais, buscando uma relação direta entre os indivíduos e as forças cósmicas que nos criaram e sustentam?

Você está vendo como sua briga de casal está ligada à História? Quando você briga com ela, os dois estão tentando impor a própria verdade para o outro, convictos ambos de estar certos e de ter razão. As muitas razões de cada um, lembra-se?

Por favor, não repita essa triste História da Desumanidade!

É líquido e certo que suas razões são ótimas – e as dela também!

Em vez de falar em "troca, ou imposição, de ideias", será melhor falar em troca de "pontos de vista" ou de "modos de ver" as coisas. Assim se afasta, desde o começo, qualquer verdade absoluta e qualquer tentativa de dominação ideológica.

Também: briguem mais em torno do que se vê e/ou se sente do que sobre o que se pensa ou se julga.

Grave pergunta: melhorarão povos e governos se continuarmos a adorar deuses de modelo tão arcaico, retratos perfeitos de nossos piores aspectos?

Ninguém destrói deuses. Mas podemos perceber quando eles estão se destruindo – ou quando é a hora de ignorá-los e inventar a religião da criança, da vida e da transformação contínua, em vez da religião do Velho Patriarca, do Sempre o Mesmo e da Morte.

Reflexão final, deveras profunda e compreensiva: nem nós estamos destruindo os velhos deuses, nem eles estão se destruindo. Estão dando lugar a novos deuses, e nessa ação completam o que fizeram por nós, pois nos trouxeram até aqui. Nesse contexto aceitaremos melhor suas maldades e fraquezas, acreditando que elas tenham sido inevitáveis, necessárias. Agradeçamos aos velhos deuses, mas é hora de nos despedirmos deles.

Lembre a lição da antropologia: o que muda mais depressa nas sociedades são as armas, depois os costumes, em seguida as leis e, por fim, a religião. Isto é, quando a crise é religiosa, estamos assistindo a convulsões sociais de grande profundidade – e de alto risco.

Hoje!

A MORAL DA LÓGICA

Tenho mais razões a acrescentar ao tema do poder e da verdade absolutos, agora relativas aos julgamentos que vivemos fazendo uns sobre os outros e – tantas vezes – uns contra os outros.

Mesmo sem querer, vamos nos envolver um tanto com semântica – o sentido das palavras – e com neurolinguística – o poder das palavras sobre o funcionamento do cérebro e do comportamento.

Vamos considerar pequenas diferenças entre frases que podem levar a muitas complicações e confusões entre as pessoas. Assim como é comum ouvir discussões sem fim sobre a tal verdade única, também podem ser ouvidas muitas outras sobre o melhor e o pior, o certo e o errado e mais.

Vamos desencantar desde logo.
Em vez de dizer: o certo é assim
o melhor é assim
o que você está fazendo é errado
não é assim que se faz
como você pode fazer uma coisa dessas!
Será muito melhor dizer: para mim o melhor é assim
fui acostumado assim (me forçaram a fazer assim...)
prefiro assim

gosto mais assim
aprendi – ou me foi ensinado – assim
fico surpreendido – e incomodado – quando você faz assim.
Qual é a diferença entre essas expressões à primeira vista sinônimas? As primeiras decretam Leis Universais; as segundas, preferências (ou deficiências) pessoais.

Em nome de uma Lei Universal (a tal Verdade Absoluta, decretada por você), você pode – até deve – exigir dos outros que obedeçam à afirmação. Se o certo é assim, como você pode fazer, escolher ou preferir o errado? Você vai ser bobo, teimoso ou ignorante a ponto de escolher o errado, o ruim, o feio?

De novo: quando você diz "Isto é melhor do que aquilo"; está enunciando um julgamento categórico, declarando implicitamente: "Se isto é melhor do que aquilo, então você só pode escolher o melhor, não é?"

Veja: o pecado mortal desses julgamentos categóricos são seu modo absoluto, sua universalidade e sua eternidade – igualzinho aos preconceitos, lembra?

Dito de outro modo: assim como se acreditava na Verdade Única, acreditava-se também na eternidade de certas regras, e que elas se aplicavam a todas (menos aos poderosos!). Ao mesmo tempo eram ignorados o indivíduo com suas peculiaridades e as circunstâncias e suas variações infinitas.

Você acha cabível aplicar as mesmas regras de comportamento na Judeia histórica, na Roma do século II, na Nova York atual e no Rio de Janeiro do tempo dos almofadinhas? Comportamentos "iguais" para os brasileiros, os bantus, os chineses, os assírios, os esquimós, os índios da Amazônia?

Dá para ver – e sentir – a loucura, ou a idiotice, dessas exigências e como elas, mais uma vez, sacrificam o indivíduo concreto em favor de uma eternidade de perfeição impossível?

Nesse contexto – nem sempre se nota o fato – as tais ideias de perfeição só servem para as pessoas se agredirem, cobrarem azedamente umas das outras e se sentirem culpadas, porque ninguém jamais será tão bom quanto esses ideais exigem.

Existirá ou terá existido no mundo uma mulher tão perfeita quanto a Mãe deveria ser?

Deveria...

Faremos agora uma demonstração formal, mais do que lógica e irrefutável, desse teorema humanista – todas as declarações são verdadeiras.

Consideremos um objeto qualquer – uma árvore, uma casa; imaginemo-lo como a figura mais evidente da paisagem. Esse objeto – casa, árvore – pode *ser visto* (com os olhos de cada um...):

> de um número praticamente infinito *de ângulos*;

> dentro de cada ângulo, de um número praticamente infinito *de distâncias*;

> sob um número infinito *de cores* e de *intensidades luminosas*.

Cada combinação de ângulo, distância e luz pode ser chamada de *perspectiva* ou *ponto de vista*; mais simplesmente, *foi como eu vi* (de onde eu estava, do jeito que eu estava...).

Logo, dizer que "Eu vi a árvore" declara não mais do que um infinitésimo do objeto – ou do fato.

Logo, "Mas eu vi tudo" é uma frase sem sentido; nem é melhor a clássica "Mas eu vi com estes olhos..."

DE QUASE TUDO VEMOS QUASE NADA

Qual a visão *certa*?

Tem sentido a pergunta?

Vamos nos pôr, depois, diante de uma foto ou pintura em que esteja representado certo número de objetos heterogêneos, casas, rio, barcos, pessoas, cachorros, árvores...

Se quisermos descrever esse quadro em palavras, poderemos fazer dele 1.001 descrições diferentes, se 1.001 pessoas o descreverem.

Posso começar com qualquer um dos objetos e ligá-lo a muitos ou a todos os outros, em relações as mais variadas, geométricas, de cor, de perspectiva, de significado (e aí as descrições se multiplicam), de narrativa. E como em um teste projetivo, como o de percepção temática, por exemplo.

Claro que existem muitas semelhanças nas descrições, mas jamais haverá duas iguais. JAMAIS. (Só o diferente existe. O igual é produto industrial – ou intelectual...)

Acreditamos no dicionário quando ele diz que as mesmas palavras têm o mesmo significado para muitas pessoas – talvez para todas as pessoas do mesmo país ou região.

Mas quando a palavra está sendo usada por alguém em um contexto definido, nada disso acontece.

Ocorre então uma dupla ambiguidade... múltipla (!).

Explico-me: conforme as circunstâncias, os personagens e o assunto, digo *a mesma* frase em tons de voz e gestos *bem diferentes*, e em cada momento seu significado será único; a rigor, jamais se repetirá outra vez, pois as circunstâncias, os personagens, o assunto e o acompanhamento não verbal jamais se repetirão...

Cada vez que a palavra é dita em contexto concreto (e em contexto abstrato também...) ela pode ser a mesma, mas o acompanhamento não verbal será diferente. Portanto, o dicionário – e os linguistas! – não cobre nem poderia cobrir a semântica toda. As palavras têm um número indeterminado de significados e não sempre o mesmo (o do dicionário, precisamente!).

É o sujeito concreto e único, nas circunstâncias concretas e únicas, que interpreta o momento a seu modo e o comunica como mensagem sempre original.

Vamos concretizar. Tomo nosso amigo *Aurélio*, abro ao léu três páginas (só de um lado) e escolho aleatoriamente verbetes.

O dicionário ilustra cada significado com uma frase-modelo, mas vou suprimi-la, para você ficar mais desconcertado ainda ao ver quantos significados *a mesma* palavra pode ter.

Apoiar. Dar apoio a, aprovar; sustentar, amparar; defender, favorecer, secundar; sustentar, firmar, encostar; fundar, fundamentar; arrimar-se, encostar-se, firmar-se, sustentar-se; prestar-se auxílio mútuo [...].

Apontar. 24 significados distintos!

Cascalho (escolhi um dos mais simples...). O conjunto das lascas de pedra que saltam quando se lavra a cantaria; pedra britada ou lascas de pedra [...]; Geol. depósito incoerente de material sedimentado, cujas dimensões variam entre 2 e 20 milímetros; pequeno calhau redondo ou oval, romboidal, com a superfície lisa; escórias de ferro; Bras. aluviões auríferas ou diamantíferas.

Casar. Tem quinze significados! Citar todos seria enfadonho.

Levantado. Posto em pé; alto, elevado; diz-se do mar cavado, picado, áspero; sublime, excelso, nobre; insubordinado, insurrecionado, revolucionado (um povo...); doidivanas, levantadiço, estroina.

Levar. Tem 42 significados. Você não espera que eu alinhe todos, não é? Vou só citar uma dúzia: arrastar, puxar, retirar, afastar, conduzir, guiar, ter em seu poder, apagar, passar, tomar, tirar, roubar e muitos mais.

Não quero aborrecê-lo mais. Considero o ponto esclarecido e a tese demonstrada, O.K.?

Combine agora os três argumentos, os pontos de vista, os modos de descrever e os muitos significados das palavras empregadas na descrição – fica bem complicado, não é?

Quem é o certo e o errado nessa complicação?

Pois ainda falta o maior complicador de todos:

O tempo e o movimento.

Tudo que dissemos pode mudar *de um instante para outro* se as coisas mudarem ou se mudar a direção do seu olhar.

A realidade é mais rica do que tudo que conseguimos dizer sobre ela.

Dessa riqueza, percebemos e usamos quase nada. Por isso diz o iluminado que as pessoas normais são sonâmbulas, veem apenas o permitido – isto é, apenas o que muitos ou quase todos *dizem* que existe.

Os esotéricos nos falam da existência de outros mundos, mas não vejo necessidade disso. Bastaria que ampliássemos nossa percepção e consciência para alcançarmos a experiência da percepção total, fluente e diferente a cada instante.

É preciso deixar bem claro por que estranhamos tanto essa descrição da realidade. Aprendemos e vivemos a maior parte do tempo acreditando que é o contrário, que tudo é fixo, é "coisa", é estável, "de confiança" – matéria sólida, indestrutível, como a rocha e a montanha...

Tanto a natureza como a sociedade sacrificam quase tudo para conseguir o máximo de segurança, de estabilidade – da sobrevivência – de quanto esteja vivo no momento presente... Isso significa que o alternativo sempre é, de início, um inimigo da sociedade (do lugar onde ele nasce), e é tratado como tal – como aconteceu com todos os revolucionários, tanto políticos quanto espirituais.

Há uma dura justiça nesse fato tão tristemente repetido em nossa pobre História: não basta o surgimento de um alternativo, de um mutante. Além de ser "melhor" (!), é preciso que ele surja no lugar certo e na hora certa – ou será sacrificado a bem do já existente. Muitas vezes o gênio é aproveitado – mas só *depois* de ter sido crucificado.

Por isso temos vivido quase todos, quase sempre, usando pouquíssimo de nosso equipamento sensorial, motor e criativo. Digamos – é um consolo: até hoje foi assim.

Creio mesmo que até um século atrás não existissem condições técnicas para reunir esforços em escala maciça, nem tecnologia para resolver um sem-número de problemas resultantes da reunião de grande número de pessoas. Mas hoje esses meios existem, capazes de mostrar como é a vida em tantos lugares do planeta, os variados modos de vestir, a música, a dança e quanto mais; além disso, documentários mostram ao vivo e com explicações precisas os problemas maiores do planeta e os meios existentes ou possíveis capazes de resolvê-los.

Dispomos já de meios técnicos definidamente miraculosos em matéria de produção, comunicação e transporte – seja lá do que for.

Soluções

Vamos alinhar aqui muitas e muitas maneiras de tornar produtivas as brigas de casal; algumas são óbvias e já foram recomendadas muitas vezes, outras são bastante originais, usando inclusive tecnologia moderna.

Não comece a ler o livro por aqui. Algumas sugestões poderão ser úteis de imediato, mas a maior parte delas só terá interesse levando-se em conta textos anteriores, capazes de dar o "clima" conveniente às soluções.

Para começar, vamos considerar os casos sem solução (!). Digo isso dos casos nos quais um dos oponentes está disposto a conversações, mas o outro se nega, não se interessa ou até se zanga se for chamado para dialogar. De regra é o homem que se recusa.

O que fazer nesses casos?

Se você o ama demais ou não consegue pensar em se separar, só lhe resta desenvolver uma arte difícil, a de "conversar" sem conversa, isto é, mantendo um diálogo de caras, reparos ocasionais oportunos, ações adequadas mas inesperadas. No meu tempo, dizia-se que a pessoa "tinha tato social". Poucas pessoas têm essa habilidade, popularmente denominada manipulação do outro. Este termo nasceu em psicoterapia e, desde o começo, ficou manchado por essa origem: "não se deve" manipular, "É feio", "Onde já se viu?" Esquecem, terapeutas e pessoas, que vivemos todos, o tempo todo, tentando levar os demais a concordar conosco, a nos apoiar, a fazer como gostamos ou como julgamos acertado; em último caso, a nos deixar em paz! Duas pessoas em presença estão em interação – a menos que fiquem de costas uma para a outra e em silêncio! Mesmo assim...

Essa é a boa palavra: tente manipular o seu marido. De regra, os homens são mais fáceis de manipular do que as mulheres, e esse é o diálogo sem palavras há pouco referido. Se você tiver a habilidade de levá-lo para onde e como você gostaria, por amor, esperteza, aborrecendo-o ou de outros modos, eu serei o último a condená-la. Antes, aprecio e respeito a sua força. Todos que a criticarem estarão fazendo exatamente a mesma coisa: querendo que você faça como eles gostariam! Mas disfarçarão a manipulação dizendo que é para seu bem, que é o certo, que é assim que se deve fazer...

Sempre o esconder-se à sombra de todos para usar todos contra cada um – essa é a essência da política do cotidiano. Não sou eu quem acha. É o que todas as pessoas normais fazem...

Se você não tem essa habilidade, aí a estrada se trifurca. Esquematicamente: ou você se separa, ou se resigna, ou encontra outra pessoa capaz de lhe dar o que você precisa e ele não dá – atenção, admiração, ouvidos interessados, olhos brilhantes, desejos quentes...

A escolha é essa: cinismo ou hipocrisia. Minha sugestão será tida como cínica por todos os que não têm coragem de realizá-la, restando a eles a resignação ressentida e a hipocrisia da família e da fidelidade perfeita.

Acrescento o conselho de um rabino cujo nome não lembro: "Afinal, é bem menos grave um adultério do que uma separação".

Tirando o palavrão – adultério – a frase soa a meus ouvidos como a própria sensatez, como o respeito/medo ao mesmo tempo pela instituição (pelos outros) e pelo companheiro.

Mas, Gaiarsa, e o respeito pelo cônjuge?

Pergunto: se o cônjuge, segundo as aparências, está tão pouco interessado em você e tão pouco empenhado no convívio, na troca e na cooperação, será que ele merece algum respeito? Não está ele desrespeitando você?

Mas, para a mulher, o outro – o terceiro – é muito perigoso, podendo comprometer o patrimônio, a estabilidade do lar, a opinião dos filhos e dos parentes e mais.

Fato.

Com duas atenuantes.

O terceiro personagem do triângulo, criando o risco, pode acender o cérebro com nova vida. O cérebro só se acende em situações novas, e se acende mais quanto mais perigosas as situações. Na monotonia do cotidiano ele vai se apagando – é o tédio.

Segundo: os homens são fáceis de enganar – como regra; têm pouca percepção do não verbal traidor; principalmente os que já estão bem pouco interessados na esposa.

Enfim, muitos até se sentirão mais felizes em um lar com alguma vida e com uma mulher possivelmente mais risonha e mais feliz.

Cínico demais, não é? Então continue o enterro de todas as suas esperanças, sonhos e expectativas de felicidade. É o normal.

Se você, meu amigo, não quer esse destino, tome jeito e vá à luta – ou se separe. Nem vou dizer que seja possível para você fazer o mesmo – você sabe disso muito bem.

Você pode também fazer psicoterapia – ou ela. Mas não fique dois ou três anos fazendo. Muitas vezes a psicoterapia serve para manter os conflitos familiares em banho-maria e só raramente contribui para a solução definitiva.

"Estamos fazendo terapia" pode ser um bom pretexto para encompridar a agonia. Inúmeros casais vão postergando a separação com mil razões mais do que sensatas – presos à noção do matrimônio eterno, capaz de alimentar ilusões de reencontro durante muitos anos – até ser tarde demais.

Separar-se, digamos, até os 30 ou 40 anos de idade parece ter cabimento – e esperança de encontrar um novo amor e/ou iniciar uma nova vida. Mais do que essa idade, nem preciso dizer, torna as coisas bem mais difíceis, principalmente para a mulher, que envelhece mais depressa que o homem.

Sem contar que muitos anos de casamento marcam as pessoas profundamente.

Sem contar os filhos, sempre uma dificuldade a mais nas separações. Uma coisa é eu me separar de minha mulher apenas; outra, me separar de dois ou três filhos.

Ainda com a mulher: mais de 40 anos e dois ou mais filhos tornam difícil outra tentativa amorosa.

Somos céticos quanto à psicoterapia, que exercemos durante meio século. Processo muito demorado, bem caro e incerto quanto a resultados. Não acredito em terapia de vários anos com o mesmo terapeuta, mas acredito, isso sim, em várias psicoterapias de meses com vários terapeutas (homens e mulheres!) diferentes, cada um vendo você de outro ângulo.

Há muito estabeleci para a minha prática a seguinte regra: ao cabo de alguns meses, a maior parte das psicoterapias tende a se tornar casamento nesse sentido preciso: quase tudo que o paciente diz eu já sei e quase tudo que lhe digo ele já sabe. A essa altura, toda troca fecunda exauriu-se. Aí pode caber muito bem... um novo amor! Isto é, outro terapeuta que veja você com novos olhos, sob novo ângulo.

Lembre-se sempre da regra de ouro da psicoterapia, qualquer que seja ela: essencial ao processo é a relação entre você e o terapeuta. Se você vai à terapia com certo prazer, se se sente bem com ele (ou ela), se as coisas estão acontecendo, continue; e aí até me desdigo. Na vigência dessas condições, a terapia pode durar anos...

Mas só nessas condições!

Se você, porém, acha que a coisa está muito parada ou repetitiva, se ele não parece muito empenhado no que faz, se não houver uma ponte mínima de simpatia, pra que você está gastando tanto dinheiro? Procure outro – mais vivo! Você não tem a menor obrigação de ficar com este ou qualquer outro terapeuta; ele existe para você e não o contrário. Não deixe que seus preconceitos de amor monogâmico interfiram em sua psicoterapia!

Para encerrar esse comentário: pode-se bem pensar que Freud e a Psicanálise nasceram *por causa* da família e de seus problemas insolúveis – e na ilusão de resolvê-los. Sempre a sociedade oferecendo "remédios" para a "culpa" dos indivíduos, a fim de que eles continuem aí, sofrendo...

Seu casamento não está "dando certo"? Faça análise...

Você acha minha opinião absurda? Então lembre-se de mestre Freud e da posição absolutamente central dada por ele ao triângulo familiar (das "Bermudas"!).

Entenda: complexo de Édipo – eixo e centro de todas as neuroses – é tudo que acontece entre filho, mãe e pai!

Isto é: neurose = família! Ou vice-versa. E tanto faz.

Exagero outra vez?

Nem de longe. Sempre se fala dos malefícios das separações conjugais sobre a prole, o que é fato. Mas praticamente 98% dos casos examinados pelos psicanalistas, e que serviram de base para a construção da Psicanálise, eram de indivíduos provenientes de famílias "bem estruturadas", com pai, mãe e irmãos, sim senhor! Isto é, de pessoas neurotizadas pelo convívio compulsório em famílias "normais" e de pais que "fizeram tudo" para evitar a separação!

Vamos voltar às sugestões de melhoras para as brigas de casal, para aqueles ainda interessados em batalhar a própria felicidade e a felicidade do próximo.

Cuidado com seus preconceitos relativos a brigas de casal; são poucos e terríveis, pois todos eles protegem o casamento (a instituição) e condenam o casal (as pessoas). A instituição é perfeita, os seres humanos é que não estão à altura dela. Somos falíveis, pecadores, e a carne é fraca (principalmente a do homem...).

Haverá vantagens trazidas por esses preconceitos? Poucas: repetição demais, de tudo (= "segurança") – e acordo com a maioria (não é pouco). Exemplos de preconceitos comuns relativos a brigas em família:

➤ "Aguente", diz mamãe, "casamento é assim, filha".

➤ "Aguente", diz a sogra (para ele), "mulher é assim".

➤ "Aguente", repete mamãe, "os homens são assim, filho é assim, parto é assim – tudo é assim mesmo e não adianta querer mudar essas coisas..."

AGUENTE!!!

Todos eles o levam a crer, com força, que você – ou ela – seja o culpado. E aparentemente o assunto fica encerrado. Viveu-se o problema e achou-se o culpado. O que mais se há de querer?
O julgamento está encerrado!

Será preciso comentar? Você já sabe de tudo isso, não é? Que esses "conselhos" são conservadorismo esclerosado e que só levam à eterna repetição.

Outra solução clássica – ocorrendo, via de regra, após a descoberta de uma infidelidade – é o novo contrato para o nosso casamento; vamos fazer listas de exigências e combinar novos modos de convívio. Na hora, tudo bonito, mas todos os que passaram por aí sabem: o contrato dura pouco – dias ou semanas – e aos poucos a velha rotina vai descendo, acinzentando o clima da casa e aumentando a desesperança.

Outra solução clássica, dirigida mais às mulheres: deixe passar, não responda. Melhor um convívio precário do que convívio nenhum – ruim com ele, pior sem ele, diz o povo.

Posso aceitar essa solução se ela for a única – ou se não for repetição. Neste último caso, trata-se de novo de resignação, tédio e sintomas psicossomáticos – e nada mais.

As soluções do aguente e acostume-se são as mais comuns e tidas como "normais", até como certas, quiçá únicas!

Mas talvez eu possa dizer algo bem ruim sobre elas. Podem ser fatores importantes na determinação do câncer e da hipertensão arterial também. Muita gente boa acredita que o campo emocional favorável ao surgimento de um câncer é a resignação, a passividade dos que desistiram de lutar, o desespero frio dos que aceitaram como fatalidade – ou ordem divina – viver uma situação impossível de ser vivida.

Só podia ser morrida.

Por que a hipertensão, causa de morte número 1 do mundo civilizado? Ninguém diz saber por quê. É o colesterol, claro! Achamos o culpado... O professor Adib Jatene, cardiologista e ex-ministro da Saúde, o disse pela TV: "Hipertensão é raiva contida". Vivemos contendo raiva, na rua, no trabalho, em casa... Nosso animal, insensível ao tempo, nos prepara incansavelmente para a luta – que pouco e nada ocorre, a menos que sejam marido e mulher. (Recorde nosso estudo sobre a ansiedade.)

Deixemos o cemitério – "Que os mortos enterrem seus mortos", disse meu amigo Jesus Cristo.

Espero que você não veja minhas alusões a Jesus Cristo como sinal de leviandade ou irreverência. Muito pelo contrário, tenho muito amor e admiração por ele – na certa meu melhor amigo.

Você quer, de começo, uma SOLUÇÃO RADICAL?

Lá vai ela. É melhor desde o começo do namoro combinar assim: olha, somos namorados, mas jamais diremos isso a ninguém – nem a nós mesmos – e muito menos se for para fazer qualquer espécie de cobrança baseada em papéis de namorado e namorada. Juremos doravante nos tratar apenas e sempre e somente de Sérgio e Amarílis, O.K.? Você pode querer ou esperar coisas de mim; e eu, de você. *Mas será tudo pedido ou negado explicitamente*, isto é, nada de "direitos" implícitos – de namorada, de homem, de macho ou do que seja.

Entre nós jamais usaremos as palavras culpa, certo e errado, você devia, você também, normal. Quando essas palavras vierem à sua mente, mantenha o pensamento, se for o caso, mas diga com outras palavras – e se você for bom mesmo, diga de outro jeito, com outra cara...

Enfim, se depois de casados vocês dois conseguirem continuar esse jogo – o de não ser o Senhor Marido nem sua Excelentíssima Esposa –, então alcançarão o reino de Deus na Terra – paz e felicidade eternas (sempre renovadas!).

Sinto muito, mas essa solução radical é praticamente impossível, e se você a conseguisse de saída, poderia dispensar este livro e muitos outros.

O MALDITO TRIÂNGULO DIVINO

Mas olhe que felicidade eterna sempre renovada não sei se acontece só com uma pessoa. Somos ricos demais em possibilidades, liberdade e criatividade para que alguém – só uma pessoa – nos esgote ou seja nosso único par na dança eterna do desenvolvimento. Podemos ser tudo para o outro, sim, mas não sempre, em quaisquer circunstâncias, a vida toda, você não acha? E se em certas horas eu não puder ser tudo para ela? Estará ela proibida de encontrar quem possa ser naquele momento? Ou o desenvolvimento que se propõe a cada encantamento afetivo terá de ser implacavelmente abortado?

Ao falar disso, nove em dez pessoas casadas pensam em sexo – porque estão em busca disso mesmo (é o que dizem para si mesmas, os homens em particular). Mas desenvolvimento é muito mais amplo do que sexo – tanto que o inclui, mas não se esgota nele. E se as pessoas pensam assim é para condenar... o desenvolvimento! Isso mesmo. O pior inimigo do matrimônio – assim falado, quando menos – é a infidelidade (que pode eventualmente comprometer até o patrimônio. Imagine você até onde pode chegar essa loucura!).

O pensamento – ela procurou sexo fora porque o de dentro não a satisfazia... – tem sua razão de ser, mas vai muito além disso. Sob o nome de sexo se escondem muitos anseios insuspeitados, muitos desejos ansiosos para desabrochar, muita carência afetiva, de contato e de intimidade – até de confiança. Sexo – a palavra – pode nessas circunstâncias significar muitas coisas boas a serem vividas e desenvolvidas. Mas o fato de poder – ou precisar – ser fora do casamento as condena – e as pessoas sujam tudo com nossa noção de sexualidade subdesenvolvida, publicamente ridicularizada e, se posso dizê-lo, pornografizada.

O que é bom e necessário não pode nunca – você está cansado de saber, não é? "Todos vigiam todos", lembra-se? Sem contato real e sem experiência concreta, nenhuma atitude nova se desenvolve em nós – e também desse modo nos condenamos à repetição eterna, proibindo severamente, em público, qualquer participação de terceiros na vida conjugal.

Mas em contrário – como diria São Tomás – eu me pergunto: por que em numerologia o 3 e o triângulo são símbolos da divindade (da Criação)?

Impedir novos encantamentos amorosos é condenar as pessoas à morte (da repetição), pois mostramos de quantos modos amor e vida são sinônimos. Lembra-se de nosso estudo sobre o amor?

Não estranhe esta conversa sobre o triângulo (ou polígono) amoroso; é o assunto mais enjoadamente lembrado nas brigas de casal, e nele o sexo, como sempre, é o bode expiatório. Na grande cena de acusação de adultério, o fiel sente ter todo o direito do mundo de pelo menos xingar o outro de todos os nomes (sempre os mesmos: "Seu cafajeste" ou "Sua puta", originalíssimos) – e todos aceitam e aprovam.

Por isso mesmo os que *sofrem* a fidelidade sentem o direito! Mas na Grande Guerra Conjugal (10 mil anos em cartaz! – sucesso absoluto) pouco se fala dos 1.001 aborrecimentos e atritos de tantos anos anteriores, nem das 1.001 brigas venenosas nem das tantas mágoas sofridas. A hora da "traição" é a de despejar todo o lixo sobre o outro – lixo do qual a sexualidade é, na certa, pequena parte; e a infidelidade, menor ainda.

Mas casamento é casamento, não é? Você decidiu sabendo do que se tratava. (Preconceito: sem ter experimentado, ninguém decide com clareza e muito menos com certeza.) Então é preciso mantê-lo – a bem dos filhos!!! É preciso mantê-lo à custa da culpa e do castigo de cada um no pelourinho. E a multidão aplaude mais uma cabeça rolando...

Nestes últimos dez anos ouvi um bom número de vezes – acho que você também – "Gaiarsa! Não entendo como são as coisas. Quando me separei de minha mulher, eu a odiava de todo o coração e não queria vê-la nunca mais, nem nesta nem em outra vida. Agora, quando a gente se encontra é muito bom. Nos entendemos em santa paz, somos até amigos. Como é isso, Gaiarsa?"

É isso aí, como se diz em coca-colês. Não mais prisioneiro nem escravo – e tudo fica mais fácil. Chega a ficar humano (antes não era).

Falamos tanto de casamento que é preciso falar um pouco mais... Você sabe da insistência das pessoas com essa de "Como, 25 anos e ainda não casou!" ou "Casado há três anos e ainda não tem filhos?" Você sabe tão bem quanto eu da pressão para casar e depois para continuar casado – "a qualquer preço, e os filhos?"

Falemos então dos filhos e tudo que eles poderiam... sofrer com a felicidade dos pais quando amam outra ou outras pessoas.

Nas aulas de educação sexual para escolares (quando há esse tipo de aula), é bem provável ouvir que transar cedo não é certo porque ainda não se tem responsabilidade (nem emprego, nem dinheiro) para poder sustentar os filhos. E desde há muitos séculos a Igreja defende o matrimônio indissolúvel usando, como seu melhor argumento, o cuidado com os filhos.

De minha parte, já não acho mais graça quando alguém ainda pensa que eu pretendo "destruir a família"; já me disseram isso muitas vezes, e os que também acham, eu não sei quem são – audiência de TV –, devem ser muitos mais.

Nem com o Rambo e o Schwarzenegger a meu lado eu conseguiria! O fato básico e incontestável é esse: "filhotes" humanos nascem completamente incapazes de sobreviver durante no mínimo três ou quatro anos por conta própria. Quando conseguem andar com um mínimo de firmeza, já teriam chances de sobreviver sozinhos – ainda que pouquíssimas.

Alguém terá de cuidar deles, ou a espécie se extinguirá. Isso é evidente.

Mas que "Só na família se consegue cuidar deles" é falso.

Crianças podem ser cuidadas de muitos modos e por muitas pessoas. Dado que a única "formação" recebida pelos pais foi a da própria educação – vimos –, eles tenderão a repetir o que aprenderam – enquanto o mundo caminha...

Em que escola se aprende a educar filhos e a conviver tantos anos com uma estranha (minha mulher não é da minha família)?

NENHUMA.

No entanto, você vai concordar comigo, tenho certeza: *essas duas atividades são as mais difíceis que a vida nos propõe.*

Então como é que fica?

Dizer que é instinto de mãe dá para acreditar, mas o de pai é difícil. Mesmo o de mãe não creio que ajude depois dos 4 ou 5 anos – idade da independência motora, capacidade de sobreviver em grupo de adultos sem atenção *especial* de ninguém.

Depois, não sei que espécie de instinto pode guiar as mães do nosso tempo nessa sociedade tão complexa e mutável.

Da mãe, li muito a respeito, sobram com certeza o primeiro ano de vida, o segundo bem menos (bem menos tempo juntos) e do terceiro em diante pode-se discutir à vontade sobre quanto tempo a mãe "deve" dedicar a seu filho

Os minutos e as horas logo após o nascimento são essenciais para a criação de um vínculo autêntico, *instintivo*, entre mãe e filho. Quem nos diz? Biólogos, fisiologistas, etólogos, antropólogos e estudiosos do comportamento infantil e da relação mãe-filho.

Supõe-se, nessas reflexões, tratar-se de uma criança bem-vinda (muitas vezes não é).

A essa luz, os procedimentos médicos da gravidez e do parto são um crime inafiançável contra a humanidade – e sem desculpa de ignorância. O que eu disse não é um milionésimo do que se sabe sobre essa situação, esses momentos e essas horas de influência decisiva sobre o destino da criatura. A medicina transformou a gravidez e o parto em doenças – e ganha muito bem com isso, obrigado. As principais "culpadas" pela *aceitação* desses absurdos por parte de grande número de mulheres são as mães – sinto muito dizê-lo. Durante séculos e ainda hoje é fácil demais ouvir de mães sobre os horrores do parto. É sua hora máxima e a mais bem falada de sua vida: "Ser mãe!" Então elas se vingam – sofrendo e lamentando-se – de tudo que os homens fizeram e fazem contra elas "gritando" para o mundo: nascer é terrível.

Ou terrível é nascer *neste* mundo e *deste* jeito?

Desculpe, companheiro, mas você não pode fazer ideia do que é e do que se faz em uma maternidade (de nove em dez). Nascer *nelas* é terrível!

A criança é quem menos interessa à... maternidade.

E o que mais se faz no Brasil são cesáreas (somos os campeões absolutos), porque as mulheres sentem horror pelo trabalho de parto, conforme descrito pelas suas mães – e os médicos sabem explorar esse pavor.

E depois de mal nascidas, as crianças são mal educadas; ninguém sabe o que é melhor para as crianças, mas já sabemos muito sobre o que *não fazer* com elas. Temos de aprender a educar começando conosco, com pais e mães.

E nos cinco primeiros e fatídicos anos, a criança está sujeita à mãe, e então acontece todo o drama dos mil "nãos".

Não se separar por amor aos filhos me parece tão ruim quanto a maternidade. Se em família ocorrem todas as agressões de que temos falado, será esse um clima próprio para a formação de cidadãos íntegros, pacíficos e felizes?

Alguém ouve atentamente a criança? Quase tudo que fazemos com elas é costume, com muito pouco de atenção tranquila e interesse real em *interagir*; mais complacentes do que amigos.

Sabe qual é a forma ideal de educar crianças? Algumas tribos selvagens acharam. Criação coletiva: a criança interessa a todos e merece atenção e cuidado de todos. Assim – e talvez só assim – se desenvolve a solidariedade do grupo com o melhor dos cimentos: o interesse/cuidado *com o futuro*.

Seria bom se estivéssemos mais dispostos a dialogar, a aprender tanto quanto ensinar – forma primeira de democracia vivida (não somos democráticos com nossos filhos).

Por que coletiva? Porque a família tradicional é tão ligada à sobrevivência e ao patrimônio que desconsidera os indivíduos e o amor. E ao dividir o mundo, bem nitidamente, entre "os nossos" e "os outros", torna-se obstáculo intransponível para o amor ao próximo. Amor possessivo, exclusivista, excludente, proprietário, baseado em expectativas profundamente contrárias a nosso 1 milhão de anos no planeta.

Outra vez e sempre: não somos uma raça boa – pouco solidária depois do começo da riqueza e da multidão.

Criamos um mundo que nos é estranho (o da tecnologia) e não sabemos muito bem como estar nele. Vivendo em condições tão desfavoráveis, mantém-se vivo em nós o predador cercado de predadores – pano de fundo sombrio da sociedade.

Por isso precisamos "proteger" a criança "dentro" da família (as muralhas, lembra-se? Jericó!).

Por isso crianças precisam de famílias – porque existem em um mundo perigoso cuja conservação cabe em alto grau à família.

"Célula *mater*", sem sombra de dúvida.

Vamos encerrar estas tristes considerações com um pouco de esperança.

Ao ouvir dos índios e sua forma de educação comunitária e cooperativa, você bem pode ter pensado: "Bonito isso, mas não somos mais índios e nunca mais seremos! Hoje essa moda não pode existir mais".

Pode, sim – nos condomínios. Se as pessoas tiverem um pouco de juízo e sentirem um mínimo de cooperação e suas vantagens, farão primeiro uma cooperativa de consumo e depois uma organização mínima de educação da garotada do prédio.

Receita: juntar seis ou sete crianças de idades próximas e deixá-las a cargo de adultos que se revezarão. Uma das mães cuidará do grupinho durante, digamos, o período da manhã. À tarde será substituída por outra e assim quatro ou cinco mães poderão cuidar rotativamente de cinco ou seis crianças de uma forma fácil –

crianças se dão bem com crianças. Cuidar de várias crianças sem ter outras preocupações pode ser até divertido. E o melhor é isso: quando cuida, cuida de cinco ou seis durante quatro horas, mas sem ter outra ocupação naquele período! Passando a dispor, de outra parte, de três a quatro *períodos* livres para fazer o que lhe aprouver – sem as crianças!

Não seria muito mais fácil?

Não parece possível?

É só começar...

Enfim, um último argumento – virado no avesso. Você dirá: "Mas os estudiosos comprovaram sem sombra de dúvida que a separação conjugal tem efeitos desastrosos sobre os filhos, predispondo-os a neuroses, doenças psicossomáticas ou pior".

Fato – mil estudos a respeito. Todos concordantes.

Mas para *um* cliente que procura psicoterapia "por causa" da separação conjugal aparecem 99 filhos de famílias que permaneceram unidas "apesar de tudo". Não pense que o número seja exagerado; não é só o de minha experiência. Na verdade, a crer em Psicanálise, é transparente a influência maléfica da família. Foi sobre pessoas com família "normal" que se edificou a ciência de Freud e hoje – como então – $^2/_3$ de tudo que se diz e se faz em consultórios de ajuda psicológica, acadêmicos ou alternativos, é tentar atenuar os efeitos da educação familiar.

O que se pode dizer, com amarga ironia, é que os filhos de famílias bem constituídas sofrem de uma "neurose normal", enquanto os de pais separados sofrem de outra, um pouco diferente.

E mais preconceitos: o pior em relação a pais separados e seus filhos é a discriminação que sofrem ainda hoje, como se fossem renegados, mais a culpa que sentem os dois, como se seu ato fosse uma alta traição à Mamãe-Sociedade (madrasta cabe melhor). O separado pode sentir na pele a força absurda do pensamento coletivo. Por mais racional ou bem equilibrado que você seja, dificilmente atravessará essa situação depressa, com facilidade ou pouco sofrimento.

É terrível e difícil – mostrando pelo avesso a força da maioria sobre cada um de nós.

Não sei quanto de verdadeiro e quanto de preconceito existe nesse temor ou sofrimento de abandono, de separação – ou de solidão – tão falado. É a maldição dos que têm muito poucos para amar – que se permitem amar muito poucos – e então a perda de um desses desequilibra demais as emoções. Quantas vezes ela segue a morte dele poucos meses depois – quando viveram juntos, do jeito que foi, durante muitos anos.

Então pense algumas vezes, ao ouvir sobre a separação de um casal conhecido, se essa separação não foi melhor para os filhos.

Está melhorando – nas cidades grandes.

"Você também faz assim"

Vamos amenizar. Você reparou, em nosso contrato de destrato, na presença de uma cláusula curiosa? Refere-se à briga do "Você também (faz, sente, pensa, quer)" ou "Você faz igual". Sabe do que estou falando? Como somos mais ricos do que percebemos, podemos ter de fato reações e aversões em comum, sem por isso nos confundir. Se você gosta de fazer contas, pode tentar estabelecer *quanto* do "também" cada um faz... É certo que ambos fazem parecido várias coisas, iguais na forma, não na frequência. Por outro lado, esse caminho de fazer contas para saber quem faz mais ou menos (carinho, cara feia, distração, "Foi sem querer" e mais) é chato e pouco convincente. É difícil enumerar sentimentos ou ter consciência clara de tudo que fazemos... Melhor concordar sem discutir e brigar em outros departamentos mais produtivos.

Parente bem próximo do "Você também" é o "Mas você é sempre assim!" (Dito com grande indignação!) Aí vai um bom ponto de ataque – uma repetição denunciada. Talvez seja possível abrandar ou modificar aquilo que incomoda, talvez não. Mas ficar dizendo, dizendo e dizendo mil vezes tampouco ajuda, você não acha?

É bom acostumar-se a usar expressões como "A meus olhos, o fato aparece assim", "No meu modo de sentir, tal fato desperta isso e isso". Bem melhor do que dizer "Isto é assim!" (e acabou-se), "O certo é isso!" (e fim).

Esclarecendo: esses são modos (os primeiros) desenvolvidos por muitos terapeutas competentes... Porque funcionam bem quando se trata de resolver diferenças – sem adrenalina!

"Foi sem querer!" e "Esqueci!"

Esbarramos com outro engasgo: "Foi sem querer" ou "Não tive a intenção" ou "Eu não sabia que ia acontecer isso – ou assim". E no limite: "Arre! Como você interpreta maldosamente o que eu faço (penso, digo, sinto)". Existe isso? Entre duas pessoas em convívio frequente, definidamente não. Essa desculpa é dada sempre que um dos dois escorregou, de algum modo esqueceu, omitiu ou feriu o companheiro "sem perceber". Ocorrendo algo assim, é porque há um desencontro, uma raiva disfarçada, um medo escondido, um desafio reprimido, uma oposição silenciosa.

Por isso digo: o "Foi sem querer" esconde sempre algo inconsciente capaz de afetar a relação, algo que está sendo disfarçado e precisa ser reconhecido – ou começa um distanciamento. Entre namorados ou casados responsáveis, não existe o "Foi sem querer" nem o "Esqueci" (no que se refere à relação).

Na verdade, essas frases podem indicar o começo de uma distância, de uma indiferença ou de um desinteresse – permanente ou temporário.

Sentir-se preso, a busca inquieta "Nem sei do quê", o desejo de reformar a sala, mudar a disposição dos móveis, querer mudar de casa, pensar que devido ao casamento me sobra pouco dinheiro, sentir-se explorado – ele ou ela – são muitos dos sinais indicativos de uma distância crescente, sinais de alerta.

Há eternidade também no inferno

Sabe do que vou falar? "Não quero ver você nunca mais!", "Não quero nada com você", "Não quero ver você nem pintado", "Vou embora para sempre", "Não aguento mais", "Me esqueça". A censura cortou todos os adjetivos intercalados nessas frases.

Melhor descobrir a verdade desses absurdos do que dizer "Que absurdo" e tentar esquecer o assunto. Em toda briga de boa qualidade está implícito um pensamento que convém explicitar:

"Assim *como está* eu não quero mais" ou "Continuar *assim* é impossível".

E é verdade. Se é para voltar do modo como estava, é certo que entraremos nos círculos das agressões recíprocas, geradoras de tédio (de morte lenta) ou de um ódio crescente e perigoso.

Seria ótimo se as pessoas levassem a sério essas declarações espontâneas e se afastassem por um tempo (adiante comentaremos em que consiste esse afastamento).

A briga feia significa que "Nosso amor acabou" (aquele amor havido até então terminou). Pode se tratar de uma separação definitiva, ou não. Mas só afastando-se geograficamente por algumas horas, no mínimo, de preferência por alguns dias ou mais, é que poderemos saber – sentir – se o caso é definitivo ou se ainda há promessas em nosso relacionamento; se a troca terminou ou se ainda há o que trocar e crescer.

Se houver volta não será uma volta.

Será *outro* amor, entre duas *novas* pessoas.

Toda a relação muda e se você perceber-viver o fato, poderá haver muita felicidade no novo namoro – um reaparecimento do encantamento amoroso. Mas, como sempre, cuidado com o que se diz – sempre os preconceitos. Em clima de certo bom humor, as pessoas chegam a dizer que às vezes vale a pena brigar devido ao bom do reencontro – até do relacionamento sexual.

Mas estou propondo aqui uma felicidade – e um prazer – maior: a alegria de um novo amor e não um remendo no velho amor – e a eterna defesa do casamento eterno. O melhor do casamento – para quem consegue descobrir e realizar o feito – é que ele pode ser poligâmico mesmo sendo ela "sempre a mesma" – e aí vai a falsificação. Se ela fosse sempre a mesma, recairíamos em todos os buracos já denunciados. Bem melhor ir descobrindo que ela é sempre outra, que ela tem mil caras, mil modos, mil mumunhas, mil truques, mil meneios – mas que tudo isso vai se revelando e se substituindo pouco a pouco. Tudo que é vivo cresce o tempo todo.

É difícil perceber as mudanças quando são graduais e lentas, como planta que cresce. Por isso tendemos a manter durante certo tempo a percepção de uma relação tida e dita "estável". O mal é que muitos a sentem, nesse caso, com certo alívio, como rotina "normal", portanto, de acordo com as expectativas sociais. Por isso as pessoas tendem a ignorar – até a negar – as diferenças que vão surgindo, e só as perceberão quando a distância já for considerável. Por isso a briga de renovação é percebida como choque ou degrau quando um, outro ou ambos "não aguentam mais" o outro (não aguentam mais as coisas paradas).

Quando o amor esfria ou começa a ser maltratado, costuma-se dizer que ele vai se transformando em ódio, e há certa verdade valiosa nisso: é essa raiva que intensifica a oposição e faz estalar a guerra e o confronto, em si renovadores. Isso se as pessoas tiverem juízo e estiverem olhando para o futuro, em vez de se dizerem pela milésima vez que "Não adianta"; "Não tem jeito"; "Vou embora para sempre"; "Não quero vê-lo nunca mais"; "É sempre assim"; "É sempre igual"...

E na manhã do dia seguinte o drama recomeça.

Casamento é assim, minha filha. Aguente.

Como sempre, você decide: vai para a frente ou vai para trás?

Se ainda são namorados ou se você viajar, mais um perigo – ou uma felicidade – espreita: imaginar a alegria quando se encontrarem depois da viagem. Só podemos imaginar o que já vivemos, isto é, só podemos imaginar o passado. Essa expectativa – tão frequente e, por que não dizê-lo, tão agradável (a tal ansiedade boa) – pode levar a um mau fim. Ela pode não te receber como você imaginou – primeira desilusão. Ela pode estar até melhor do que você imaginou, mas como sua expectativa limita e dirige sua percepção, você talvez não perceba o melhor que ela está lhe oferecendo por ser diferente do que você estava esperando... Triste, não é?

Esse é o pior inimigo do presente, pois expectativas nos põem no futuro – elas também me tiram do aqui/agora. Logo adiante damos um remédio simples e eficaz contra esse mal.

Vou contar uma história pessoal para ilustrar o ponto. Quando meu primeiro filho tinha 2 anos, veio surgindo em minha mente uma ideia nada simpática. Era necessário que eu o matasse. Não era uma compulsão cega nem me assustou tanto quanto assustaria outras pessoas, dada a minha familiaridade com símbolos e com a força/valor das imagens espontâneas (graças a mestre Jung e à minha fantasia exuberante). Mas era penosa e persistente. Dei voltas e mais voltas para compreendê-la, mas quando a imagem interior é persistente, é melhor realizá-la – até onde possível – do que tentar compreendê-la ou "analisá-la". Pouco a pouco – ao longo de várias semanas –, fui me familiarizando com a ideia. Lembrei-me da Bíblia e do estranho pedido/ordem de Jeová a Abrão, para que imolasse seu filho Isaac à sua glória como prova de obediência! Note-se, incidentalmente: é sempre o filho o sacrificado... Enfim, após um bom tempo de preparação, eu matei meu filho! A cena era imaginária, mas o sentimento, bem forte. Passaram-se mais alguns dias e aos poucos a "interpretação" da fantasia foi-se fazendo clara. Dizia, ou mostrava: seu filho já é outro, bem diferente de quando tinha 6 meses, 1 ano e mais. Crianças mudam quase diariamente, e meu mestre interior concluía: "E você continua a gostar dele como se ainda tivesse 6 meses. Mude seu amor, porque seu amor mudou".

Vingança e justiça

A traída: "Ele não fez? Então vou fazer também". Ouvi essa frase muitas vezes no passado, no consultório. Achava-a meio engraçada, mas nem sabia qual era a graça. Um dia a luz se fez e me vi dizendo para uma cliente: "Será que você não tem motivo melhor para se encontrar ou sair com alguém? Será que fazendo por vingança vai ter alguma graça?" Poderia ter continuado, envenenando um quase nada a situação: "Ou você já faz tempo que tem vontade, mas faz de conta que não? É vingança ou é pretexto? Se for o caso, escolha melhor a pessoa e as circunstâncias, para que seja bom mesmo".

Falando agora sobre o mesmo assunto com meu amigo leitor: se você for apanhado com a boca na botija (assim se falava no meu tempo – sem alusões a sexo oral...), primeiro ouça até a tempestade abrandar (até a adrenalina ser neutralizada), e quando ela se mostrar mais calma, meio sentida e ainda olhando para você com um misto de condenação e mágoa, aí você entra: "Olha, meu bem, eu fiz e está feito. Mas em primeiro lugar, não sei se você já não fez também, e, se não fez, não me diga que nunca lhe passou pela cabeça. Não me venha com essa de 'nunca pensei que isso pudesse acontecer – e logo com aquela lá! Não sei o que você viu nela...' Vamos nos fraternizar na 'culpa' em vez de nos agredir por ter feito o que mais da metade dos casais fez ou faz – e a outra metade morre de vontade de fazer... Se fosse raro, não haveria tanta condenação, tão drástica, de tantas pessoas, das leis, dos preconceitos".

O que é tão perigoso e não tem graça ninguém faz.

Chego a dizer: se não fosse tão importante, ninguém faria.

Ninguém está a fim de comprometer tanto por tão pouco... Melhor começar a pensar que talvez não seja tão pouco.

Mas vamos falar de outra vingança, mais divertida, mais inocente e mais produtiva. Se você, lendo este livro, se dispuser ao principal – a não repetir a mesma briga –, faça um treino para ficar de bico calado quando ela começar as provocações de sempre. Olhe para ela enquanto ela fala, com um olhar de certa curiosidade, como se o que ela está dizendo fosse novidade para você. Mas fique de bico calado e comece a gozar da atrapalhação dela – que não vai saber nem o que está acontecendo nem o que fazer diante de sua atitude "tão esquisita". Mas esteja alerta: ela pode ficar tão atrapalhada com sua falta de resposta que pode até partir para cima de você

A teoria é essa: *"Quando alguém sai do papel, cai em si".*

O segundo melhor modo de fazê-la sair do papel é imitá-la.

O primeiro? Esse é de origem psicanalítica, reeditando o Zen: não dê a resposta de sempre, não dê o gancho ou a deixa para a encenação continuar, não dê, em suma, a resposta esperada.

Entende? Sua não resposta quebra a cena, isto é, obriga-a a sair do papel já representado mil vezes. Sem a deixa de sua indignação, ela se sente como um ator que, no meio da peça, tem um "branco".

Delícia de vingança!

Mas use bem a coisa. Se você já é meio de falar pouco, aí a vingança consiste em começar a falar... Se possível, entusiástica e enfaticamente! Ela vai cair da cadeira – e logo depois pode ser que os dois comecem a rir, e o riso, nessas circunstâncias, é um ótimo começo de negociação.

Negociações

Em que consistirão as negociações? Nessa área é difícil opinar ou sugerir. A situação atual de cada casal, a história do casamento e o temperamento dos dois envolvem tantas variáveis que as generalizações se tornam difíceis – ou inúteis.

Já vimos a inutilidade das listas de exigências ou expectativas de um e de outro.

Nas boas brigas mais se definem distâncias do que aproximações.

Pessoas de famílias que permanecem *muito* unidas, todos sempre juntos, se tornam bastante incapazes de se relacionar com outras pessoas, ou com pessoas diferentes de papai, mamãe e irmãos.

Um dos grandes males da família é bem esse – para alegria dos terapeutas, cuja maior tarefa consiste em afrouxar laços familiares demasiado apertados.

O contato precário ou superficial com outras pessoas é o maior obstáculo ao cultivo da afetividade; para esse cultivo, certo número e variedade de contatos com pessoas diferentes é essencial.

Portanto: tanto entre pais e filhos quanto entre casais, melhor ir estabelecendo distâncias com aceitação mútua, do que forçar ou exigir a presença e a atenção constantes. Estas tendem a gerar tédio ou, como vimos, a produzir brigas para arejar e reavivar o clima.

Melhor raiva viva do que amor morto!

Mas aqui lutamos com um preconceito forte – esse do sempre juntos. Comecemos do começo, imaginando um casal e três filhos.

Quando estarão *os cinco* igualmente interessados *na mesma* tarefa, passeio ou diversão?

Quem pode, tem em casa quatro aparelhos de som e quatro televisores, não é?

Se vou de má vontade – você sabe – faço aquela cara e posso estragar o passeio de todos, não é?

Ao contrário: se cada um fez o que lhe agradava e esteve com quem queria, na volta está disposto a ver os familiares com bons olhos – até com um pouco de saudade! Ninguém prendeu nem obrigou ninguém, e, mais satisfeitos, podem todos se encontrar numa boa.

Sim, o amor é fundamental, mas não está presente o dia todo. Além disso, temos todos vários interesses, além dos amorosos. Desenvolver-se como pessoa é tão importante quanto desenvolver-se junto com o outro; ou amar a si mesmo é tão bom e tão necessário quanto amar o próximo.

Enfim, encontrar-se com ela quando se tem vontade é ótimo; já estar junto sem estar, aí é... nem estar aí – nem junto! Familiaridade vazia, obrigação de estar junto – nada bom. Clima por demais propício a rusgas e rabugices, a brigas que nem são brigas – mas hábito, costume, até passatempo.

De outra parte, quando o clima está ótimo, aproveite e fique com ela tanto quanto ele persistir – podem ser minutos, horas ou dias, dificilmente mais.

Lembre: é grande a diferença entre as pessoas na capacidade ou competência de estar sozinho e na necessidade de estar acompanhado ou sentir-se junto de alguém; essas diferenças têm de ser respeitadas, é claro.

Muita atenção a esse ponto: difícil saber o quanto é nosso na vontade de estar junto ou separado, e quanto é preconceito grandíssimo o já lembrado e sempre falado – a família que permanece unida.

Último lado dessa questão: o mundo de hoje oferece muito mais diversões, tarefas e interesses para qualquer idade, do que qualquer outra época histórica, e essa oferta não pode deixar de influir no tempo de estar junto.

Encerro com uma frase sábia e inesperada: *em amor, perceber quando é hora de se separar é o mais difícil e o mais importante.* O conselho vale para todos os encontros, longos ou curtos, legalizados ou não, combinados ou ocasionais.

A razão pela qual quase ninguém consegue fazer assim – até a nem acreditar que seja bom – é óbvia: a noção idealizada de casamento perturba todos os sentimentos, no pressuposto de eternidade do amor, 24 horas por dia, até o fim da vida. E com direito a cobranças – elas também... eternas.

Sabe de mais uma ótima razão para fazer de conta que o amor – ou qualquer outro sentimento ou estado – pode e até deve durar "para sempre"?

É porque aí e assim não preciso mais pensar ou me incomodar com o assunto – tudo vai acontecer "sozinho!" – para sempre. Virei relógio! Inconsciência garantida.

"Já fiz o que era necessário, agora não preciso mais me preocupar com o assunto." Essa inconsciência ainda não chegou aos livros de Psicologia nem Freud pensou nela, mas está mais do que implícita na noção de transferência.

"Você não está mais interessado em mim", dito com mágoa – ou raiva!

Triste declaração, mas tão comum! "Mas você precisa me ouvir. Você não é meu marido?" O implícito preconceituoso é esse: um marido está sempre interessado em tudo que acontece com sua mulher ou no que ela queira dizer.

Nossa atenção espontânea (nosso interesse) é nosso broto terminal – sabe o que é isso? Broto terminal é a pontinha de um galho; ali as células se mantêm permanentemente embrionárias, multiplicando-se; é por aí que as árvores e todos os seus galhos vão crescendo. Nossa atenção espontânea – aquilo a que estamos prestando atenção a cada momento – é aí, é só aí que estamos crescendo naquele momento! Perdida a novidade de cada hora, só podemos cair na monotonia do já sabido e do sempre igual.

Quando uma esposa diz "Você não se interessa por mim", ou se magoa pensando "Acho que ele não está mais interessado em mim", qual o melhor curso de ação a seguir? O ideal é começar a pensar "Se é importante para mim, vou procurar quem se interesse". Mas via de regra ela fica dizendo para si mesma, para as amigas e para a mãe: "A senhora não acha que ele *devia* se interessar por mim?" Fica dizendo, dizendo, dizendo...

Sou um cínico – outra vez, não é? E ficar dizendo como uma gagueira mental "Ele devia", "Ele devia", "Ele devia" é saudável, natural e resolve, não é?

Pensam muitos – mais homens do que mulheres: ter alguém interessado na gente é gostoso, mas nem tanto; afinal um adulto pode passar sem essas coisas se tiver autoestima permanente (discurso padrão). Mas, se um dia ninguém o olhar, você vai se sentir muito mal. O interesse de outra pessoa – ser foco de atenção de alguém – é essencial para o desenvolvimento. Sem essa atenção não se pode falar em interação, e sem interação não há desenvolvimento.

As chaves de qualquer educação (educar = conduzir) familiar, escolar, amorosa ou outra são duas:

Imitação e atenção individualizada.

Faça como eu faço (para me compreender!), e eu depois fico olhando – atento!

Realidade e desenvolvimento são uma coisa só quando estamos no aqui-agora.

Mais explicitamente: quando estamos interessados no presente e, quando for o caso, na pessoa. Excluídas essas duas condições, nada está acontecendo nem pode acontecer – nenhuma transformação.

Mas não podemos dirigir nossa atenção à vontade. "Concentrar-se" – a chave da meditação e de toda tarefa difícil – é "prestar atenção" de um modo estável. Mas isso se aprende na Índia, no curso superior de desenvolvimento espiritual, ou seja: é difícil.

Por que somos pagos pelo nosso trabalho? Porque "prestamos atenção" ao que interessa ao outro ou à outra, e durante esse tempo não podemos prestar atenção em nós mesmos e em nossos pensamentos. "Saímos de nós." Ou, de mais um modo:

Quando estou prestando atenção no outro, na outra, estou fazendo que ele se torne meu aqui/agora; estou "dando" a ela meu aqui/agora – minha única riqueza demonstrável.

Aqui também o costume social perverte todas as coisas. Nosso "bate-papo" e nossas "abobrinhas" são a grave – e mais frequente –

ocupação de nosso cérebro fantástico. Para inúmeras pessoas isso é "natural" e nem de longe se dão conta do que estão perdendo, dissipando-se diariamente, horas sem fim, em 1.001 tolices superficiais.

É tão marcada e aprovada essa dissipação que podemos imaginar algo "atrás disso", como reza a frase popular (seguindo, sem saber, uma noção favorita da Psicanálise). O motivo de viver tão superficialmente é não pensar em nada de sério, importante, assustador ou significativo; qualquer tema dessa ordem impõe ou pressupõe decisões, e o que as pessoas mais temem é decidir – comprometer-se, empenhar-se.

E podem crer: dentre essas preocupações difíceis e penosas, as que se referem à família são as mais numerosas e comuns. Em relação a elas é difícil pensar com clareza e decidir com firmeza. É preciso carregar o andor e o estandarte da Família Perfeita, mesmo que ele nos custe a vida – do corpo e do espírito.

Por isso as pessoas vivem dizendo e pensando abobrinhas e vendo TV para *não* pensar em problemas insolúveis – os mais íntimos e doloridos.

Por que, na mesma linha, assistimos a tantos noticiários, o dia todo, quase sempre de coisas feias? Para que, muito preocupado com o mundo, eu possa me despreocupar de meus problemas sentimentais, de regra bem sofridos e – dentro das regras do preconceito – quase sempre insolúveis.

Mas é hora de passarmos do negativo para o positivo.

CULTIVANDO UM RELACIONAMENTO

Para preservar e cultivar um relacionamento é preciso respeitar bastante a vontade íntima ou aprender a ouvir bem o coração; e saber com clareza quando está bem e quando não está, quando desejo de fato estar com ela ou se é hábito, se quero vê-la, se quero estar em outro lugar, com outras pessoas ou se prefiro ficar comigo. Ver-se em momentos inexpressivos, porque foi combinado, é péssimo. Leva muitas e muitas vezes a brigas que estão "dizendo": "Vá embora", "Fique longe", "Agora não é hora de estar junto",

"Agora não é hora de estar aqui!" Quase sempre essa briga começa quando um ou outro boceja, fala distraidamente, se mostra claramente desinteressado, longe. E quem ouve também!
É um bom momento – para quem esteja percebendo – de dizer: "Acho que é hora de você ir andando..."

"Agora não estou amando você..."

Melhor ainda usar, durante um tempo, o que fizemos eu e Raquel. Convictos de que, mesmo amando muito uma pessoa, não a amamos muito as 24 horas do dia, e receando os efeitos negativos de um encontro chocho, combinamos: cada vez que nos encontrarmos, vamos nos olhar bem no rosto, perceber o que estamos sentindo naquele momento e nos dizer "Agora estou amando você", "Agora quero ficar junto de você" – *ou não*...

Não precisou se fazer rotina. Após alguns encontros bem percebidos, ficou o hábito, este sim, de olhar atentamente para o outro sempre que nos encontrávamos. Não era mais preciso falar.

Mas deduzo daí uma sugestão valiosa: sempre que você vai se encontrar com ela – namorada ou esposa – uns instantes antes, perceba sua atitude, seu jeito; verifique o que você estava pensando ou se estava preocupado. "Arrume-se" por dentro. Chegue até o aqui/agora. Para tanto bastam poucos instantes, e com isso você evitará muitos dos dissabores nascidos de um olhar distante ou depreciativo, de um tom de voz autoritário, de um gesto descuidado ou impaciente. Esses costumam ser os fósforos (veja logo a seguir) das explosões – e quase nunca se percebe quem os acendeu...

Veja o oposto, como exemplo. Você entra em casa com a cara do trânsito e ela o olha com a cara do sermão feito há pouco para aquela diabinha de 8 anos... Já viu, não é?

A fogueira

Há muito tempo me ocorreu uma sábia frase com sabor chinês: o melhor modo de evitar incêndios é ir apagando todos os fósforos acesos. O conselho é melhor do que parece (!). Grandes brigas significam grandes distâncias entre os dois, diferenças graúdas ou ofensas graves, às quais só se chega pouco a pouco – deixando que se acumulem inúmeros fósforos acesos, porque homem é assim, porque uma boa esposa não reclama demais, porque ele não assume preocupações com os filhos, porque ele não tem ambição, porque ela é tagarela demais, porque ela é desordeira, porque ele é mulherengo, porque ela é perdulária, porque ele está preso na saia da mãe... Mas a gente deixa passar; afinal, a paz é por demais valiosa para ser perturbada à toa. Aos poucos ele vai mudar, aos poucos ela vai compreender, estamos casados há pouco tempo, já me haviam dito que ele era assim, então aguenta, e aguenta e aguenta – até explodir. Essa é a briga mais inútil de todas – aquela na qual as queixas, invectivas, protestos e acusações são numerosos demais, tornando impossível qualquer negociação ou contrato.

Em paralelo com o "Estou amando você – ou não", seria bem bom acostumar-se, nas horas certas, a perguntar: "Essa cara – esse tom de voz – é comigo?" Muitas vezes, não é. Esse é um fósforo bem comum – uma cara que não era comigo, um tom de voz que era para seu funcionário, ou seu patrão, contra o qual você vinha maquinando no ônibus...

Quem começou? Quando começou?

O começo de uma briga de casal é um mistério bem parecido com o de se saber como começou uma briga entre irmãos! Uma coisa é clara: os motivos alegados – sempre verdadeiros mas parciais – são uma pequena parte das diferenças determinantes da briga, algumas das quais vinham se acumulando há dias, meses, até anos!

Também o momento da briga é um conjunto sobre o qual se cruzam bem mais motivos do que os alegados, situando-se muitos deles além dos que as pessoas envolvidas conseguem perceber ou lembrar.

Eu-e-você – ou eu, você e mais gente

Vamos saber mais como preservar o amor. Procure desde o começo separar bem, quando for sair – com certos jeitos e caras –, os momentos eu-e-você dos momentos nos quais estamos preocupados, quando há outras pessoas, amigos, filhos. Vale para namorados e mais ainda para mulher e marido. O conselho é curto, mas muito importante.

É como se fosse a preservação do casulo do encantamento, lembra-se? Mesmo convicto de que a opinião dos outros não tem nenhuma influência sobre você (esse preconceito é de alto nível!), quando em presença de outros ou em público você muda de jeito – e bastante –, bem mais do que estaria disposto a reconhecer. Essa mudança de clima – de particular para coletivo – pode embaraçar o relacionamento. Em público, não somos os mesmos eu e você: somos *outros* dois...

Amor e poder

Quando estamos amando uma pessoa, ela tem muito poder sobre nós, sentimo-nos dispostos a satisfazê-la em tudo, até a seguir seus menores caprichos para vê-la feliz. O amor nos torna, inclusive, bastante generosos, desprendidos, cooperativos.

E tudo isso seria ótimo – não fosse o veneno do poder.

Se alguém se põe assim diante de nós, quase escravo voluntário, é preciso uma educação pessoal superlativa para não abusar dessa posição, para não usar o amor para explorar, impor convicções, exigir coisas descabidas.

Em nosso mundo, viciado pelo poder, esses abusos são tidos até, por muitos, como legítimos! "Ele não a ama? Não faz tudo que você quer? Então aproveite, sua boba!"

O temor da legítima diante da outra tem demais que ver com isso. Nessas horas, o tema dinheiro/sobrevivência atinge níveis críticos. "E se ele der ou deixar isso e mais aquilo para ela? E se ele deixar tudo para ela?" (Hoje não pode mais. A lei não permite.)

Essa é também a hora das reações agudas de amor-próprio ferido, de ciúme, de orgulho – da pessoa dominada. Guerras doloridas se sucedem, com grandes encontros e grandes agressões. Talvez a isso o povo chame paixão – palavra que não sei usar, não faz parte de meu vocabulário pessoal.

Bom humor – ótima técnica

Há um fator genérico poderoso atuando na direção de piorar todas as brigas de casal. É a tal de seriedade e respeitabilidade manifestadas por todos os alienados, atitudes destinadas a fazer respeitar o que não é respeitável e a levar a sério o que não é sério! Da seriedade para o drama e até a tragédia é um passo – curto. As falas adquirem um ar de pronunciamento do senhor presidente, ou do sumo sacerdote, tornando difícil ou impossível qualquer contestação. A pose tem exatamente essa intenção – fazer respeitar minha opinião como se ela fosse a última palavra sobre qualquer assunto!

Quanto mais solene a pose, menor a competência. Nesse sentido o bom humor pode ser a salvação, mas não é uma salvação bem vista pela maioria. Ridículo – risível – é um dos pavores maiores do alienado, indicador de que ele deve estar agindo contra os sagrados princípios de nossa submissão coletiva à submissão coletiva...

Conseguir rir de si mesmo, de nossas tolices nem tão eventuais, de nossos caprichos nada sérios, de nossas convicções bem pouco firmes é uma suprema virtude. Na verdade, condição para qualquer revisão eficaz de nossos comportamentos ou ideias. O riso, melhor do que qualquer outro argumento, nega a eternidade e o absoluto de nossos valores eternos e absolutos, de nossos altos ideais, nossa frequentes cismas e manias, nossas rotinas e inconsciência. O riso diz: não se impressione tanto, não é tão sério assim, é até engraçado.

Note: trata-se de rir de situações e exigências (de um e da outra), rir até de si mesmo e dela, mas o riso da criança que acha tudo engraçado – principalmente os costumes "sérios" dos adultos – e não o riso maldoso do desprezo e da ridicularização do outro. Não estou falando do desprezo, que é sério; estou falando da alegria do palhaço, sempre presente ao lado do cidadão sério e respeitável. Falo da eterna criança que existe em nós – até no sumo sacerdote! Falo do bobo da corte, capaz de ver o engraçado da encenação social, dos discursos solenes, das grandes poses e dos trajes exóticos.

Arremedando o outro (o espelho)

A imitação de jeitos, trejeitos e maneiras é absolutamente mortal – para os jeitos, trejeitos e maneiras. Os psicodramatistas consideram "o espelho" – a imitação do outro – uma técnica poderosa mas perigosa, justamente devido à seriedade exigida e suposta em todas as interações sociais. Vá você imitar, durante a grande solenidade, os modos do sumo sacerdote ou do poderoso general! Em certas circunstâncias, isso poderia lhe custar a vida! É como se você mostrasse para o outro um videoteipe dele mesmo, mas visto por fora, isto é, visto por *todos*!

É por isso que nosso maior crime pedagógico é matar pouco a pouco a alegria e o riso fácil da criança. "Pare de rir. Você parece bobo!" "Muito riso, pouco siso" é clássico; no entanto, a associação entre bom humor e inteligência ou criatividade é notória. Por isso mesmo condenamos o riso – ele nos leva a repensar ou a ver sob outro ângulo o quanto nosso comportamento social é rígido, cego – e ridículo.

Não preciso dizer: justamente por ser muito poderoso, o bom humor precisa ser bem dosado, ou produzirá o efeito contrário – ela ficará mais emburrada ainda!

Mágoa, rancor e emburramento

Esses são tristes, não é?

Mas inevitáveis. Machucam sempre e incomodam sempre, mas com um pouco de compreensão podem se fazer mais suportáveis – e durar menos.

Antes de mais nada, quando emburrados, estamos sentindo coisas bem ruins e *não sabemos* como nos livrar delas. Ela pode achar que você emburrou – ou continua emburrado – porque *você quer*, para incomodá-la, para fazê-la sentir-se culpada e mais.

Vamos declarar com todas as letras: o emburramento é tão incômodo que ninguém o alimenta por querer, ninguém, em sã consciência, deseja permanecer emburrado. Certo?

O tratamento universal para o emburramento é a acolhida carinhosa – sem palavras, sem dar nem pedir explicações.

Estas poderão vir depois.

O rancor é uma mistura de mágoa e raiva, a mágoa puxando para o choro e a raiva puxando para a briga; ele surge, portanto, quando nem brigamos nem choramos. O rancor está próximo do emburramento, mas este já vem se inclinando para a mágoa – quando a raiva vai se abrandando. Se a raiva se intensifica com atritos frequentes e a crescente sensação de "Não tem remédio mesmo", chegamos ao ódio matrimonial, já comentado.

A mágoa merece exame especial. Mágoa é a sensação de coração ferido, bem diferente de amor-próprio ferido. Este se liga ao orgulho e tende a distanciar as pessoas. A mágoa, não; dói porque ainda estamos amando. A reação melhor quando estamos magoados é o choro, ou simplesmente sentir a mágoa, sem explicações, sem acusações, sem ressentimentos. Fomos todos bastante feridos em nossa vida, e nosso coração aprendeu a assimilar a mágoa – e a cicatrizá-la com certa facilidade. Mas, para cicatrizar, a ferida precisa estar limpa – ser apenas tristeza e mais nada. Se ainda sobra raiva, a cicatrização demora mais e a cicatriz não fica tão boa, podendo reabrir com facilidade, ou, se você foi ferido muitas vezes e a ferida está mal cicatrizada, o coração pode se cansar de viver – e você tem um enfarte!

Segundo os que acreditam saber das coisas do coração (os cardiologistas), a situação que mais predispõe a enfartes do miocárdio são as perdas amorosas. Cuidado, pois, muito cuidado com seu o orgulho, levando a distanciamentos de amor-próprio ferido que nada têm que ver com amor por si mesmo.

O amor-próprio tem muito mais que ver com o tal ego, é mais social e tantas vezes é cobrado do namorado que "tenha orgulho" e não volte, que não se humilhe nem se rebaixe pedindo arrego. Peça arrego fácil e, se as coisas ficarem difíceis, brigue outra vez – mas volte, sempre que restar vontade de voltar, desejo de revê-la, saudade forte.

Como as mulheres, por tradição (masculina, note-se!), são fracas, elas podem chorar – e com isso se salvam. O homem, preconceituosamente mais duro, não chora, você sabe. E paga caro por isso. O coração fica apertado muito tempo e aos poucos pode se petrificar (o antigo "coração empedernido").

É hora de falar um pouco mais do coração, tido pelos médicos como um músculo oco e pouco mais. Mas, se estivermos atentos a ele, sentiremos, conforme as circunstâncias, sensações variadas, cada qual com seu significado afetivo, ligada ao momento e à situação. Como para nós – nove em cada dez pessoas – sensação cardíaca significa ameaça de enfarte, logo que sentimos qualquer coisa nele, corremos para fazer um eletrocardiograma – e ouvimos do facultativo: "Não se impressione, é apenas emocional. O senhor não tem nada no coração". Mais da metade das consultas a cardiologistas são distúrbios funcionais (emocionais).

O coração é o primeiro e o mais sensível indicador de emoção nascente – ou crescente.

Um dia senti/descobri que o coração é o lugar da fé e da esperança. O coração continua pulsando na alegria e na tristeza, nas horas fáceis e difíceis, quando ricos e quando pobres e, se você conseguir manter contato com ele, essa fé será sua. O coração não desiste nem desanima. Mesmo quando você está desanimado, ele continua pulsando – esperando – sempre!

É péssima a nossa educação masculina. Como homem não chora, tampouco se enternece, não fraqueja nem desanima, não pede perdão nem sente medo, não reconhece erro, é duro e insensível.

Todas essas são as qualidades desejáveis no caçador – quando ele está caçando.

Mas só aí e só então.

Por isso você mais briga com ela do que se entrega a ela – e não sabe o que e quanto perde com isso.

Junto com o emburramento temos "aqueles dias" nos quais nada dá certo; ou brigamos contra o mundo, ou nos recolhemos em nossa concha. Homens, mulheres e crianças vivem dias assim, nos quais o ideal seria ter alguma paciência consigo mesmo, em vez de chutar a própria sombra ou lamentar-se da injustiça do mundo (que é real, porém). A mesma paciência seria utilíssima quando ela estiver assim.

Tendemos demais a negar esses estados em nós, por serem humilhantes, por não adiantar nada ter força de vontade nem interpretações sábias, por serem "infantis"; por tudo isso, inventamos mil explicações e justificativas. São horas de depressão – não necessariamente doença. Bom seria aproveitá-las para ver e sentir tristeza pelas muitas desgraças reais e dolorosas, presentes na vida de qualquer um e ligadas a grave injustiças sociais.

ENVOLVÊNCIA, CARÍCIAS, CARINHO

Esses são os meios profiláticos – preventivos – capazes de abrandar as brigas, favorecer entendimentos, facilitar negociações.

Comecemos com a neurofisiologia – do prazer!

Em um lugar do sistema límbico – uma região do sistema nervoso central – situa-se um "centro de prazer". Se implantarmos, em ratos, eletrodos cuja ponta se situa nesse centro, eles começam a manifestar reações surpreendentes. Posto em uma gaiola com um pedal cujo acionamento produz uma excitação elétrica na ponta do eletrodo, o rato na primeira vez toca o pedal por acaso, mas imediatamente depois fica preso a ele muito mais do que um drogado à sua droga. Ele pode pressionar a alavanca mais de 2 mil vezes em uma hora! Se deixamos o rato faminto e depois o conduzimos à gaiola com comida à vontade, ele ignora o alimento e vai direto para o pedal! Se levamos o rato para a gaiola onde há o tal pedal e uma fêmea no cio, é um vexame para a fêmea. O rato a ignora de todo – sempre fascinado pelo pedal!

Esse centro já foi estimulado em seres humanos durante intervenções neurocirúrgicas, e os pacientes declaram sentir um prazer misto de *doçura e orgasmo*.

Bem próximo ao centro de prazer está uma região que, estimulada, provoca o aparecimento de todos os sinais da raiva.

Primeiro bom sinal: se, em um animal enraivecido, for excitado o centro de prazer, ele se acalma imediatamente!

Segundo bom sinal: as regiões correspondentes aos centros de prazer vêm se desenvolvendo cada vez mais nos antropoides, mais ainda nos homens primitivos; em nós, essa região se mostra desenvolvida ao máximo. Ao mesmo tempo, os centros da raiva estão diminuindo!

O prazer pode nos salvar!
Agora, biologia – vamos descrever uma experiência famosa, já antiga (década de 1960), mundialmente comentada. Foram criados chimpanzés recém-nascidos em gaiolas sem as mães. Nas gaiolas havia duas "representantes" maternas, distantes meio metro, uma com duas mamadeiras imitando tetas e a outra sem tetas mas envolvida em um tecido espesso e macio. O tempo foi medido com precisão e demonstrou-se: os macaquinhos ficavam 99% do tempo com a mãe do tecido e apenas 1% do tempo mamando na outra. São 15 minutos de alimentação para 23 horas e 45 minutos de aconchego.

Conclusão óbvia do experimentador: para filhotes de chimpanzés, acolhida, calor e carinho são de longe mais importantes do que a comida! Claro: a comida deve ser suficiente – apenas isso; o aconchego é fundamental e a alimentação, episódica.

E agora mais uma crítica feroz à família, na qual se produz, se propaga e eterniza uma de nossas desgraças fundamentais: a confusão entre carinho/carícias e relações sexuais – *dois instintos* perfeitamente bem definidos, ambos importantes, mas semelhantes ao caso da comida dos chimpanzés: por mais sexual que você seja, jamais poderá ficar, todos os dias, várias horas, fazendo sexo. Mas você poderá ficar horas fazendo carícias, não é?

Como a família entra nessa? Até os 3, 4 ou 5 anos, permite-se dar carinho às crianças, aconchego, colo. Mas, daí para cima, aumentam as prevenções contra os "prazeres da carne". "Não acaricie demais a criança, principalmente se ela for menina, porque senão, quando ela crescer, o que poderá acontecer, meu Deus!" Entendeu?

Desde cedo demais se força a aproximação, até a confusão, entre carícia e sexo. A maioria dos homens começa a acariciar para transar – macho é assim! E elas ficam taradas, aliás, frustradas – mas *contra* você. Culturalmente, aceita-se que as mulheres sintam mais prazer em carícias do que os homens, e isso constitui um fosso grande entre os dois, levando a desentendimentos tão profundos quanto silenciosos, pois nessas coisas de sexo os casais pouco ou nada se falam explicitamente.

Nessa área, a mulher está cheia de inibições e o homem, de preconceitos.

Falemos de Freud e de sua mais do que discutida "fase de latência", que ocorre dos 6-7 anos até os 10-11. É latência sexual ou é falta total de estímulo erótico ou amoroso, falta de contato de pele e carícias? Nessa idade, a mim parece evidente o retraimento dos garotos – tanto meninos quanto meninas. Eles perdem a graça, ficam meio chatos e entediados, meio "neutros". É biologia ou é distância corporal?

Com a "ameaça" de sexo, as pessoas se mantêm absurdamente distantes. Quanto mais rico um povo, maior a distância física entre as pessoas.

No entanto, sem contato corporal não sei se pode haver alguma intimidade afetiva, nem a sensação de segurança que se sente quando abraçado à pessoa querida. A única segurança verdadeira – a que *se sente* – fica assim impossível.

Portanto, se você quer vê-la feliz e sentir felicidade "animal" ou "infantil" em você (as únicas autênticas e profundas), dedique-se a descobrir a sensibilidade praticamente infinita de que dispomos tanto nas sensações quanto nos movimentos. É a dança de Shiva – para daqui a pouco.

Nosso corpo é o maior *playground* do universo conhecido e dele você só aproveita o carrossel ou a montanha-russa – mais nada.

Que tristeza!

Quando estamos encantados e envolvidos, qualquer agrado, contato, carícia, olhar e até qualquer palavra se tornam prazenteiras e intensificam a sensação de felicidade. Quando estamos amando, parecemos bobos ou crianças – e é verdade. Mas prefiro ser um bobo feliz a ser um inteligente ou um independente no deserto de meu isolamento, de minha indiferença – ou de minhas inibições.

Quando deveras encantados, sentimo-nos como adolescentes, profundos, corajosos, idealistas; as sensações mostram-se, então, iguais às de uma criança – vivas, inocentes, alegres. Temos a felicidade nas mãos!

O GESTO É A FORMA E O VEÍCULO DA COMUNICAÇÃO SENSUAL E AFETIVA

Enfim, o mais importante: sem diversificar gestos de contato e de carícia, não conseguiremos comunicar sentimentos, ou a comunicação de afetos será pobre e monótona, tendendo a cair – como sempre – em gestos automáticos, sem sentido.

Reparou nas representações de deuses hindus com tantos braços e, na mão de cada braço, um objeto diferente? Essas figuras estão dizendo: cada gesto, por menor que seja, tem um sentido próprio, e se formos criando gestos, criaremos mil significados e emoções.

Agora podemos avançar mais um pouco nas técnicas que facilitam o entendimento e a troca afetiva entre as pessoas.

Não sei como ampliar esse tema: é o mais importante do livro.

Esqueça-se do espaço limitado a ele dedicado e releia com vagar o que aí está.

É a melhor de todas as sugestões destinadas a tornar a criação contínua sinônimo de felicidade sempre variada, nova, surpreendente: criação de novos significados, novas sensações e novas emoções.

É só ir inventando novas formas de contato – novos movimentos –, novas carícias.

O que mais se há de querer?

TROCA DE PAPÉIS

Essa é ótima, mas também difícil. Ver e sentir como o outro está vendo e sentindo já envolve uma ligação amorosa forte, mas sua continuação é a estrada real para o desenvolvimento dos dois.

Voltam os movimentos e as expressões não verbais. Você pode sentir o que ela está sentindo se a imitar de propósito, o melhor possível; nem sempre é fácil ou possível. Mas desde já lhe digo: se você não conseguir imitá-la, dificilmente a compreenderá! Usaremos esse princípio de vários modos.

A troca de papéis exige exatamente essa imitação física – ou a compreensão psicológica será limitada.

Para facilitar o processo, proponho a vocês dois, inicialmente, uma técnica bonita, curiosa, gostosa e original, bem fundamentada em tudo que sei sobre nossos movimentos e atitudes. (Falei demais dessas coisas principalmente ao comentar as palavras, você se lembra?)

A FASE AGITADA

Primeira etapa ou primeiro grau: é preciso deixar passar a fase adrenalínica da briga, a fase quente e irracional. Para tanto, melhor do que explodir em xingamentos, cobranças e ameaças, é quebrar pratos, socar ou chutar uma almofada, fazer vinte abdominais ou uma briga de almofadas. Um pouco mais civilizado seria uma briga física em câmera lenta, sendo proibidos os golpes súbitos e fortes. Essa proposta vale, é claro, quando os oponentes têm forças comparáveis e também é ótima para queimar a adrenalina.

Em suma: grandes movimentos durante cinco minutos ou pouco mais; é assim que se usa – e neutraliza – a força do ataque/fuga alimentada por ela. Ter alguns pratos baratos ao alcance é uma boa política, ainda que incomum. Importante, ainda, é a gritaria. Se você sabe como é a gritaria das crianças quando brincam ou quando ouvem o sinal de fim de aula; se, além disso, você lembra que nós nos defendíamos dos grandes felinos – nos velhos tempos da savana – fazendo o maior alarido possível, então compreenderá facilmente o valor do desabafo por meio dos gritos.

Veja: desabafar, aliviar o abafado, a pressão, percebe? Nada melhor do que gritos, não é? Infelizmente, os vizinhos não pensam assim. As pessoas preferem as não soluções habituais (o famoso "Aguente"), em vez dessas, mais inovadoras, meio engraçadas, meio loucas.

Mas aquelas – as consagradas – foram feitas para que nada mudasse, estamos cansados de saber. Então por que cair nas famosas frases "Já lhe falei mil vezes?" Será melhor usar essas soluções inusitadas, mas capazes de ajudar. De novo e sempre: o sério e o respeitável apenas eternizam tudo que já é tido – demais – como sério e respeitável!

Depois de ter conseguido certo grau de tranquilidade, é a hora da imitação. Ponha-se diante dela, olhando o tempo todo para seu rosto e para seus gestos e posições, após ter combinado assim: primeiro você fala durante quinze minutos e eu fico calado. Depois, se for o caso, falo eu e você escuta.

Se em vez de quinze minutos puder ser o tempo que ela quiser, tudo bem. Importante é você ficar calado, olhando.

Ao se impedir de responder durante um bom tempo, impede-se assim a luta corpo a corpo (mesmo que apenas mental), durante a qual o importante é machucar, e não se entender.

Mas é preciso impedir também o pensamento paralelo, sabe do que estou falando? Se a resposta é livre, enquanto ela fala você já está pensando nas respostas, em quanto é injusto o que ela está falando, como ela interpreta errado suas intenções, como é que ela pôde pensar assim – e o ímpeto de interromper e machucar de volta se intensifica.

Você sabe: estou dando regras práticas para que se possa estabelecer o famoso diálogo. Melhor quando ele começa assim, como estamos dizendo, como um... monólogo – ou um sermão – como aqueles que fazemos a nossos filhos ou alunos. Mas no caso presente trata-se de dois iguais – você e ela – e não de um superior e um inferior. A réplica é esperada – nem que seja no dia seguinte. O jogo é mais equilibrado.

O tempo longo aconselhado se destina a atenuar ao máximo as respostas subvocais que você daria caso o "diálogo" fosse livre (e nesse caso não seria diálogo, mas desabafo).

Ideal mesmo seria hoje ela falar e você escutar; amanhã você fala e ela escuta.

Usando essa técnica e os conhecimentos pouco divulgados sobre nossas expressões não verbais, vocês dois podem aperfeiçoá-la. Ela é das mais fundamentais para facilitar a troca ou esclarecer desentendimentos.

Lembre: estabelecer que nisso e naquilo nós discordamos explicitamente, ainda é um acordo, não é?

Essa técnica é ótima por ter consequências inesperadas. Quando, durante a guerra de sempre, os dois se esforçam para vencer o outro, mal ouvem o que é dito, e facilmente esquecem o que disseram – porque era feio, irracional e ridículo.

Você acha que não? Então use outra técnica complementar: por ocasião de uma briga, comecem ligando um gravador ou ligue você um, sem que ela saiba!

Quando começar a próxima, religue o gravador e convide-a para ouvir – juntos. Só assim vocês se persuadirão de como as brigas são repetitivas, sentidas no momento como tão novas! A emoção é nova – toda emoção é atual –, mas a dinâmica da interação é velha.

A técnica proposta evita essa repetição, cria novas situações, novos sentimentos e novas ligações!

Com o mesmo fim, você pode usar outra técnica. Supondo que você seja casado e com filhos, nomeie o mais velho ou o mais ajuizado como árbitro, com poder absoluto para dizer "Esta briga é velha" logo no começo do entrevero – e então parem, pelo amor de Deus. Enquanto o árbitro não apitar, sigam em frente – a briga é nova!

Ouvir bem o outro e entendê-lo inclusive em sua dança gestual tem consequências acentuadas no relacionamento, pois o que um disse para o outro calou no outro, calou fundo, pois ele não estava se defendendo. E aí, cuidado com o que você diz; pense bem antes de falar, porque – repetindo – ela vai não apenas ouvir, como também pensar, ponderar, sentir e, muito provavelmente, vai mudar.

Não sei se ela vai mudar do modo como você gostaria, mas vai mudar, não tenha dúvida. Você também mudará, é claro.

A mudança responde a duas influências:

➢ uma, a de ter ouvido bem;

➢ outra, a de ter pensado bem.

Certo de não ser interrompido, sem grande esforço você pensará bem, com calma, em vez de ir soltando atropeladamente tudo que lhe vem à cabeça, sendo grosso, injusto, exagerado – quase ridículo, não é?

Ouça a gravação da última briga...

Solução HIGH-TECH

Podemos aperfeiçoar mais ainda essa técnica usando gravação em vídeo, também com várias alternativas. Grave a imagem dela enquanto ela fala, e a sua, quando for a sua vez. Depois inverta a gravação: enquanto ela fala, grave sua própria imagem; e a dela, quando você estiver falando. Se estiverem de fato dispostos a se entender, vejam e comentem depois, os dois juntos, o que viram um no outro e em si mesmos.

Essa técnica é quase perfeita, mas, como tudo que é atuante, com riscos igualmente graves. Procedendo desse modo várias vezes, vocês dois se farão transparentes um para o outro, para o bem e para o mal!

Se você é perfeccionista, então alcance a altura máxima. Arranje dois equipamentos de filmagem e dois monitores. Com uma das câmeras, grave-a falando com você; com a outra, grave você mesmo – gravação simultânea e contínua de ambos. Depois – e aí a tecnologia é delicada e complicada –, reproduza as duas gravações, uma em cada monitor, mas tente bastante até conseguir perfeita *sincronização* das duas gravações.

Enfim, assistam juntos, às vezes ouvindo o áudio e outras vezes suprimindo-o – para ver apenas a dança.

Vejam também, em qualquer um desses casos, em câmera lenta e, em certos momentos estratégicos, quadro a quadro ou congelando a imagem. É sensacional ver o que aparece com esses artifícios. Aos poucos, os dois se convencerão – espero – de que é impossível mentir, como já concluíram muitos cientistas que estudaram as pessoas com o auxílio de vídeo.

Garanto que será sensacional, além de definitivamente *high--tech*.

Aprendendo a dançar com o outro

Mas podemos melhorar ainda mais essa troca de papéis. Parece mentira, não é? Mas é possível – e até agradável.

Até aqui aconselhamos técnicas destinadas a ampliar a captação *visual* do outro e de si mesmo, o que já é muito. Vamos avançar até conseguir compreender as *intenções* do outro – quando elas brotam! Parece muito? Então vamos lá; repito, é até agradável.

Escolha uma música de seu agrado; ela escolhe outra de que goste. Num primeiro momento, ouçam a sua música e dancem juntos, você levando e ela seguindo, como era o comum. Depois, toquem a música escolhida por ela e dancem juntos, com *ela levando* e você procurando segui-la o melhor que puder. Repitam esse exercício periodicamente. Ele pode ir ampliando demais o relacionamento e a compreensão recíproca.

Mas tudo tem seu avesso. Se for difícil para você ou para ela dançar, ou seguir a dança do outro, sinto muito, mas o entendimento entre vocês dois é limitado, e não sei se poderá ir muito longe! De qualquer modo, essa técnica pode afinar o entendimento até onde ele é possível, e também ir delimitando aos poucos as áreas onde esse entendimento não é possível – o que também é bom.

Seria ideal, diante dessas restrições, fazer a prova da dança dupla *antes* de casar...

Talvez tudo isso pareça a você mágica ou bobagem. Só posso responder assim: escolha, siga o tradicional e não saia da roda, ou tente a novidade e talvez ela seja um caminho de libertação e desenvolvimento.

Será que você ainda não desconfiou de nada? Para onde você acha que o estou levando? É isso mesmo, para...

BRIGA CONTRA A INVASÃO AMOROSA!

Aceitando-se que a troca amorosa tem que ver com uma contínua – e inconsciente – tendência à imitação de um pelo outro e vice-versa, então se torna fácil compreender que, mais cedo ou mais tarde, um se defenda da "invasão" que o "ameaça" – e que em conjunto ele deseja! A pior das ameaças – note: estou correndo o risco de me fazer outro, de me tornar ela...

Brigas intensas – "quentes" – ocorrem quando um imita demais o outro, ou quando a imitação de alguns passos e atitudes da dança não convém ao outro. Mal comparando, é como quando, ao dançar, pisamos no pé de nosso par. Como, até a briga, tudo era tão bom, queremos continuar assim indefinidamente, e fazemos o possível e o impossível para *não perceber as* diferenças, até vir a sofrer delas – ou com elas – sob a forma de constrangimentos interiores poderosos. Vêm do "íntimo", são deveras profundos e são "inexplicáveis"!

A "culpa" só pode ser dela – e de fato é! Bruxaria de mulher ou abuso do homem.

Acredito seja essa a causa primeira das piores brigas de casal – daquelas que *não são* repetitivas. Causa, também, de agressões cujo sentido último seria "Quero arrancar você de mim", "Quero me livrar de você".

"Metade de mim quereria ficar eternamente com ele e outra metade grita por ficar sozinha."

A DANÇA DE SHIVA

Em primeiro lugar, não pense que meus conhecimentos de hinduísmo são grandes. São poucos mas bem escolhidos; são poucos, mas pude, levando avante as sugestões de mestre Reich ("o incosciente está nos movimentos"), sincronizar conhecimentos orientais com técnicas e teoria ocidentais sobre psicologia e psicofisiologia dos movimentos e posições do corpo.

Depois, você já reparou nas divindades hindus, tantas delas representadas dançando? Lembre-se também das artes marciais – todas orientais –, da ioga e suas mil variações, do tai-chi, das danças da China, do Sião, de Bali, com seu cuidado obsessivo com as posições, seus movimentos lentos, bem apoiados e cuidadosamente executados, sua estranha atenção à forma e à posição de cada dedo e da mão inteira.

Parece evidente: os orientais se dedicaram, bem mais do que os ocidentais, a estudar e aproveitar movimentos – que nós chamamos meio depreciativamente de corporais – para facilitar, estimular ou produzir efeitos mentais, psicológicos, afetivos e intelectuais.

No século XX, nós também, aqui no Ocidente, começamos a compreender o valor da movimentação corporal não apenas para a saúde, mas também, e principalmente, para desenvolver aptidões e poderes "espirituais".

Enfim, contrastando tudo isso com nossa educação, torna-se imediatamente claro por que o movimento pode ser a libertação da criatividade. Dissemos tudo em pouquíssimas palavras – na verdade, em uma só:

NÃO – dito durante a "educação", na infância.

Dez mil vezes não – 100 mil vezes não – e transformamos uma criança viva e versátil em um autômato de baixo rendimento, bom para ocupar, sem protesto e até com certo orgulho, seu lugar na monotonia da linha de montagem, pensar no reino minúsculo da especialidade e dizer, como se fosse um gago, sempre as mesmas palavras – os preconceitos.

Acreditamos que assim seja bom para todos, mas é evidente o quanto essas coisas são péssimas para cada um. Passamos, por esse caminho, a viver um décimo, um centésimo ou um milésimo de nossas possibilidades.

Se o mal está na restrição dos movimentos, o bem só pode estar na dança, no exercício com o qual vamos ampliando e explorando muitas ou todas as nossas possibilidades de movimento, podendo assim reconquistar nossa liberdade original.

Mas não é preciso ser bailarino! Basta mexer-se!

O que é a dança de Shiva?

É Shiva e sua Shakti dançando eternamente a criação e a destruição do momento presente – que é tudo que existe.

Que é toda a Realidade.

Homem e mulher, masculino e feminino, harmoniosamente unidos no movimento, podem *viver* e experimentar esse *pensamento* profundo.

Aqui no Ocidente, no prefácio de *Fausto*, Goethe plagiou a ideia:

"Criação, destruição,
da Eterna Mente,
Eterna recreação!"

É disso que vamos falar – e aprender como se faz. Mas antes precisamos de uma aula breve sobre neurofisiologia da motricidade, fundamento ocidental científico da dança de Shiva e confirmação igualmente científica do dizer de todos os iluminados: somos criação contínua.

Estranho não é o fato de as pessoas nem saberem o que isso significa – mesmo quando falam a respeito; estranho é o fato de não percebermos o quanto estrutura ou sistema social e estrutura de personalidade são, as duas, conjuntos integrados (quase digo circuitos integrados...) de repetições intermináveis. A sociedade e o ego são repetições – e mais nada. São sistemas autogerados e autossustentados à custa de processos encadeados, muitos dos quais foram examinados neste livro.

Se vivermos eternamente em busca da segurança das repetições, não teremos olhos – teremos até muito medo – para perceber essa criatividade inevitável, para perceber as diferenças!

Serei breve demais na descrição dos fundamentos científicos que demonstram nossa criatividade inevitável. Você talvez se aborrecesse se eu começasse a pormenorizar coisas de neurofisiologia.

Note-se: não vou me referir aos últimos achados das neurociências, mas a conhecimentos básicos, há muito bem estabelecidos.

Você sabe: somos bonecos articulados, com numerosos ossos e juntas, cada qual com sua mobilidade limitada, mas, no conjunto, garantindo nossa versatilidade de dançarinos. Nossos ossos são movidos não por músculos; no cotidiano, jamais contraímos um músculo por inteiro, e, menos ainda, jamais um músculo se contrai isoladamente.

Os verdadeiros motores de nossos movimentos são chamados de *unidades motoras*, constituídas por um pequeno número de fibras musculares controladas por um só *neurônio* motor. Cada unidade motora controla, pode desatar ou conter forças de alguns decigramas ou menos, até dezenas de gramas ou um pouco mais. Além disso, cada unidade motora pode exercer esforços variados, digamos (para simplificar) de um a dez – contrações cada vez mais intensas, mais fortes, ou menos intensas.

Até aqui, só aula sem sentido.

Primeiro dado a ser pensado; com técnica de *biofeedback* pode-se demonstrar, depressa e convincentemente, que *qualquer* pessoa pode, depois de um ligeiro treinamento, exercer influência precisa e isolada sobre *cada um* dos neurônios motores. Ainda não se vê a luz – do iluminado.

Agora vou revelá-la: sabe quantos neurônios motores nós temos?

Duzentos e cinquenta mil.

Some a isso a possibilidade de fazermos dez graus de força diferente em cada unidade motora, e então o número astronômico sobe para *3 milhões.*

Dá para perceber o que isso significa? Que nós jamais, JAMAIS poderemos repetir duas vezes o *mesmo movimento* ou refazer duas vezes a *mesma posição.*

Não é preciso saber estatística para compreender esse fato grandioso: o boneco articulado que somos nós é movido por 3 milhões de esforços isolados e – é obvio – coordenados no tempo, na sequência (quando nos movemos), ou na simultaneidade (quando estamos mantendo uma atitude). Raramente atuaremos com todos os neurônios, é claro; mas mesmo movimentos limitados, modestos, já envolvem no mínimo dezenas de milhares de unidades motoras atuando conjunta e coordenadamente.

Cada um desses microesforços pode ser controlado voluntariamente – se alguém se der a tarefa de treinar e aprender.

Essa demonstração se faz com técnicas de *biofeedback* simples e indiscutíveis. Pormenorizá-las seria excessivo para este texto. Se você estiver muito interessado, procure a descrição em meu livro *Organização das posições e movimentos corporais* (São Paulo, Summus, 1984).

Veja agora como é fácil compreender as fantásticas habilidades dos artistas de circo, dos grandes bailarinos, dos campeões olímpicos. É fácil, ainda, compreender o progresso gradual, mas em aparência interminável, desses mesmos artistas e esportistas. É quase tão fácil compreender as sutilezas das artes marciais, mesmo considerando relatos aparentemente mitológicos.

Levando em conta os números recordados, diremos que a educação motora – medida de nossa liberdade –, se não for infinita, é, ao menos, ilimitada... Isto é, nunca nos será dado saber até onde poderemos chegar.

"É incrível o que podemos fazer quando não sabemos do que somos capazes" (Garfield).

Se juntarmos esses dados a tantos que já estabelecemos, diremos que nosso desenvolvimento não tem fim. Aliás, já era notória essa diferença entre nós e nossos irmãos menores, os animais: nós podemos aprender a vida toda. Veja, é a mesma coisa dita de dois modos diferentes.

HAVENDO AMOR VIVO, PODEREMOS CHEGAR ÀS ESTRELAS

Mas, para compreender a dança de Shiva, é preciso acrescentar alguma coisa sobre nossa sensibilidade. Os pontos sensíveis da pele são mais de 600 mil. Isso quer dizer: é impossível ou improvável produzir ou sentir duas *sensações de pele e de contato iguais entre si*. De novo, criação contínua – agora de sensações.

Daí a palavra tão bonita para um ato mais bonito ainda: envolvência, envolvimento, desenvolvimento...

Ironia: nas escolas de psicoterapia – na maior parte delas – a primeira "lição" dada ao principiante é "Não se envolva": é pecado! (Na verdade, para muitos, o pior dos pecados do terapeuta.) Traduzindo: se o terapeuta não se envolve, ele não se desenvolve: continuará para sempre um neurótico profissional, aplicando sempre *a mesma* técnica (é o que ele diz, sem saber o que está dizendo) e – pasmai, senhores – sem consciência do que está fazendo – ele, o profissional da consciência.

Sem envolvimento não pode haver compreensão; se o terapeuta se nega a entrar na dança do paciente, não haverá transformação – só conversa. Vale para os dois.

Não, companheiro, não estou divagando; psicoterapia e namoro são mais parecidos do que estamos dispostos a reconhecer –

seria socialmente complicado reconhecer. Então vamos continuar no consultório – e no namoro – a fazer de conta que o problema é seu – só seu – e que eu não tenho nada que ver com isso, arrume-se (ou dane-se).

Você sabe, sim; uma das frases comuns quando se fala em ligações amorosas é essa: ele (ou ela) não quer se comprometer, ele (ou ela) foge do envolvimento; envolver-se é perigoso; cuidado! – profundidade à frente –, não vá se perder.

Envolver-se é uma voragem, uma vertigem, uma loucura!
E é mesmo!

> Depois, tudo que se faz em psicoterapia – e no namoro! – é mostrar para a pessoa que seus problemas vêm daí – da falta de envolvimento, incapacidade de se comprometer, de se entregar, de decidir, de correr riscos.

Uma boa definição de neurose: medo de correr riscos, de avançar em direção ao desconhecido, que é o próximo momento.

Envolver-se é um perigo, sem dúvida. O amor existe para isso mesmo, para comprometer, confundir, perturbar (a ordem estabelecida). Não foi tudo que dissemos ao falar de amor?

Depende de sua escolha ser apenas casado e ser apenas normal – maduro – ou adulto. Para isso você terá de pôr barragens contra a inundação – o holandês outra vez. Aí você terá de *manter* essas barragens isolantes, despender com isso o melhor de suas energias (e de seus sonhos), e o amor será uma frustração, não uma realização.

Ele azedará e apodrecerá, em vez de fermentar, gerando assim a bebida inebriante dos deuses...

Ou secará em indiferença pela vida, já que ela se mostra tão vazia.

Não é o que acontece quase sempre? De cada dez canções de amor, nove são de desencanto, renúncia, ciúme, tristeza, saudade e abandono. E a culpa será para sempre do outro, que não quis se envolver...

As pessoas confundem – demais – envolver-se e comprometer-se com casar!

Se você "não quer se comprometer", isso significa que você não vai casar.

De novo e como sempre: posso estar profundamente envolvido sem estar casado e posso estar casado sem envolvimento algum. Casar é exigência coletiva; envolver-se é uma questão pessoal entre mim e você.

Não confunda, por favor!

Agora podemos voltar à dança de Shiva. Junte quanto você leu até agora sobre nossos movimentos, em geral e em particular (a dança da fala, lembra-se?), assim como sobre sua organização cerebral.

A propósito, $^2/_3$ de nosso cérebro servem apenas para você se equilibrar e se mexer – sabia?

Bem compreendidos e reunidos, esses elementos nos levam a esta conclusão surpreendente: *estamos sempre realizando a dança de Shiva*!

Mas sem saber; na verdade, sem querer saber. "Sou sempre eu mesmo, ora", "Você tem de me amar como eu sou" (eu e Jeová!), "Se você pensa que por sua causa vou mudar, está muito enganada (infelizmente, sempre tenho razão...)".

Caberia a esta altura uma pergunta erudita: se movimento é tão importante, por que se fala tanto em meditação e, nela, se acentua sempre a mais completa imobilidade até se chegar ao Zen, a arte de estar sentado, ou à posição de Buda, igualmente imóvel?

Eu poderia sair facilmente da questão dizendo: há meditações estáticas e meditações dinâmicas, ambas reconhecidas e aceitas pelos mestres. Mas sou mais ambicioso do que isso e gostaria de relacionar os dois tipos. Para *conter* movimentos – meditação estática –, você precisa conhecê-los e senti-los como se você os estivesse *realizando*. Posições finamente mantidas exigem tanta atenção e discriminação quanto movimentos precisos! Trata-se de perceber todas as intenções (em tensões).

Não vamos nos deter aqui – e é pena! – sobre as relações mais do que íntimas entre movimentos e imagens mentais (visuais). Vamos nos ater a uns poucos exemplos.

Estudos de pessoas adormecidas, sonhando, demonstram que elas esboçam, em pequeno grau, todos os movimentos feitos durante o sonho, seguindo suas imagens.

Se você fizer movimentos imaginários, algumas regiões do seu cérebro, ligadas a movimentos, entrarão em atividade (a circulação sanguínea local aumentará instantaneamente).

A realização de exercícios físicos apenas na imaginação produz efeitos bem próximos dos que se obteria com sua realização efetiva.

Enfim, na técnica de fantasia ativa – bem próxima das "visualizações" – tudo se passa como se imaginar movimentos fosse igual a realizá-los. A visualização é a técnica mais comum, tanto no Oriente quanto no Ocidente, para facilitar transformações da personalidade.

Também por esse caminho se demonstra a equivalência entre meditação estática e dinâmica. Na estática, surgem imagens variadas, das quais, aos poucos, será preciso se livrar; mas, de início, servem bem à compreensão de problemas vividos e constituem uma boa técnica para resolvê-los, para ampliar a consciência e assimilar o passado.

Recorde, companheiro: dissemos bem atrás que os músculos não apenas *fazem força* como *sentem* a força que fazem, e esse sentir, bem conhecido dos fisiologistas, é isso mesmo: sensação de força, apenas; ou de energia – a famosa!

Adiantada na meditação, a pessoa termina percebendo-se proprioceptivamente como força e energia – apenas. Sem imagens, sem palavras, sem nenhuma outra espécie de percepção a não ser esta:

Sou energia e, por isso, capaz de me transformar em qualquer coisa conforme o momento ou as circunstâncias!

Sabe onde fui encontrar a definição perfeita de energia? Em uma enciclopédia infantil da editora Dorling Kindersley:

"Energia é a capacidade de fazer acontecer".

Enquanto nada acontece – enquanto nada se move e nada se sente – jamais poderemos saber se aí há alguma energia. Na hora em que algo acontece, aí está ela!

Você sabe quanto o amor estimula a imaginação e quanto o amor nos torna corajosos. A lenda do cavaleiro andante concentrava-se aqui: a dama do castelo como alvo final da vida do guerreiro, e o segredo de sua coragem em enfrentar o dragão (o sistema!). Com a lenda nascia o amor dito romântico.

Bem mais profundamente, então, nascia, na História, a antecipação das possibilidades de o amor do homem pela mulher se tornar a poderosa força de transformação social que ele pode ser.

Tão poderoso que, a fim de contê-lo, foram necessárias legislações draconianas, preconceitos rígidos e castigos severíssimos.

Note bem, companheiro, o amor é FORÇA DE TRANSFORMAÇÃO.

Mas cansamos de ver ao longo destas páginas quanto o amor, eternizado (paralisado) e aprisionado no matrimônio, se fez exatamente o oposto – a mais poderosa força de conservação da iníqua pirâmide do poder. Também desse modo ele demonstra sua força, por tudo que se faz *contra* ele!

Última reflexão – a mais profunda. Somos *feitos de oposições*; todos os músculos e ossos são simétricos – iguais (ou quase) dos dois lados do corpo. Equilibrar essas forças "iguais", poderosas e delicadas a um só tempo, exige o tempo necessário para a formação do discípulo: horas e horas aprendendo a estar sentado com o menor esforço possível – e igual dos dois lados do corpo. Sempre que alguma região se mostra mais contraída do que outra, é porque você está começando a "ter vontade" ou em você começa a se formar uma intenção – uma "inclinação"! No mesmo ato a percepção do mundo se torna seletiva: o objeto da intenção e tudo que se relaciona com ela tendem a ser percebidos; ao mesmo tempo, tudo mais (o fundo, o ruído) tende a ser ignorado – e assim se perde a pura objetividade do existir sem intenção.

Quando nos movemos, os opostos se integram e as forças que antes entravam em conflito, tendendo a nos imobilizar, agora se combinam para *produzir* o movimento.

Enquanto o produzem, não se opõem.
Os conflitos só se resolvem na dança.

Nada mais necessário, pois, do que reavivar a dança de Shiva; na verdade, nada mais necessário do que percebê-la e começar a dançá-la consciente e voluntariamente.

A TÉCNICA DA DANÇA DE SHIVA

Qual a técnica?
Vamos descrevê-la inicialmente em sua forma ideal. Você e ela, com pouca ou nenhuma roupa, ficam de pé, frente a frente. Música ao fundo, sem ritmo, do tipo *new age* ou meditativa. Bem presentes um ao outro, finamente atentos a qualquer vontade de movimento e/ou de contato.

Atentos, acima de tudo, para evitar qualquer tentativa de fazer o que já se sabe como é, e como tem sido quase sempre: o ritual da aproximação sexual estereotipado-banalizante ou a dança padronizada, quando a música é ritmada (samba, frevo, valsa).

O componente inibidor da meditação amorosa é: como *não* fazer como sempre fiz – ou como fizemos antes. É esse o segredo maior e a realização mais difícil da dança.

Duvido que alguém possa conseguir com perfeição essa discriminação nas primeiras vezes, *a discriminação entre uma vontade nascente e um automatismo estabelecido.*

Mas essa é a essência da dança.

A colaboração dos dois – sua e dela – é indispensável, assim como a liberdade de denunciar ou de se negar a seguir caso o automático se proponha.

De outra parte – conselho de amigo – faça e repita o conhecido – *bem atentamente.* É a boa maneira de se familiarizar com ele, para torná-lo *plenamente consciente* e perceber que ele não é você, nem seu. Para você perceber – ou ela – que você funciona de acordo com papéis sociais bem pouco ligados a seu querer verdadeiro – naquele momento!

Na verdade, a maior utilidade da dança de Shiva está aí: em discriminar o seu e o não seu em você – e nela também! Só que o seu você não sabe o que é ou qual é. Você irá aprendendo na medida em que ele se realiza – em pleno encantamento amoroso e em plena iluminação (interior!) – para esquecê-lo no momento seguinte, quando o movimento continuar.

Sempre que a dança está acontecendo como se espera, você não saberá o que está fazendo nem quem é você e muito menos o que poderá acontecer no momento seguinte.

Sempre que "Eu sei o que estou fazendo" é claro, estou repetindo o que já sei e já fiz. Se me experimento como criação contínua, então não sei quem fui nem quem serei... Só ao *não* saber quem você está sendo, há a certeza da ausência do famoso ego, que é repetição e *mais nada*.

Não é fácil, companheiro, nem se aprende muito depressa. Aliás, seria perigoso se fosse muito rápido. Ninguém aprende a surfar na primeira tentativa, e o surfe, a propósito, é uma excelente imagem-guia para nos esclarecer sobre o que é e como é a experiência de criação contínua.

Muitos dos esportes "vertiginosos" – esqui na neve, surfe, voo de asa delta, *skate*, patinação no gelo – podem ser considerados alternativas para a dança de Shiva ou são a dança da individualidade – do eu sozinho (também é bom). Neles, como a "realidade" muda a cada instante (muda o equilíbrio do corpo de acordo com o terreno, os obstáculos, o declive, a onda), você tem de mudar também – a cada instante!

Por que será que algum maluco inventou o salto de grande altura preso apenas a uma corda elástica? Por que será que nos parques de diversão paga-se para sofrer tantas vertigens e tanta gritaria? Esse é o fascínio real desses esportes, esses são os modelos de criação contínua ao nosso alcance, real ou visual (contemplá-los na TV também emociona, não é?).

Na dança de Shiva com sua namorada, acontece algo bem parecido. De regra os dois estão se movendo bem devagar e, no entanto, a sensação subjetiva é essa mesma – de vertigem, de alta velocidade, até de grande risco ou perigo, experiência concreta daquele estado que o encantamento amoroso desperta em nós – descrito faz tempo, você lembra?

Essas sensações vertiginosas são o sinal – o sintoma! – de que a dança está acontecendo como se espera. É tudo bem ao contrário da dança "combinada" do encontro amoroso convencional – inteiramente seguro e cristalizando-se "para sempre" no casamento.

Não é fácil inativar automatismos motores (hábitos) construídos à custa de grande número de experiências semelhantes. Não é mais fácil do que o trabalho psicoterápico e pode durar tanto quanto ele.

Nesse sentido, nossa descrição da dança de Shiva será tida como superficial ou ilusória pelas pessoas que entendem da questão.

Mas o bom amor nos faz crianças outra vez, dissolvendo por mágica, ainda que transitoriamente, modos e atitudes, mesmo as bem enraizadas, profundas (antigas, diria melhor).

Não descrevemos essa qualidade única do encantamento amoroso: o quanto ele obedece a Cristo ao nos fazer crianças de novo.

Nesse estado, a dança de Shiva pode alcançar níveis altíssimos de sintonia e harmonização, porque as velhas manias de cada um estão enfraquecidas durante certo tempo. Mesmo que, após a dança e o encantamento, ao voltar às condições – tristes! – da vida comum, a experiência divina seja aparentemente esquecida, ela continuará a nos guiar – se formos dóceis – para a realização cada vez mais cabal e permanente do estado de felicidade amorosa permanente – eterna!

Os centros de prazer, "sistema de recompensa interna", recompensam todas as ações que despertam prazer ou felicidade, levando-nos paciente e tenazmente para a direção certa: a felicidade eterna. Difícil esquecê-la quando experimentada uma vez. Impossível negá-la, mesmo diante do peso imenso dos preconceitos do amor único, o único permitido (o casamento).

Eterno é o desenvolvimento, e o amor é sua energia. "Amor é tudo que move" (mestre Gil).

Se somos seres que colaboram grupalmente, então por que limitar a *uma* as relações amorosas, em vez de permitir que ela se amplie pela rede de pessoas que me chamaram a atenção, com as quais sonhei sonhos bonitos, que despertaram em mim pressentimentos de me fazer outro?

Sempre outro – como meus filhos, se for o caso. O pior da educação é acreditar que ela tem um fim – refazer a figura do adulto maduro – e chega!

Chega por quê, se tudo continua a acontecer sempre diferente?

DECOLANDO PARA O INFINITO

Agora, bem próximo do final, posso contar a você o segredo maior – e o melhor – deste livro todo. Sempre que você está frente a frente com alguém (pode até ser outro homem, cuidado!), em alguma espécie de interação ou diálogo, os dois estão fazendo a dança de Shiva, sabendo ou sem saber, querendo ou sem querer.

Comecemos com a lógica. Se nossos movimentos são sempre criação contínua, como demonstramos ao examinar os controles neurológicos de qualquer movimento e até – mesmo que pareça estranho – de qualquer atitude que você assuma, então estamos fazendo a dança de Shiva o tempo todo, não é?

Depois recorde o que dissemos, desde o recém-nascido que dança ao som das sílabas que ouve até o "diálogo motor", isto é, a dança outra vez, a se estabelecer sozinha, por força própria, entre duas pessoas que dialogam – mesmo que mal! Se mal, então é como a dança de duas pessoas que não combinam bem e se pisam nos pés a todo momento, ou se controlam demais para não pisar!

Enfim, o principal para um casal. É por meio dessa dança que um "ensina" ao outro suas qualidades e/ou defeitos, expressos em seus modos, jeitos e trejeitos.

Importa esclarecer: podemos imitar o outro *vendo* seus modos e fazendo parecido, o que não é novidade nenhuma – as tais identificações. Elas podem ser espontâneas, isto é, você vai fazendo e nem percebe; ou ser feitas de propósito. Na maior parte das vezes são espontâneas. Desse modo você vai *se fazendo semelhante a ela*, aprendendo com ela e ela com você, ao mesmo tempo e no mesmo ato.

Mas há outra imitação, a proprioceptiva. Esta se faz quando você está *em contato* com ela, como na dança antiga. Aí nenhum dos dois está se vendo, mas ambos estão *sentindo* os movimentos comuns. Pode-se dizer, nesse caso, que você percebe o outro como *intenção*. Ou que, em contato, nos é dado perceber todas as intenções ou quaisquer "vontades" do outro...

Veja que perigo – e que promessa!

Ainda: um está "ensinando" o outro a compreendê-lo, a compreender seu íntimo mais íntimo: o centro de onde partem ou começam todas as suas intenções, seus desejos, seus temores, suas alegrias e tristezas, pois tudo isso se percebe e se mostra em expressões. (Expressão quer dizer movimento: se você ficar absolutamente parado, ninguém poderá saber o que está sentindo ou pretendendo – nem você!)

Veja quanto os exercícios inicialmente propostos – de dançar a música de um e de outro, cada um levando o outro na sua vez – servem bem para adquirir prática para esse voo mais alto. Note também que na dança de Shiva não só podem surgir momentos maravilhosos como também por vezes ocorrer paradas súbitas ou desencontros embaraçosos, sempre que tendemos a entrar por caminhos conhecidos. Nesse caso, estamos lidando com "resistências", diria o psicanalista; com eternizações e repetições, digo eu. Você está com medo do novo e então apela para o velho conhecido. Ansiedade de prazer – diria mestre Reich –, medo de se sentir imensamente feliz.

Não há mal que sempre dure nem bem que nunca se acabe...

Nosso sistema nervoso central, em tudo que se refere aos sentidos, isto é, à nossa sensibilidade, não foi feito para perceber o *que é* ou está (a "realidade"), mas para perceber tudo *que varia*.

Hoje podemos ver em documentários zebras pastando a cinco, dez metros de leões placidamente "sentados", meditando... No momento em que eles se espreguiçam, elas disparam! Momentos antes eles eram um pormenor da paisagem, sem importância – não precisavam ser percebidos – e mal eram! No momento em que o leão se agita – quando varia sua posição –, é vivamente percebido, e a zebra responde a movimento com movimento.

O olhar, por exemplo, busca limites, linhas, diferenças de luz e sombra; uma superfície uniforme no campo visual pouco estimula movimentos oculares de pesquisa.

Estímulos monótonos – é bem sabido – deixam de ser percebidos. Permanecer imóvel – meditando – é bem difícil; algo em nós está sempre pronto a perceber mudanças – de movimento, de cor, de som, de cheiro ou, nos seres humanos, de palavras. É bem difícil ficar sem falar sozinho...

Sintetizando: nossa sensibilidade destina-se a identificar *variações*; ou, ao contrário, ela *não* se destina a perceber repetições ou constâncias. O que é conhecido não ameaça – nem promete.

Tudo que se repete ou perdura tende a não ser percebido, a perder interesse, a tornar-se monótono ou entediante.

Também a felicidade!

Se ela não mudar de colorido, se a dança começar a se repetir, se não houver mudança de contexto ou dos personagens envolvidos, a felicidade começa a empalidecer.

Terminará? Sim, se você quiser ou esperar que ela dure "para sempre". Não, se você tiver o senso de abandoná-la quando empalidece e se dispuser a perceber ou favorecer a emergência de *outra espécie* de felicidade.

No caso da felicidade amorosa, esses fatos adquirem um valor ou um poder considerável, pois quando amorosamente felizes é difícil imaginar, acreditar ou admitir que aquele estado possa terminar.

Pior: é quase impossível acreditar que possa haver uma felicidade diferente, ainda maior!

É sempre a mesma alternativa: queremos viver o eterno inesperado, ou preferimos viver o "garantido", continuar sentindo o que já estamos sentindo e experimentando?

É hora de fazer nossas despedidas.

Concluo... repetindo: você pode escolher entre permanecer fiel aos nossos costumes tradicionais, às palavras e suas singulares propriedades de fragmentar, uniformizar e imobilizar a realidade, ou ir aprendendo a acontecer cada vez mais fundo, mais forte, até alcançar o centro do ciclone, onde há paz, envolvida na mais turbulenta das tormentas, como são o universo, o corpo e a sociedade – uma explosão sem fim.

Para isso, a mulher amada é indispensável.

Boa sorte e *tchau* – gostei da companhia. Você é um moço inteligente. Aproveite.

Nossa Pré-História – nossos instintos

Capítulo 8

Falta agora apresentar meus penúltimos mestres, os mais modernos: Lionel Tiger e Robin Fox, dois etólogos e antropólogos de gênio. Em seu magistral *The imperial animal* [O animal imperial], com quase mil referências bibliográficas, aprendi sobre a Revolução Caçadora, a primeira revolução da humanidade, a que foi fazendo de nós, ao longo de mais de *1 milhão de anos* de Pré-História:

Os maiores predadores do planeta

Foi ela – a Revolução Caçadora – que cultivou também e em alto grau a cooperação humana (o amor!) e a capacidade de repartir, desenvolveu nossa inteligência, nossa esperteza (maior que a dos animais), nossa astúcia (idem), nossas mãos, nosso cérebro, nossa agressividade e nossa crueldade sem limites.

Nas brigas de casal, as pessoas não raro se torturam implacavelmente, mais ainda do que presa e predador se ferem durante o ataque, não é? Você já viu um gato "brincando" com um rato ferido? Não é parecido com certas brigas de casal?

Por isso, teremos de dar uma volta pela Pré-História e depois pela História para chegar, enfim, à briga de casal de hoje, na qual transparece com clareza tudo que a humanidade adquiriu e desenvolveu DE PIOR...

Um melhor conhecimento da Pré-História da humanidade como descrita em *The imperial animal* esclarece o que seria o tal "primitivo", presente e atuante em todos nós – nossos impulsos, desejos e inibições "arcaicos". Falo da noção de "instinto", difícil mas indispensável.

Com uma panorâmica de 1 milhão ou mais de anos, podemos fazer uma descrição satisfatória desse "selvagem", do que seria verdadeiramente "natural" para ele ou de quais seriam seus instintos "verdadeiros".

Um *milhão de anos* bastam para a natureza inventar, experimentar, selecionar, excluir e/ou fixar comportamentos; chamaremos de instinto todo comportamento que se fixou – que se repete de forma bem semelhante desde que continuem semelhantes as circunstâncias nas quais ele tenha se formado. Característica marcante do comportamento instintivo: é inato, dispensando quase por completo qualquer treinamento ou aprendizado, e por demais difícil de atenuar ou eliminar.

Somos carnívoros – mais por gosto do que por necessidade

Pouco temos de carnívoros; faltam-nos força, agilidade, dentes, unhas – e aparelho digestivo! Somos onívoros – "comemos de tudo"; mas talvez tivéssemos, desde então, o desejo/necessidade de variar (o aventureiro). Começamos a caçar depois de um período preliminar, durante o qual procurávamos carniça, carcaças, restos de presas de grandes carnívoros.

É claríssima essa inclinação humana em quase todas as descobertas arqueológicas: pedras lascadas, feitas com maestria crescente, gerando principalmente armas e petrechos para carnear e esfolar animais e peles; ossos de numerosos animais caçados, pontas de flechas e anzóis feitos com ossos e, mais tarde, roupas de peles, cabanas de ossos de mamute e mais.

Vivíamos em bandos de trinta a sessenta pessoas, com uma dezena de adultos válidos organizados para a caçada – o deveras temível *bando caçador*. Chegamos a extinguir espécies (mamutes e bisões lanudos, por exemplo), centenas de milhares de anos atrás, a pauladas, pedradas, emboscadas, armadilhas e esperteza.

A PRIMEIRA EMPRESA DO MUNDO

O bando caçador foi a primeira empresa do mundo: um grupo de pessoas dotadas de qualidades distintas, todas cooperando para um ou mais objetivos comuns: caçada, comida, sobrevivência, prestígio...

Cada homem é limitado em suas aptidões, mas, uma vez reunidos vários dentre eles no que têm de mais competentes para a tarefa, formam um verdadeiro superorganismo – uma simbiose funcional – capaz de render muito mais do que cada elemento do grupo isoladamente, ou que qualquer grupo uniforme de indivíduos (um pelotão militar, por exemplo). O grupo uniforme tem muita força concentrada – é uma cunha; o grupo diversificado é muito mais rico em possibilidades – é um leque ou uma rede. A cunha só se formou há 10 mil anos (exército). O leque, há mais de 1 milhão.

Esta foi a maior descoberta do homem em matéria de convívio social: TODOS DEPENDEMOS DE TODOS.

E mais: todos sabendo disso, contando com isso e... cooperando para isso. Quero dizer: *competição* só em pequena escala, inteiramente controlada e limitada pela cooperação – mais um estímulo do que um entrave.

Não é esse o sonho eterno da humanidade? Pois ele vem se realizando desde os primórdios!

Sabe quanto durou esse período de paz e cooperação entre os homens do bando e também entre homens de bandos diversos? *Um milhão de anos* – guarde bem esse número.

Estou começando a crer que está na hora de as pessoas se darem conta disso em vez de continuarem falando da eterna e destrutiva competição. Que se comece a perceber: sem cooperação somos um bando de animais egoístas, perigosos e firmemente determinados a vencer a qualquer preço – *contra* todos os outros.

Assim, da caçada nasciam as maiores qualidades da espécie humana – o repartir, o trocar e a cooperação –, densa argamassa de nossa solidariedade, da convicção crescente de que é melhor todos juntos do que eu sozinho contra todos, ou mesmo do que eu sozinho apenas.

Mas logo mais nasceria, também da caçada, o pior do homem – aguarde!

A MULHER, PORÉM, NÃO CAÇAVA

Grande diferença – ou distância? – foi-se estabelecendo entre o homem e a mulher nas aptidões, rotinas, habilidades, competências, na dedicação e esperteza.

Diferença bem marcada de gostos e interesses – esse o motivo de mil brigas de casal, cada qual achando que é cisma ou bobagem do outro fazer o que ele gosta de fazer e achando o que eu faço – é tão claro! – muito importante e interessante! "Não sei por que ela não se interessa pelos meus aeromodelos"; ou "... meu computador"; ou – ela – "... por meus pratos!"; "... pela novela"...

As grandes diferenças entre homem e mulher e, ao mesmo tempo, a supremacia masculina (o patriarcalismo, o machismo) começaram aí e assim.

A notar: a mulher sempre alimentou o grupo colhendo benesses da terra, sempre respondeu – segundo alguns – por mais de 70% da alimentação do grupo. A caçada era ocasional – mas a glória resultante mostrava-se incomparável! – note-se. Caçar é uma aventura e um risco; colher parece bem mais simples, monótono, sem risco e "sem graça"! Mas a caça não era essencial à sobrevivência do bando.

Hoje o homem "vai à luta", ganha salário e independência relativa, enquanto a esposa se dedica aos humildes afazeres domésticos, "inferiores" porque não remunerados. Um jornal da Pré--História poderia publicar um editorial assim no Dia da Família...

Mas não é só na Pré-História não. Mulher que vai à luta e ganha mais do que o marido precisa andar com muito cuidado: ou ele pega no pé sob qualquer pretexto ou ele se humilha... orgulhosamente. Homem é homem, entendeu?

Como se vê, desde os primórdios da humanização (ou da desumanização!), o predomínio masculino era injusto e a única diferença entre ele e ela era esta: o homem era mais forte e foi se fazendo aos poucos – pela caçada – cada vez mais agressivo, ardiloso, duro e cruel.

Nascia o senhor: o todo-poderoso

A caçada é inerentemente cruel. Matar animais a pedradas, pauladas ou golpes de lança e depois carneá-los com facas de sílex – e outras bem menos cortantes – é uma sangueira realizada com muita alegria! Garantida a vitória, garantia-se a comida! O grupo se regozija de sua habilidade em vencer o animal – por vezes bem grande, até mamutes caçamos na Pré-História – e de ter escapado ileso!

Nascia a aventura e a saga do herói! O poderoso doador/distribuidor de alimentos e protetor do bando. Como estamos dizendo, protetor era às vezes, mas provedor nem tanto. Como o bando era pequeno, a principal tarefa do chefe era distribuir, dividir e repartir o produto da caçada – talvez para evitar brigas entre todos.

Melhor que haja um a repartir entre todos do que cada um por si – e contra todos.

Principalmente em um bando caçador, com gente acostumada a manejar algumas armas e experimentando crescente potencial agressivo, até destrutivo! Mas o bando era pequeno; e o poder do chefe, bem limitado pelas relações pessoais.

Quando passamos a viver reunidos em cidades, em grandes números, o chefe ficou longe e o poder se fez impessoal. Mas talvez a razão de os homens aceitarem a autoridade fosse a mesma. Ou "engolimos" um chefão ou ficamos brigando o tempo todo. Assim se explica – creio – por que tantos poderosos se consideraram deuses e, o que é mais estranho ainda, por que a maioria fazia de conta que acreditava. Mal menor – apenas...

Ao mesmo tempo, os homens passaram a exigir uns dos outros fidelidade ao bando, valentia, dureza e insensibilidade tanto de sentimentos quanto de pele. Na certa, alguém se feria durante a caçada, mas era preciso continuar, fosse como fosse. Ai do chorão, do fraco, do traidor principalmente (o traidor, somente depois que a guerra começou – veremos a seguir).

Assim começava, também, a diferenciação das sensibilidades e das preferências eróticas entre homens e mulheres. Deles se esperava insensibilidade diante da dor, dureza no trato, agressividade pronta; dela, esperava-se sensibilidade no trato com a criança e com o próprio homem, brandura, paciência... Ainda hoje, elas acham que eles são muito rápidos e somente sexuais, enquanto elas se comprazem em carícias sem fim. Grande motivo de brigas, quase sempre silencioso. Esperar que ele seja tão carinhoso quanto ela gostaria seria fazer dele um filhinho de mamãe ou até uma bicha – é o que ele pensa.

Coragem e crueldade são duas das regras mais poderosas na manutenção de qualquer gangue masculina, todos cobrando essas "qualidades" dos demais.

Leia agora alguns trechos de um livro cuja autora, assunto e época serão revelados ao fim das citações.

Depoimento 1
Rapaz americano – do norte – trabalhando em um canteiro de obras.

Às vezes, realmente dá raiva ser homem porque o grupo sempre tenta descobrir se você é um "sujeito frio" (machão) ou um ser inferior (homossexual, universitário, hippie ou maricas). É horrível ter de despender tanto tempo e energia preocupando-se, pensando e lidando com outros homens.

Se eu não tiver muitas histórias picantes de sexo para contar sobre todas as mulheres com quem transei, não serei aceito em muitos grupos masculinos. Isso também acontece nos esportes, na escola secundária, principalmente com o futebol. Os espectadores participam de modo indireto, com gritos de "Bate de novo", "Bate mais".

A ideia sempre é: quanto sofrimento físico você consegue aguentar e infligir? Esse é seu "coeficiente de machice", seu masoquista!

Os homens de grupos que eu conheço são hostis, irritadiços e gostam de mostrar que não têm sentimentos de ternura, carinho ou amizade, que não sentem dor física nem emocional.

Os machões comentam uns com os outros as mulheres que passam e se você não tiver um comentário para apoiar a opinião do grupo é considerado: 1) um homossexual; 2) um filhinho de mamãe; 3) um puritano; ou 4) um perfeito idiota. Aí você passa a ser o próximo alvo de insultos, vítima de comentários hostis e novos abusos.

O fato é que todas essas ligações masculinas ao grupo são, na realidade, ensinadas nas escolas secundárias e técnicas; os alunos que estudam para ser encanadores, eletricistas e carpinteiros também têm de suportar provocações na sala de aula. Até mesmo os professores as fazem, humilhando e xingando os alunos mais lentos ou mais fracos.

O chefe é tipicamente o maior machão do grupo, rabugento, irascível e quem mais prag ueja no local. Nunca há um elogio ao bom trabalho, apenas críticas ao trabalho lento ou malfeito. Nunca é admitida a ignorância em relação ao trabalho nem em relação a mulheres, porque isso faria desabar o mundo em sua cabeça e traria como consequência todo tipo de humilhação.

Os homens se comportam de modo diferente quando há mulheres no grupo. Eu detestaria ser rejeitado e condenado ao isolamento, embora pessoalmente não goste do que tenho de aguentar para ser aceito por outros homens. A pior parte é que não faço coisa alguma para mudar isso. Aguento porque preciso de dinheiro e também porque quero ser aceito.

Leitor, recorde inúmeras cenas de filmes e você vai ver o que esse moço está dizendo.

Depoimento 2

Outro rapaz norte-americano comenta:

Às vezes eu gostava de provocar, de humilhar os garotos mais fracos, como um de meus colegas de turma meio efeminado. Mais tarde, também na universidade, em meu grêmio tínhamos a "Semana do Calouro" (o famoso trote), durante a qual devíamos humilhar – e humilhávamos – ao máximo possível os calouros.

Se eles sucumbiam, às vezes os expulsávamos – não estavam à nossa altura.

Comenta a autora do livro:

> Qual o objetivo de todas as "iniciações", costume e ritual consagrado em todos os povos primitivos? São provas duras de isolamento e sofrimento moral e físico, claramente destinadas a testar a capacidade de sentir dor, de infligir sofrimento. Assim, os que passarem pelas provas poderão aliar-se a nós, os adultos; como nós, serão capazes de infligir sofrimento e serão cruéis com outros seres humanos.
>
> Aqueles que se unem ao grupo devem demonstrar que, não importando a imoralidade dos atos cometidos por seus membros contra os "de fora", não trairão o grupo, ainda serão "leais" a ele e ficarão ao lado dos colegas. Isso pode ter consequências desastrosas para a sociedade porque o "dever do homem" – nesse contexto – é defender não a "coisa certa", mas seu grupo e seus atos, certos ou absurdos; deve justificar e "entender" suas ações e fazê-las parecer as melhores possíveis.

Você está vendo, leitor? É tudo tão claro e tão do grupo caçador; no grupo caçador essa espécie de fanatismo era bem funcional – a favor da vida –, mas nas gangues da cidade grande se transmuta em horror.

Você se lembra do filme *Amor, sublime amor?*

Depoimento 3
Outro rapaz declara:
É difícil tornar-se membro do grupo masculino e, se você consegue, não quer mais abrir mão disso. Você deve ser completamente leal a ele, em quaisquer circunstâncias.

Acrescenta a autora:

> Frequentemente se diz: as mulheres criam os garotos, então por que não os educam para ser menos machões? Isso é verdade? Não. Como estamos vendo, são os homens – pais e outros rapazes – que "ensinam" aos garotos suas identidades emocionais – como os homens "devem" sentir. As mães só criam os filhos enquanto são

pequenos; passam muito tempo com eles e ajudam a discipliná-los. A brutalidade vem da pressão de outras pessoas do sexo masculino, dos preconceitos calosos contra a brandura, a suavidade, a compaixão e a solidariedade amorosa[1].

Acrescento, recordando: às mães, a sociedade impõe o dever de "educá-los", isto é, de ensinar a criança a obedecer a padrões de regra descabidos (os mil "nãos", lembra?); na adolescência, em contato com seus iguais, eles já estão mais do que predispostos a obedecer. Deixam a obediência a Nossos Sagrados Valores Tradicionais (incorporados à mãe) e passam a obedecer à lei da gangue – e do chefe! Não me importa incriminar a mãe, mas tampouco a absolvo de todo. Novas mães – e só novas mães – poderão inventar e exercitar uma nova forma de educação, cujo período mais crítico vai da gestação até os 5 *anos* de idade.

Fala-se demais no "homem novo", mas sem uma "nova mãe" não sei como se conseguirá esse homem novo. Ele precisa começar bem cedo, até antes da maternidade, e na certa nascendo de um parto diferente dos crimes praticados hoje nas maternidades. Em nenhuma espécie animal e em nenhum povo primitivo a criança perde o contato com a mãe após nascer, pois, na *meia hora* após o parto, os laços mais finos e profundos de união entre mãe e filho já se desenvolveram bastante. Afaste logo mãe e filho e você estará comprometendo seriamente a formação do vínculo – e da personalidade – de ambos!

Espero que você esteja compreendendo bem essas citações. Elas mostram quão pouco mudamos neste 1 milhão de anos...

Portanto, não se sinta civilizado demais e se, nas brigas com sua namorada, você ou ela se comportarem como dois animais, agredindo-se cruelmente em palavras, não estranhe tanto (espero que sejam apenas palavras). Logo adiante empilharemos mais fatos na mesma direção.

De outra parte, note bem quanto os homens exigem – no mínimo esperam – que você seja desagradável, teimoso, mandão e

---

[1] Trechos retirados do livro *Relatório Hite sobre a família*, de Shere Hite (São Paulo, Bertrand, 1995). Não confundir com outros relatórios da mesma autora.

chato, o que é péssimo para você. Nas brigas com ela, procure levar essa "(de) formação" em conta e veja se aproveita a oportunidade de cortar as unhas, de desenvolver compreensão, suavidade, carinho; você tratará bem melhor a si mesmo, pois nossos modos com os outros refletem também nosso modo de tratar a nós mesmos – e vice-versa. Será ótimo também para seus filhos, pois crianças – você sabe – não são para ser tratadas com casca e tudo, não é?

A REVOLUÇÃO AGRÍCOLA – SALVAÇÃO E DANAÇÃO DA HUMANIDADE

Falta um fato fundamental para compreender o gênero humano, o acontecido conosco nestes últimos *10 mil anos:* a passagem do bando coletor-caçador – errante, aventureiro, versátil, vivendo em pequenos grupos (trinta a sessenta indivíduos), rico em relações face a face – para o habitante da cidade, sedentário de corpo e de espírito, agrupado aos milhares e milhares no passado, e depois aos milhões, em espaços restritos e obrigado a um trabalho especializado, limitado, rotineiro e sem objetivos pessoais, governado por desconhecidos e oprimido pelos poderosos, perdido entre relações de todo impessoais.

E o pior: o aparecimento da guerra, que só existe *há 10 mil anos.* A cooperação existe há *1 milhão* de anos – lembra-se?

Há cerca de 10 mil anos, de forma irregular no tempo e na geografia, as mulheres começaram a desenvolver a agricultura – e os homens, o pastoreio.

Para compreender de vez a importância do fato, bastam os seguintes números.

> Um bando de 25 coletores-caçadores precisa de 650 quilômetros quadrados de território para garantir sua subsistência (26.000 metros quadrados para uma pessoa). De outra parte, 150 agricultores podem viver do produto de uma área cultivada de apenas quinze quilômetros quadrados (100 metros quadrados para uma pessoa). (Adiante voltaremos e esclareceremos essa questão.)

Incrível, não é? Por isso as cidades puderam se formar – pela abundância de comida "garantida" para um grande número. Assim tinham início o lazer e a possibilidade de surgir artesãos e outros especialistas não imediatamente ligados às tarefas de sobrevivência.

De nômade a sedentário – essa a diferença

Por amor a que foi gerada essa diferença? Por amor à segurança – a de ter comida garantida por meses, até anos, como no caso do pastoreio (inventado pelos homens, talvez "inspiração" da futura escravidão!).

Nasciam assim os primeiros "capitais" humanos: um monte de trigo ou um rebanho de cabras – reservas de bens não necessários no momento.

Agora estamos garantidos (contra a fome)!

Mas desde o começo, e como é fácil imaginar, entre as duas formas de capital já se esboçava, na própria natureza dos dois misteres – cultivo da terra e pastoreio –, uma diferença que aos poucos se faria uma oposição fundamental levando à... guerra – e, como subproduto desta, ao patriarcalismo!

Note desde já o quanto o patriarcalismo é um caso único de grave inversão da natureza viva. Nesta, *a fêmea é o centro natural da vida*, desde que a gera e cuida dela enquanto for necessário.

Como aconteceram essas coisas?

A agricultura leva ao enraizamento – sedentarização – dos grupos que a adotaram, ao aumento da capacidade de esperar, à formação de aldeias e cidades, ao desenvolvimento de atividades variadas (civilização) nas... entressafras. Há um tempo de espera inevitável na agricultura durante o qual não é preciso fazer nada. Enfim, quando a safra é satisfatória, tem-se alimento por muito tempo – nova ocasião para o desenvolvimento de atividades não imediatamente vitais, ou seja, oportunidade de inventar mil coisas "desnecessárias" – artes, elaboração da convivência e das relações sociais, ciências (observação despreocupada), de rituais, danças e quanto mais – tudo aquilo que se denomina civilização e/ou cultura. Esse vagar favoreceu também o aperfeiçoamento de atividades variadas e a invenção de ferramentas profissionais (tecnologia).

Em certos períodos, todos precisavam ajudar durante a colheita, por exemplo; e também o desenvolvimento da própria agricultura – a irrigação é uma atividade técnica antiga e exige o concurso de muitos. Ela favorecia o desenvolvimento da solidariedade e da cooperação. O tempo de folga, enfim, na certa contribuiu demais para o cultivo do lazer e do prazer. Não havia o que favorecesse o predomínio de um sexo sobre o outro, e as civilizações mais antigas eram matriarcais ou – mais modestamente – eram não patriarcais.

Com efeito, no vale do rio Indo foram escavadas no século XIX muitas cidades nas quais não havia nem o palácio do Grande Rei nem o templo do Grande Deus (mais a edícula do sumo sacerdote). Moenjodaro e Harappa, por exemplo, existentes desde antes e durante o tempo dos faraós, no Egito, mostravam notáveis progressos tecnológicos no controle das enchentes do Indo, arquitetura elaborada e numerosos templos domésticos dedicados à Deusa Mãe – a fecunda!

O BOM PASTOR NÃO ERA TÃO BOM COMO SE PENSA

Ligada à pessoa e às parábolas de Cristo, mais o enxerto de alguns deuses pagãos da natureza, surgia a noção do Bom Pastor – que ama suas ovelhas e se sacrifica por elas.

Mas os pastores lidaram com a bomba populacional desde o começo. Seus rebanhos eram sua riqueza. O rebanho, constituído de seres vivos, multiplicava-se, como é inevitável, segundo progressão geométrica. Além disso, os rebanhos eram apenas e sempre de herbívoros vorazes e insaciáveis, pois seu alimento vegetal é pobre em calorias e seus corpos são, de regra, volumosos.

Somem-se esses dois dados e a conclusão é essa: os pastores começaram a "expandir seus domínios", a invadir áreas verdes – até encontrar cidades!

Claro?

Errantes, pouco desenvolveram de cultura e começaram a se especializar na invasão e apropriação de terras alheias – dos agricultores.

Estava inventada a guerra. Seu prêmio era imediato – o do agricultor não –, o que reforçou sua atividade.

Esta é a história da invasão ariana do sul da Índia. Arianos! Pouco inventivos, ótimos aproveitadores do que encontravam e os principais responsáveis pela existência das castas na Índia, mil vezes mais odiosa do que o *apartheid* da África do Sul. Os párias talvez fossem descendentes dos antigos habitantes das cidades da bacia do Indo.

Espero que o leitor saiba tonalizar minha história, mais parábola do que estudo, resumida para servir de contexto ao tema da briga de casal.

Dois mil anos depois, cerca de 500 a.C., surgiam os gregos – tidos como os primeiros democratas, embora fossem, como os de hoje, uma democracia de homens, isto é, tiranias masculinas. É sabida a opinião dos gregos sobre as mulheres e, ironias do destino, em Atenas – o coração da Grécia –, no seu templo maior, figurava uma estátua monumental da *deusa* Atenas – uma mulher!

Deusa da sabedoria – não é demais? Freud vibraria de prazer diante desse "retorno do reprimido": a mulher depreciada e ao mesmo tempo adorada!

Os gregos completaram o patriarcalismo estabelecendo a "teoria" segundo a qual mulheres – sabeis – são pobres de espírito... Só os homens são inteligentes e, como os de hoje, eles se trucidaram amistosamente durante vários séculos – como demonstração de sua inteligência superior! Inclusive, gregos eram feitos escravos de gregos, para não falar dos escravos de outros povos.

A partir de então os seres humanos se dividem em guerreiros e agricultores, estes eternamente explorados por aqueles, os camponeses criando e os guerreiros destruindo...

Fácil passar deste relato esquemático para a história da opressão feminina por parte do homem, opressão consagrada durante milênios e que somente no século XX começou a mudar. **Até a metade do século XX,** *a mulher, no casamento, ainda era a serva e o marido, o senhor indiscutível. Hoje a lei mudou, mas não sei quanto mudaram os costumes. Hoje, pois, temos a oportunidade de corrigir a História, de recompor a ordem natural da mulher no* *centro e o homem a seu serviço, tornando-nos assim mais humanos. Até hoje a humanidade serviu ao poder – aos velhos –, ao passado. Que tal começarmos a cuidar da criança – do futuro?* Capital e segurança foram os motores da guerra – origem de nossa maior e pior ameaça até hoje! Você sabe quantos morticínios maciços (guerras, conflitos raciais e revoluções) aconteceram na *segunda metade do século XX*? Mais de setenta!

TRANSFORMAÇÃO DA AGRESSÃO

Ao mesmo tempo, ocorria uma mudança fundamental em nossa agressividade, até então voltada para a caçada-sobrevivência. Nossa agressividade se fez *destrutiva*. Você sabe a diferença: agredir significa "ir na direção de" (é quase sinônimo de progredir); é o instinto básico de sobrevivência, de autoproteção e conquista do necessário. Quando a pilhagem é tentadora, a agressividade sofre uma mudança radical *de qualidade:* ela se faz destrutiva – de tudo que é do outro ou dos outros. Ela passa a servir ao terror, técnica universal e permanente de dominar sem oposição.

Se você se opuser, eu te destruo – e fico com tudo que é teu.

A reserva alimentar, capaz de durar meses ou anos, libertava muitas pessoas das tarefas de sobrevivência, e assim começavam a se desenvolver artes e ofícios, a divisão do trabalho (prenunciada pelas diferenças entre tarefas femininas e masculinas), a organização militar e política, a gradual edificação das pirâmides de poder (seria coincidência terem sido as pirâmides um dos primeiros monumentos construídos pelos homens?).

Nascia então nossa pior contradição existencial, que vem piorando cada vez mais e cada vez mais depressa: com estrutura neurossomática e instinto de exploração e busca gerados por mais de 99% do tempo de nossa existência na Terra, eis-nos condenados agora a viver a vida toda entre as mesmas quatro paredes – dando graças a Deus quando temos as quatro paredes!

Será que isso nada tem que ver com briga de casal? Ou tem? Não pagamos todos o preço de sermos prisioneiros uns dos outros tanto geográfica quanto afetivamente? Poderemos viver em paz

entre nossas quatro paredes e em nossa vida sempre monótona no trabalho e nas rotinas, ou viveremos buscando bodes expiatórios aparentemente responsáveis por nossas desgraças? Em primeiro lugar, nossa querida esposa. Não é por causa dela – e de nossos filhos – que nos vemos limitados e cerceados a vida toda? Não acontece exatamente o mesmo com ela?
A culpa ou é de todos ou não é de ninguém – não apenas dela ou sua.
Nunca diga a ela "A culpa é tua", viu? Nada mais idiota do que essa famosíssima acusação, triste consolo de nossa incapacidade de mudar costumes sociais profundamente prejudiciais a todos. Apoiamos e defendemos com unhas e dentes essa cadeia coletiva, acusando e condenando os que fazem diferente! Quero ser o mais claro que me é dado: você é tão culpado quanto ela quando defende, vive ou jura acreditar na monogamia eterna (nem sei se você a pratica...), no pai todo bondade e sabedoria, na mãe toda amor e compreensão, no trabalho (ainda hoje escravagista) que dignifica, na escola em que se pretende ensinar, na universidade em que se diz residir a liberdade de pensamento, na democracia dos homens.

A SALVAÇÃO ESTÁ NO AUTOMÓVEL!

Ainda bem que os automóveis existem, não é? Eles se fizeram a maior mania da humanidade, responsável por uma fatia considerável da economia mundial (some a eles o petróleo).
Por que essa fúria?
Retorno do aventureiro errante – senão o quê?
Prossigamos com nossa triste História. No bando caçador não havia lugar para ricos ou pobres. Sempre andando, quem iria querer acumular coisas para depois ficar carregando mil badulaques inúteis até não sei quando? Não havia riqueza alguma capaz de estimular a competição ou para que se organizasse uma pirâmide de poder.
Por isso, no bando caçador eram todos comunistas, ninguém era proprietário de nada. Bem claro: não havia por que existir *propriedade particular*.

Não havia, pois, razão alguma para o assalto e a guerra. Esta, sem sua falsa embalagem patriótica ou religiosa, sempre foi um *assalto coletivo* visando dominação, terras, riquezas, escravos e mais.

Além do mais, éramos poucos (10 milhões há 10 mil anos), e havia de tudo para todos ou, na vigência de uma catástrofe climática, faltaria de tudo para todos.

Afora a lógica, os fatos. Não há sinal algum de violência entre os homens até essa data fatídica: começo da agricultura, da História da humanidade e da guerra. Terrível, não é?

O lazer trouxe a riqueza, que acendeu nos homens a ambição desmedida. Desmedida sim: como pode o produto do trabalho de tantos pertencer a tão poucos? Que violência contra nossos instintos-desejos vitais de cooperação e repartição!

Ainda hoje há tantos que se horrorizam diante das chamadas perversões sexuais. Excetuando-se os casos de violência, hoje em dia bem pouco nos incomodamos com elas. De outra parte, não se tem, diante da exploração do homem pelo homem, horror quase nenhum – de tão frequente; até há muita inveja dos que estão em posição de explorar os demais.

Esse dilema nasceu conosco e ainda parece longe de ser resolvido. Distribuir pedaços de um cervo caçado entre vinte pessoas é bem mais fácil do que distribuir milhares de objetos e escravos, de mulheres, de recipientes de trigo ou óleo de oliva entre milhares de combatentes.

Mulheres não guerreavam e, pois, não tinham direitos! Nascia então a figura mais odiosa da desumanidade, o poderoso conquistador, o mais implacável opressor e explorador de seus semelhantes. Convém repetir esses xingamentos, pois em todos os livros de História pátria de cada país, no ensino fundamental ou médio, nos feriados e nomes de cidades, ruas e tudo mais, eles são apresentados como os maiores homens de cada terra, desde os crudelíssimos reis assírios, depois Alexandre ("o Grande"... assassino), César, Átila, Napoleão e tantos outros psicopatas, responsáveis diretos por milhões de mortos, de mutilados e quantidades inimagináveis de sofrimentos humanos.

Este o significado desta palavra mais do que ambígua: *a glória*!

Mas, nesse contexto, o século XX ganhou de todos porque os meios de comunicação, agressão e controle o permitiram: Hitler, Stalin e Mao Tsé-Tung são os recordistas incontestáveis dessa galeria de monstros.

Glória ao todo-poderoso. Curvai-vos e ponde-vos de quatro diante dessas figuras de Deus na terra, todos tão cruéis e imprevisíveis quanto os nossos deuses Jeová e Alá, seguidores fiéis das lições edificantes deixadas em suas doutrinas sagradas.

Matai-vos e torturai-vos uns aos outros ou não entrareis no reino de Deus.

Em vez de me xingar de blasfemo ou, pior, de jogar este livro fora, pense um pouco comigo. Sabemos: de cada cinco políticos, três pelo menos são venais e corruptos. Mas vá você *dizer* isso para um deles. É muito estranho esse nosso costume: as pessoas podem *fazer* qualquer coisa, mas jamais se poderá *dizer* a elas o que fizeram! As palavras aparentemente pesam muito mais do que os atos que qualificam! Pense um pouco comigo e veja quanto minha frase áspera é totalmente verdadeira. Mas *dizê-la* choca demais!

Fazer pode – escondido; falar do que foi feito, jamais. Tem cabimento? Não é a própria essência da hipocrisia e da eterna mentira social, compulsoriamente exigida de todos?

Veja outra declaração paralela à dos deuses: para ser um cidadão bom e normal você tem de ser especialista em mentir e fingir.

De novo pergunto: poder-se-á construir algo de consistente e de boa qualidade sobre esses alicerces não apenas moralmente podres mas tão profundamente incoerentes e irracionais quanto só os seres humanos podem ser? Os animais não são irracionais; eles não podem ser outra coisa!

Poder-se-á construir algo de bom sobre essas falsidades? De novo meu amigo Jesus: sobre areia não se constrói uma casa!

Tudo que de péssimo existe por aí não decorre exatamente dessas mentiras coletivas?

Todas as guerras foram travadas em nome dos deuses de cada país. Lembre as Cruzadas, a Inquisição e a *Jihad*, a conquista islâmica do mundo, como modelos ínfimos do processo...

Note: o grande filho da p. evidentemente não tem a força de fazer sozinho tudo que faz ou determina; ei-lo cercado de cortesãos (puxa-sacos, diz o povo, com toda a justiça...), cada qual mais interessado nos benefícios recebidos em paga da obediência cega e dos elogios intermináveis ao poderoso; ao mesmo tempo invejosos de sua glória e sempre maquinando sua morte com a esperança de ocupar seu lugar.

Essa lição, assim, nestes termos crus, pode soar chocante por estarmos saturados pelos preconceitos de respeito, admiração e obediência às Autoridades, começando com Papai e Mamãe. A eles somos obrigados, por boas e por más, a prestar igualmente respeito, admiração e obediência – e ai de nós se não o fizermos! Outra vez aquela coincidência deveras insuspeitada entre os grandes e os pequenos poderosos. Por que Deus *Pai*?

A RAINHA DO LAR

Inclusive mamãe, que na certa também sente, usa e gosta de seu poder total sobre os filhos – com aprovação e retaguarda total da sociedade, de "todos". Depois das humilhações sofridas, histórica e pessoalmente, será difícil para ela deixar de usar e abusar desse "direito".

No âmbito do lar, a Rainha é, ela também, todo-poderosa! Nas 1.001 ações do cotidiano ela pode – deve – usar de toda a sua força a fim de ensinar seus filhos a serem bons cidadãos, sobretudo obedientes aos poderosos e às regras tantas vezes descabidas de nosso convívio social.

PROPRIEDADE PARTICULAR E ANSIEDADE PERSECUTÓRIA

O capital foi também o começo da propriedade particular, pela qual ficaram os homens eternamente motivados e justificados a viver roubando e enganando uns aos outros, gerando em todos a famosa *ansiedade persecutória*, conceito central em psicanálise e, talvez, o mais difícil dos problemas da vida social, elevado à enésima potência no capitalismo.

O psicanalista acredita – imagine você! – que a culpa foi de mamãe ou de papai e que o problema é mais seu e nem tanto da "realidade".

Nasciam também, no mesmo contexto, os famosíssimos "meu" e "seu", razão primária de todas as brigas entre os homens – e entre você e ela.

Nascia, enfim, do capital, mais um bastardo: a oportunidade de alguns poderem viver a sensação de grandeza, tida hoje pelos psicanalistas, com toda a razão, como um dos mais poderosos motivos a atuar sobre as pessoas. É difícil, inclusive, separar bem mania de grandeza e narcisismo – outra das poderosas constelações de motivos a reger a vida das pessoas.

A NATUREZA TAMBÉM SOFRE DE MANIA DE GRANDEZA

Mas a megalomania tem seu modelo maior na própria natureza viva. Dê a *qualquer* ser vivo espaço e alimento suficiente e ele ocupará todos os lugares disponíveis e sobrepujará os concorrentes, reproduzindo-se sem limites. Esgotados todos os recursos, muitos ou todos morrerão – devido à sua fome insaciável de alimentos e de se reproduzir.

A reprodução foi, até hoje, o maior assassino das espécies vivas, inclusive da nossa. Encontrando lugar propício, os homens ocupavam e se reproduziam até não haver mais alimentos suficientes para todos; então, os mais ousados emigravam e repetiam o processo adiante. Foi assim que a humanidade se espalhou pelo mundo todo – premida pela fome de sua reprodução descontrolada.

A vida é paranoica, sofre de mania de grandeza, mania de "conquistar o mundo" – como todos os déspotas que existiram ou estão por existir.

Não esqueça nunca: a vida aumenta invariavelmente em progressão geométrica; ela opera como reação em cadeia – em câmera lenta. O que a bomba atômica fez em um segundo, a vida fez em 3,5 bilhões de anos. Mas, depois de alcançar a "massa crítica" (em relação a recursos alimentares), salve-se quem puder. Creio ser essa a nossa posição hoje. Dizem os biólogos que já existiram no planeta 100 milhões de espécies animais e que 99 milhões delas se extinguiram – muitas seguindo esse paradigma da reprodução ilimitada.

A vida do coletor-caçador não corria esse risco. Esgotados os recursos locais, ele se mudava, passando a explorar novas áreas. Depois de algumas andanças, até podia voltar ao começo, pois no intervalo o ambiente havia se reconstituído.

Vimos: tampouco havia, na vida do caçador, riqueza que valesse a briga ou que despertasse o sonho de grandeza.

Depois de reunidos em grandes números, os seres humanos começaram a produzir muito de muitas coisas, criando, assim, um estímulo e objeto concreto para a mania de grandeza, para o desejo de possuir, dominar, controlar.

ESCRAVIDÃO

Desde bem cedo na História da desumanidade, os homens passaram a sofrer de outra ferida pútrida, a *escravidão* – outra forma de "riqueza". Creio tenha sido a relação entre homens e mulheres a "inspiradora" desse monstro moral.

Forma de dominação incondicional, transformação da pessoa humana – o semelhante – em propriedade particular, na escravidão se prenunciava o casamento, no qual ela será "minha e somente minha para sempre". Mas eu também terei de ser dela, somente dela, para sempre...

Escravidão recíproca – não é fácil viver assim, você sabe!

Chego a perguntar: será possível *viver assim – e viver* bem?

Nosso preclaro sociólogo Gilberto Freyre discute em *Casa-grande & senzala* se a libidinosidade do senhor português era perversa ou se a condição de ter mulheres escravas sob seu domínio e arbítrio exclusivo não era responsável pelos desmandos. Uma ótima questão. O que você acha?

Solte sua imaginação e veja onde você vai parar! Não é fantástico ser senhor de escravos? Por que tão atraente? Porque com escravos você poderia fazer o que bem quisesse, de bonito e de feio – até horrível – sem dar satisfação a ninguém.

Derivado de onde? Da propriedade particular – de seres humanos (que não eram considerados humanos!). Na verdade: para que *fosse possível* a escravidão, *era necessário* estabelecer que o escravo era de outra espécie – algo como um animal doméstico, nascido para ser escravo. Mas a "explicação" ignorava o essencial: a *total semelhança* física e mental entre o senhor e o escravo. Logo surgiram "razões" deveras muito lógicas para garantir que assim era. Como Hitler e sua "raça pura" – portanto, com *direito* a escravizar todas as demais...

Há até motivo biológico para essa loucura: à custa de possuir escravos, posso ir ampliando indefinidamente minha presença e atuação no mundo, seguindo a paranoia de meu DNA. Como o dos poderosos, o desejo de todos nós é "dominar o mundo todo!" O "desejo" do DNA também é esse – como Dawkins mostrou à saciedade (no livro O *gene egoísta*).

Capital, guerra e mania de grandeza cresceram juntos (escravidão também).

Foi talvez através dessas experiências – a escravidão é quase tão antiga quanto o homem – que amadureceram a noção e a realidade de uma pirâmide de poder, na qual cada classe ou degrau é de vários modos o "senhor", e a classe ou degrau de baixo é o "escravo" (poderiam ser também a mulher e, bem lá embaixo, a criança, submetida a todos).

Mais uma experiência, também ligada à agricultura, pode ter exercido influência na formação da sociedade de classes.

O camponês estava amarrado à terra, passava a maior parte do dia debruçado (atitude de submissão), semeava hoje para colher meses depois e, durante esse tempo, não podia afastar-se do lugar onde havia empenhado tanto trabalho sem recompensa imediata.

Essa falta de correspondência pode ter sido fatal. O caçador, se bem-sucedido, é "premiado" quase instantaneamente pela tarefa e pelo risco. O camponês não.

Ao mesmo tempo, povos ainda errantes (mesmo hoje há povos errantes) começaram a viver de assaltos organizados (os vikings podem ser tomados como modelos recentes desse gênero de vida, ainda que bem longe da Pré-História!).

Fácil imaginar o drama – tantas vezes retratado na literatura, nos filmes e na realidade! – do camponês teimosamente apegado a seu chão, a construir e reconstruir eterna e pacientemente sua esperança de garantir a sobrevivência, eterna e vorazmente espoliado pelos guerreiros. Estes, sim, experimentavam a recompensa imediata após a conquista – regra básica de condicionamento operante!

Poderíamos quase dizer que os camponeses se propunham como escravos... Passaram "naturalmente" a servos na Idade Média.

Resumindo: com a pseudossegurança da alimentação garantida, o capital acendeu no espírito dos homens a ambição, tornou possível a realização da mania de grandeza dos... grandes – os mais implacáveis (os menos solidários).

Surgia o pior dos sintomas de nossa loucura – sempre mais, sempre mais, sempre mais, mais, mais...

Não mais a sobrevivência, mas o *poder* sem limites (se possível...).

Cada vez sobre mais pessoas, mais riquezas e áreas sempre maiores – "Precisamos ampliar as fronteiras do império".

Tão lógico, não é?

Nunca entendi por que os poderosos se preocupam em justificar suas sacanagens e barbaridades dando para elas as "explicações" mais ridículas. Se não me engano, assim os poderosos da China "explicaram" o Massacre da Praça da Paz Celestial (o nome já é satânico...): os estudantes atrapalhavam o trânsito ou perturbavam a tranquilidade pública – e permaneciam na praça apesar dos conselhos "amistosos" das autoridades.

De lá para cá as coisas só pioraram, pois a presa é cada vez maior. Uma coisa é um bando caçando uma "riqueza" natural – como um búfalo ou um cervo; bem outra é a situação de conquistar uma cidade, um feudo, um império, um poço de petróleo.

Essa a História de nossa desumanidade.

Em *10 mil anos* de História nunca houve *um ano* de paz completa no planeta.

No século XX, além das duas grandes guerras, ocorreram mais de setenta outras.

No início do século XXI, há não sei quantas guerras em curso e mais duas "guerras civis": polícia contra traficantes de drogas (ninguém se pergunta por que há tanto drogado neste mundo maravilhoso, principalmente alcoólatras); polícias "legais" contra terroristas.

Produção (e pesquisa) de armas é o "melhor" negócio do mundo (se você esquecer completamente o significado das palavras *moral* e *ética* – velharias boas para os coitados, afinal).

Um milhão e meio de dólares por segundo – esse o custo da produção e comercialização de armas.

Pôr na lista da maravilha que somos: de cada cem atos de violência que ocorrem no mundo, é certo que 95% deles são praticados por homens, a maioria com menos de 20 anos! Os jovens são todos perversos, você sabe, estão sempre inventando coisas originais contrárias a todos os maravilhosos exemplos e às sábias lições de seus superiores...

Em tempo: 6 milhões de crianças morrem de fome por ano.

Portanto, a agressividade humana aumentou no correr da História e hoje acontece o pior: dispomos de armas capazes de varrer toda a vida do planeta em uma hora.

Que bom se as pessoas se assustassem *muito* com isso – mas, aparentemente, poucos ligam.

Sabe do que estou falando?

Do meu problema fundamental: reemocionalizar o cotidiano, lembra-se? Mostrar a você que nosso cotidiano é péssimo – ou pior do que isso. Mas, em vez de nos reunirmos buscando proteção dessa opressão feroz, vivemos brigando entre nós – principalmente briga entre homem e mulher e opressão de pais sobre filhos. Se são casados podem – e assim "aliviamos" uma parte importante da agressividade coletiva.

Os casamentos e os filhos são muitos e as brigas também; somados, absorvem uma quantidade assombrosa de agressividade destrutiva. De um lado, sustentam e reforçam a organização social predadora, tendendo de outra parte a destruir pouco a pouco os indivíduos com as doenças psicossomáticas, o trabalho escravagista e a vida dos mil "não pode".

Só ansiedade, culpa e dever – para você.

Tudo mais para eles...

Importam os sentimentos das pessoas diante da grandeza do poderoso psicopata?

70% DE SILENCIADOS

Esse é o último – e o pior – dos malefícios da desumanidade: em todos os grandes impérios, desde Ur até hoje, a distribuição de benesses seguiu invariavelmente este paradigma: 5% dos grandes possuíam quase toda a riqueza da região, viviam em ostentação e "altas" maquinações político-financeiras e militares, usando tudo que era produzido pelos párias para matar muitos outros párias, próprios e alheios. De 15% a 20% da população – classe média! – ainda podia viver, direta ou indiretamente, à custa dos poderosos (nobres, profissionais liberais, artesãos, artistas, operários especializados). Mas 80% do "povo" não tinha direito algum, trabalhava o dia todo nas tarefas mais ingratas e pesadas, mal garantindo com esse trabalho a possibilidade de sobreviver.

Vamos repetir: nossa raça não presta, mas, de nós dois, acho a mulher um pouco menos pior...

E A MULHER?

Seria injusto, porém, deixar a impressão de que as mulheres são sempre boazinhas, inofensivas, amorosas e mais nada. A agressividade feminina é, sob certos aspectos, mais venenosa que a do homem, mais mascarada, mais astuta e mais hábil – tantas vezes mais cruel. É que, sempre inferiorizada, sua agressividade só podia manifestar-se de forma indireta. Na sua agressividade, *a parte principal cabia a seu rancor, despeito e humilhação por todo o sofrimento que os homens lhe infligiram, eterna e ubiquamente, só pelo fato de ser mulher* – pelo fato de ter menos força física e maior necessidade de proteção. Uma fêmea grávida ou com filhotes pode ser presa fácil. Por amor ao filho – e à continuação da espécie! – ela sempre aguentou os maus-tratos, pagou caro pelo direito de existir, de gestar e de parir. Todo o seu ódio é pessoal, e não coletivo. Tampouco lhe falta o desejo de dominar – de regra por meio do homem, dominando-o pela sua magia natural, ou exercendo seu poder sobre os filhos, como já vimos.

Vamos reunir nossos achados até agora.

O maior problema da civilização foi: o que fazer com a agressividade e a disposição de predar dos homens, desenvolvida durante 1 milhão de anos, quando começamos a conviver em cidades maiores, em sociedade?

Os três cavaleiros do Apocalipse – a pirâmide do poder, a guerra e a agressão em família

Achamos – não sei quem achou, Satanás, talvez – três soluções:

A pirâmide de poder na qual os de cima podem invariavelmente abusar dos de baixo, explorá-los, até torturá-los – mas principalmente ignorá-los.

Além disso, a pirâmide favorece demais o desejo de "subir" a qualquer custo, e sabem todos das intrigas palacianas existentes onde quer que se acumule riqueza ou poder. Nessas guerras são absorvidas quantidades inimagináveis de agressão, das mais cruas às mais refinadas.

A guerra, na qual qualquer um pode matar e torturar a quem quiser (se for "inimigo"), e por ter matado será glorificado pelos poderes públicos.

Em relação à guerra é preciso salientar a participação do próprio povo, isto é, o uso da agressividade contida em quase todos pelas condições desnecessariamente difíceis de vida.

Maquiavel lembrou bem esta regra: se o povo está muito descontente com as péssimas condições de vida, declare guerra, e a agressão de todos se voltará automaticamente contra o "inimigo".

Velho costume podre dos poderosos: como usar contra o povo a sua agressividade exaltada quando por demais inquieto com suas precárias condições de vida – condições determinadas pelos próprios poderosos... Estruturas autogeradas e autossustentadas!

EM FAMÍLIA PODE – QUASE TUDO.

E agora a terceira derivação da agressão, a surpresa maior, a mais pertinente ao nosso tema. Como atenuar a agressividade masculina tão desenvolvida – e tão funcional – durante tanto tempo? (Funcional porque no grupo caçador a boa caçada era ótima para todos.)

O *terceiro* elo da corrente satânica foi a autorização tácita, e por demais bem racionalizada (com o santo nome de educação), da agressão dos membros de cada família entre si. Autorização silenciosa – é preciso repetir, pois a noção vai contra preconceitos radicais de quase todos. Aprendemos desde cedo que em família todos se amam, não é?

Lembra-se de nossa charada? Por que briga de casal é engraçada em geral e péssima em particular? Nessas minibrigas se esvai o melhor de nossa capacidade, vontade e competência de nos reunir e rebelar contra as situações injustas nas quais vivemos – quase todos.

Mas esse truque indecente – autorizar a agressão em família – é muito mais indecente do que parece num primeiro exame. Ele é ousado para "educar" as crianças – e sobre elas nosso poder (dos pais) é quase ilimitado. A criança – quem diria! – é considerada indesejável no reino – ela é a própria novidade, a ameaça de nascimento do homem novo, o pior inimigo do velho patriarca.

Você pensa que os Evangelhos são a história de um homem? Engano: são nossa História.

A "matança dos inocentes": o que você pensa dela? É o que fazemos diuturnamente com nossas crianças e conosco. Você sabe: "Cuidado com a novidade, nunca deixe o velho pelo novo, faça como sempre se fez e como todas as pessoas normais fazem..." Viva de costas para o futuro, sempre inclinado, reverente, diante do velho poderoso – que é o fim, e não o começo.

Criança é um perigo. Tudo nela e dela é novidade, indiferente a nossos bons costumes, boa moral e bons princípios. Devemos, pois, por amor a ela, ensiná-la, usando para isso quaisquer recursos que se mostrarem necessários – a fim de que ela possa viver dignamente entre nós, "normal", adulta e madura – quase perfeita!

Criança – o perverso polimorfo

Arnold Toynbee, o historiador, disse: "Todas as civilizações se consideraram eternas – e perfeitas!" *Data venia*, acrescento: os *adultos* de todas as civilizações se sentiram e se comportaram – diante das crianças – como modelos perfeitos e eternos de humanidade! Inclusive mestre Freud (e, depois dele, os psicanalistas), tão culto e inteligente, deixou-nos um quadro detestável desse "perverso polimorfo", dessa "infantilidade" permanente chamada neurose. Quando homens dessa envergadura não conseguem perceber quão profundo e injusto é esse preconceito e continuam repetindo cegamente que perfeito é o homem "maduro" (de hoje!), é hora de concluir: preconceitos são de longe mais poderosos do que qualquer razão esclarecida.

Para mim, prefiro mestre Jesus Cristo: "Se não vos fizerdes crianças outra vez, não entrareis no Reino do Amor ao Próximo".

Além disso, Freud e os psicanalistas terminam contradizendo-se frontalmente na prática: qual o fim da análise? Reconhecer até onde é possível realizar nossos desejos – satisfazer a criança em nós. Só ela sabe sentir prazer e felicidade – o perverso polimorfo, eternamente vivo em nosso sentir e em nosso desejar! Portanto, o "infantil" em Freud só pode significar a criança *já neurotizada* pela educação dada a ela pelos adultos esclarecidos e perfeitos!

Lembra-se, leitor, de nossa miniconversa sobre escravidão? Criança não é quase escravo? Criança, bem no fundo, não é considerada propriedade e responsabilidade dos pais? No Direito Romano o *pater familias* podia matar um filho sem dar explicação a ninguém – e sem que isso fosse considerado crime.

Você não imagina quão desprezada a criança foi durante muitos e muitos séculos e, a meu ver, ela continua sendo a classe mais oprimida, ignorada e silenciada do mundo.

Em família pagamos amor (e temor) com obediência; a rebeldia é considerada pior do que uma heresia – e pode "merecer" os castigos que parecerem idôneos para civilizar esse animal selvagem até torná-lo um adulto maravilhoso como nós.

Aí ele não dará mais trabalho nem comprometerá a mais ninguém, por ter sido feito de todo incapaz de se comprometer com o que quer que seja – o castrado!

Os homens não podem temer a castração, pois foram cuidadosamente castrados desde cedo – e a mãe não é inocente no processo. Como, tradicionalmente, mãe não tem xoxota, diante dela o menino não pode saber o que significa ter pinto. Ele é levado – e como! – a compreender que é melhor ignorar (até negar) "aquilo" e "lá". Melhor ignorar, fazer de conta que eu não tenho.

O plano é tão bem engrenado e tão satânico que você, leitor, em vez de se indignar com o poder que nos oprime, vai se indignar comigo por fazer denúncias tão terríveis e descabidas, claramente produtos de minha fantasia patológica, consequência de minhas repressões maciças – ou quiçá de ter sido uma criança mal-amada e maltratada.

Os fariseus e os levitas ficaram indignados com Cristo, a propor amor universal e respeito pelo indivíduo, e a História se repete, tão nauseante quanto as brigas de casal e as brigas entre pais e filhos.

Até seu amargo fim termonuclear – se não mudarmos essas coisas.

Recapitulando: a sociedade absorveu a agressividade poderosa do velho caçador "canalizando-a" em três direções:

A *pirâmide de poder*, que permite a agressão dos de cima (os senhores) aos de baixo (os servos, os escravos, as mulheres e as crianças). Os de cima têm sempre razão e tudo que fizerem será correto e direito. A pirâmide, além disso, autoriza, favorece e aprecia a competição mais implacável; se você for ambicioso e desejar "subir", você é *muito* normal – até melhor do que o normal! (Luta de classes, diria Marx, luta muito anterior ao capitalismo.)

A *guerra*, necessária para não começarmos a nos trucidar uns aos outros sempre que a fome ou a opressão social ameaçam o regime; declarada a guerra, todos estamos autorizados a odiar o "inimigo" e a fazer tudo para destruí-lo.

A *família* e a autorização de agressão entre homem e mulher, e a agressão dos dois contra as crianças para "educá-las" – e aí vale quase tudo. Dir-se-ia que a criança é o maior perigo a ameaçar a sociedade – o que provavelmente é verdade. Até hoje nunca lhe foi dado tudo de que ela precisa, e ela vem depois de tudo mais, apesar das bonitas conversas em sentido contrário. Cada velho norte-americano aposentado custa ao governo 10 mil dólares por ano; cada escolar norte-americano custa ao mesmo governo 800 dólares! Educar é limitar movimentos – é dizer mil vezes "não" – até transformar gênios em medíocres, como já disse alguém (Buckminster Fuller), até transformar rebeldes em carneiros.

Quem castra não é o pai, há muito castrado ele também, mas a sociedade, que não gosta de crianças – de "novidades" – e sente nelas o perigo que são!

Mais um efeito lamentável acontece com essa legitimação da agressão em família: o casamento monogâmico compulsivo é talvez o pior lugar, o pior tempo e a pior forma de realizar o amor humano. Ninguém ama porque deve e muito menos ama eternamente – por obrigação.

E, como somos prisioneiros, proprietários e escravos um do outro, nos destratamos à vontade, "desabafamos" um ao outro todas as nossas frustrações e ressentimentos. Porque contra você – meu amor – eu posso fazer quase tudo – de péssimo! Não é por sua causa – por sua culpa – que me vejo assim, prisioneiro e escravo?

A sociedade aprova, aproveita e continua injusta e opressiva. O casamento vai bem, o patrimônio está garantido, todo mundo está infeliz e ninguém sabe nem quer saber por quê. A culpa é dela – claro; por que ela é tão geniosa? Ou a culpa talvez seja daquele adolescente rebelde... Muitos, nessa hora, apelam para o álcool ou outras drogas a fim de afogar a consciência.

Espero que você pense nessas coisas na iminência de uma briga. É mesmo contra ela toda a sua raiva? Será ela tão ruim assim? E seus motivos – têm a ela como alvo, mesmo? Ou são dois prisioneiros de grades invisíveis – mantidas e aprovadas por todos, igualmente prisioneiros? Ou você não aguenta mais e não sabe contra quem ou contra o que luta – e então ela paga o pato (nada a impede de fazer o mesmo com você, ela não é santa). Quanto mais brigas entre vocês dois, maior a garantia da Paz Social...

As muralhas, as armaduras e a couraça muscular do caráter

Você sabe a origem da palavra "ego", tão comum em psicologia e nas conversas de todo dia? Vem de *eg*, escudo em grego.

O escudo foi a primeira das muralhas – a muralha pessoal, se posso dizê-lo.

Depois veio Jericó – a mais antiga das cidades antigas, vetustos 8000 a.C.!

Cercada de muralhas. Você compreende? Já era sabido bem demais que "o do lado de lá" era sempre inimigo, estava sempre pronto para assaltar e fazer coisas muito ruins – que não vou particularizar agora.

Depois Catalhüyük, a segunda mais velha, de 5000 a.C.

Cidade deveras peculiar. Só se achou o plano inferior, mas bastou: casas encostadas umas nas outras. Nem ruas nem vielas, nenhum espaço entre as casas, todas elas multigeminadas.

Além disso, outra peculiaridade: as casas não tinham portas!

Cogitam os arqueólogos: as casas, em paralelo com outras construções ainda hoje existentes (de outros povos), seriam de fato cúbicas, com tetos planos e alçapões para entrar! Em figuras de certa autenticidade se vê o grupo de cubos com escadas encostadas do lado de fora para subir até o teto – e depois descer para o interior. Mas, de noite, todos recolhiam suas escadas – pois o inimigo muitas vezes vem à noite, de surpresa, não é? Janelas? Só pequenas e bem altas! Toda a vida social decorria em passeios sobre os tetos...

Começava a loucura número 2 nas tentativas do homem destinadas a protegê-lo dos semelhantes – desejo de segurança. A primeira foi o capital, do qual já falamos.

O começo do "eu" e da consciência

Começavam o desejo e a necessidade do lugar fechado e defendido – ou secreto! Começava, talvez, a subjetividade – quem sabe a própria consciência ou uma nova forma de consciência, dividida desde a origem em consciência particular (dentro das quatro paredes) e social ou coletiva (fora delas), profundamente diferentes.

Na certa começava também a consciência do "meu" e logo depois, ou junto, a do "eu" – ou vice-versa...

Começavam, em paralelo, as defesas psicológicas – sempre musculares, a ouvir Reich.

"Mecanismo de defesa" – quem não conhece hoje essa palavra, com o sentido de "Você está disfarçando", "O que há por trás do que você está dizendo ou mostrando?", "O que você está querendo esconder de mim?" Os mais sofisticados chegam a dizer: "Você está escondendo de si mesmo..."

A expressão ganhou voga com a psicanálise e hoje chega a ser popular.

Do que nos defendemos?

De mostrar, de deixar aparecer movimentos ditos interiores. Na origem, porém, defendem-se as pessoas de sentir ou de se deixar levar por sentimentos, emoções e desejos.

O grande problema da psicanálise é ou são as famosas resistências; ao me defender, resisto à percepção ou à aceitação deste ou daquele desejo meu. Mesmo que me mostrem, continuo a não perceber o fato, nem o que ele significa naquele contexto, ou a diminuir sua importância.

Podemos dizer: quem está se defendendo – resistindo – está fazendo alguma espécie de força *contra* si mesmo, está "se segurando".

Se você chegou bem até aqui, então será fácil compreender o "salto qualitativo" dado por Reich: ele passou do ouvido para os olhos – e começou a ver o óbvio. Se você está "se segurando" ou "se controlando", muitos músculos do seu corpo estão contraídos para *impedir seu movimento* – o movimento que o levaria na direção de seu desejo. É o "não" tantas vezes ouvido na infância.

Ao resistir, você se contrai como se alguém (seu desejo) o estivesse empurrando ou como se você estivesse descendo uma rampa acentuada, a rampa da "degradação moral", cedendo à tentação dos "baixos instintos" e mais.

Esse é um dos feitos importantes de mestre Reich: ele passou do inconsciente para o corpo. Podemos dizer: ele corporificou o inconsciente.

Daí a noção de *couraça muscular do caráter*: toda a força que fazemos para *não fazer* o que desejamos, o que queremos e, tantas vezes, o que seria ótimo se fizéssemos.

Por que nos contemos? De pequenos, porque mamãe ou papai diziam "Não pode".

Depois, porque todos vigiam a todos para que ninguém faça o que todos gostariam de fazer – e seria ótimo se todos fizessem!

Cantar, dançar, brincar e amar – *não pode*!

Desejo e resistência, para se realizar, precisam dos músculos para acontecer, são forças fisicamente opostas em nosso corpo. Elas atuam como se quiséssemos ir ao mesmo tempo em duas direções contrárias:

Conflito é a palavra mais comum nos textos de psicoterapia.

Repetindo: tudo isso está nos movimentos ou nas atitudes corporais, e não apenas "no inconsciente" (que ninguém sabe o que é, nem onde é, nem como é...).

Por que se formam essas contenções psicológicas?

É a hora de lembrar das muralhas. As muralhas nasciam claramente do medo do invasor, do bandido, do predador, do ladrão, do torturador.

As muralhas protegiam... e prendiam. Assim também as defesas.

Toda proteção é uma prisão.

Um dia me veio à mente uma luta impossível entre um cavaleiro todo encouraçado, armado de lança, espada e cavalo, e um índio nu com uma faca.

Essa a diferença entre o corpo livre, solto e exposto do índio e o corpo muito bem protegido mas literalmente enlatado do cavaleiro (transformado em crustáceo...).

Com quem você se identifica?

As defesas, vistas no corpo, assumem duas formas bem distintas: estáticas e dinâmicas. As estáticas são as atitudes típicas da pessoa: o orgulhoso (sempre "acima" de tudo, inatingível...), o depressivo (sempre inclinado, "murcho" e por baixo), a desdenhosa (sempre pondo os outros longe, de lado e para baixo; imagine a direção do olhar dela, mais a posição de sua cabeça), o desconfiado (meio retraído, com olhar inquieto, prestes a se enrolar na capa do conspirador...), o inocente (o que se faz de...), o preocupado (e seu vinco profundo na fronte), o ansioso (apressado em tudo), a exibida (você sabe como é...), a tímida (encolhidinha) e quantas mais atitudes existem. São muitas. Mas é inegável que tenha o "jeitão" das pessoas constância de forma e duração vitalícia (a menos que você faça *muito* para mudar seu jeitão).

As defesas dinâmicas consistem de *gestos repetidos*, estereotipados, sempre os mesmos. Vista em câmera acelerada, a repetição de gestos e caras dá à pessoa um ar de máquina, como os personagens dos antigos filmes mudos.

De que forma os movimentos repetidos defendem?
Justamente porque são repetidos, isto é, sei como eles são
e, ao fazê-los, me asseguro de não estar fazendo gestos
novos, reveladores e comprometedores.

"Se eu fizer como me dá na cabeça não sei onde irei parar..." A psicanálise – seguida pelo rebanho – nos levou a crer que fossem reprimidas em nós a sexualidade, a agressão e nada mais, o que é verdade, mas é pouco. Ela esqueceu – e as demais escolas também – o principal: nosso *instinto de orientação*, de escolha, a capacidade de achar o caminho a cada momento, como o fazem todos os animais. Estar orientado ou saber encontrar o caminho são funções primárias, anteriores e essenciais para quaisquer outras atividades. Aí entra a educação, injeção de preconceitos e ensino de papéis sociais – e com eles, e por causa deles, nos desorientamos de vez, tantas vezes para sempre.

Você sabe a raiz etimológica da palavra "desejo"? Parta do italiano: *desiderio*, de-*sid*-erio.

Sid = estrela (lembre-se de "mundo sideral" ou de "sidéreo", céu estrelado).

Seguir o desejo é seguir a estrela, é estar orientado.

Muralhas, couraças, conchas e cascas, outra só função: prisão garantida!

No livro sobre *Simbiose*, encontramos a seguinte citação:

> Bem aparentes, entre os fósseis, nos primórdios do período cambriano (570 a 510 milhões de anos a.c.), mais do que organismos, são partes duras (cascas, conchas). O desenvolvimento de esqueletos fossilizados no início do período fanerozoico reflete o início da predação, permitindo-nos acreditar que até então a biosfera apresentava-se como um reino amplamente pacífico, no qual nenhuma couraça era necessária e portanto nenhuma delas permaneceu como epitáfio. (G. E. Hutchinson, 1966)

O PRIMITIVO HOJE

Falamos, no início, em instintos.

Tanto a organização quanto a inativação gradual e espontânea de instintos podem levar centenas de milhares de anos ou mais. Isso só acontece se o ambiente não variar muito. Caso varie, pode tornar rapidamente inoperantes alguns dos instintos de uma espécie, causando sua extinção.

A ultima glaciação terminou há mais ou menos 11 mil anos e de lá para cá os climas do mundo não sofreram nova alteração tão drástica. Digamos: as condições climáticas não mudaram muito. Portanto, cabe-me demonstrar a presença, ainda hoje, daquele predador, magnífico o bastante para ousar denominar a si mesmo *Homo sapiens sapiens* (duas vezes sábio, vejam só que presunção e que inconsciência!).

Vamos continuar falando de coisas bem feias, como não podia deixar de ser, levando-se em conta quanto já vimos. Mas são piores do que as coisas feias já ditas porque mais próximas e bem conhecidas, muitas até familiares; por isso, torna-se difícil negar as semelhanças entre o primitivo de hoje e cada um de nós.

Como sinal nítido e mais antigo do caçador, temos os *sacrifícios*, presentes em quase todas as religiões. Consistiam quase sempre na morte de um animal – cordeiro, vaca, touro, aves, entre outros. A vítima era colocada sobre o altar e sangrada. Pode haver semelhança maior com a caçada? As vísceras muitas vezes eram examinadas para vaticínios e depois entregues aos famintos. A carne ficava com o templo (com os "caçadores" de almas..."). Os sacerdotes também podem ser predadores e o foram muitas vezes no correr da História.

Lembre: também Jeová recebia sacrifícios de vacas, cordeiros, pombos...

Em poucos lugares foram feitos sacrifícios humanos, mas mesmo então, sempre que possível, eram sacrificados escravos... Você percebe, leitor? Até negociando com Deus os homens trapaceiam. No cotidiano, escravo é lixo; você pode fazer com ele o que quiser – até matá-lo sem dar explicações a ninguém. *Esse lixo* você oferece a Deus! (Ou, sem perceber e diante de Deus, você está declarando ser o escravo alguém muito semelhante a você?).

É bem sabido: os astecas, no começo do presente milênio, faziam sacrifícios sempre humanos, em números astronômicos. A ideologia era: se não forem feitos os sacrifícios, o sol poderá não nascer! Mil e trezentos anos antes disso, Aristóteles definia o silogismo indutivo: como o sol nasce todos os dias há tanto tempo, então é *quase* certo que ele nascerá amanhã – mesmo sem sacrifícios. Como se vê, os astecas eram tão céticos quanto os cientistas, duvidando de toda indução lógica. (Talvez essas barbaridades, no caso dos astecas, fossem cometidas, consciente ou inconscientemente, para reequilibrar a população.)

Ficamos arrepiados ao ler essas histórias, mas não sei quão diferentes elas são das de hoje – do 6 milhões crianças que morrem de fome diariamente no mundo; do $^1/_6$ da população do planeta eternamente miserável, sacrificado ao lucro abusivo, ao complexo militar-industrial, às multinacionais, à indiferença de tantos por tantos, à inconsciência e ao egoísmo de quase todos.

Os homens são pouco sensíveis a tudo que ocorra fora de seu âmbito pessoal – ainda que a TV tenha ampliado muito esse âmbito.

Na Igreja Católica, na missa, o que se faz? Imola-se Cristo simbolicamente (mas o dogma diz que é real!), repetindo-se sua morte. Sacrifica-se Cristo reiterada e cotidianamente – até várias vezes por dia.

Todo dia o Filho é sacrificado ao Pai – milhões de vezes.

Não é terrível? Depois as torturas, o prazer de infligir sofrimento – quanto pior, melhor.

Os primeiros passos da medicina – os estudos de anatomia de Vesalius – ocorreram há quinhentos anos. Antes disso sabia-se da existência de todos os órgãos do corpo, mas das funções de cada órgão, praticamente nada. E, como sempre, quando nada se sabe tudo se imagina, e as fisiologias do passado nos parecem engraçadas.

Não parecia fazer falta saber essas coisas, e muitas vezes foi proibido dissecar cadáveres (mesmo num campo de batalha, com milhares de corpos já séria e variadamente mutilados!).

Mas desde há muito tempo – nem sei quanto – os homens aprenderam a infligir sofrimentos terríveis, prolongando a vida das vítimas com dores indizíveis por vários dias. Todos já vimos no cinema os subterrâneos do castelo medieval e suas variadas salas de tortura. Sabemos da "Santa Inquisição" e sua especialização em "confissões" e "conversões" completamente mentirosas (apenas faladas), conseguidas do modo que fosse. Hoje se faz bem parecido, mas em segredo; ou nem tanto: as torturas "modernas" da Gestapo, da CIA, da KGB, do Serviço Nacional de Informações, da Máfia.

Os poderosos torturam para obter informações, para espalhar ou prolongar a dominação por meio do terror, por vingança e às vezes para se divertir ou divertir o povo, isto é, para absorver quantidades enormes de agressão da gente oprimida, contribuindo assim para manter a paz na cidade ou no reino. Os poderosos são muito... sábios.

O mais do que famoso circo romano é uma prova indiscutível – e terrível – do prazer das multidões em assistir a sofrimentos indizíveis, verdadeira caçada simbólica, isto é, todos "caçando" das arquibancadas, *sem culpa e sem riso*... Além de cruéis, covardes...

Lembre a perseguição aos cristãos, na qual pereceram tantos ou mais do que no genocídio judeu e com "técnicas" infinitamente mais cruéis.

O ataque de feras a seres humanos – a caçada pelo avesso – era muito apreciado pelas multidões. No famoso e odioso Coliseu, o povo de Roma (quase 1 milhão no começo de nossa era) apreciava tanto o espetáculo que os grandes carnívoros africanos foram quase extintos nos dois primeiros séculos da era... cristã.

"Ama ao próximo como a ti mesmo!" Não foi à toa que o crucificaram. Já viram um lunático igual dizendo *essas* coisas *neste* mundo?

Depois uma hoste de fatos sombrios, cruéis além de qualquer imaginação, e bem conhecidos. Navios negreiros: mais de 13 milhões de negros africanos feitos escravos, e os democráticos sulistas dos Estados Unidos dispostos a morrer para manter a escravidão. Os remadores de galeras, no momento da batalha, eram acorrentados a seus bancos. Campos de concentração (6 milhões de judeus – e *não foi* a pior perseguição da História da... civilização).

Depois, a História dos grandes navegantes do século XV ao XVIII.

A incrível e absurda exploração e crueldade dos colonizadores "civilizados", que nos "descobriram", levando consigo todas as riquezas das colônias, desprezando, escravizando e explorando os "nativos"; em compensação, nos ensinaram – com a bênção dos papas – as maravilhas do amor de Nosso Senhor Jesus Cristo pelos homens. Monstruosidade presunçosa com imbecilidade intelectual, inteiramente insensível a qualquer espécie de contradição, lógica, intelectual ou moral.

Hoje nós, os consumidores (todos queremos de tudo), os produtores (se houver mercado haverá mercadoria) e os financiadores (bancos internacionais), todos racionais, normais e honestos, todos transformando nosso deveras maravilhoso planeta em um montão de lixo, retrato perfeito da humanidade.

Enfim, mais um quase nada sobre as guerras. Além das atrocidades do próprio fato, nas guerras ocorrem invariavelmente episódios monstruosos de tortura fora dos campos de batalha e até nas áreas civis. Se, durante a Segunda Guerra Mundial, você fosse italiano e morasse no Brasil, poderia sofrer perda de bens e ser maltratado por seu vizinho – que era seu amigo antes da guerra. E bem maltratado só por ser italiano, isto é, sem ter feito nada de condenável contra ninguém!

E cabe perguntar o que sempre me perguntei em relação à guerra: compreendo que os psicopatas em seus delírios se divirtam com essas coisas e fiquem a balbuciar suas sagradas razões; difícil é compreender a aceitação da maioria, inicialmente compulsória; mas daí a pouco estão tantos a dizer – e a acreditar – coisas espantosas sobre "o inimigo", animados de ódio verdadeiro contra pessoas completamente desconhecidas.

Claro que esse ódio só pode se dever às privações, provações e alterações importantes de vida decorrentes da própria guerra – como se "o inimigo" fosse culpado disso!

Enfim, não sei se a passividade com que as pessoas se deixam explorar durante a guerra (doações, horas extras, cooperação) não se deve a um reacender do caçador errante, de vida aventurosa, bem diferente da calma aparente da vida pacífica! Mais claramente me pergunto se a guerra não se torna de algum modo atraente ao despertar as pessoas de seu tédio crônico?

São tão evidentes o absurdo e a exploração política da guerra que, não fosse a operação desses processos apontados, ela talvez não acontecesse. De novo, os políticos exploram o descontentamento gerado por sua própria exploração! Sempre estruturas autorreprodutoras.

Dado surpreendente: estudos cuidadosos realizados durante a Segunda Guerra Mundial mostraram que os londrinos, sujeitos a bombardeios intermináveis, apesar disso – ou por causa disso! – desenvolviam muito menos doenças "civis" do que em tempos de paz!

Concluíram os investigadores: a diferença estava na intensificação da solidariedade de quase todos com quase todos, fraternizados nas desgraças comuns.

Bendita solidariedade, não é?

No mundo moderno o circo romano foi substituído pelas competições esportivas. Na certa, menos cruéis – e sem mortes. Mas o entusiasmo da audiência não raro alcança níveis de fanatismo e, tanto no Brasil quanto na Inglaterra, torcidas entram em lutas coletivas sérias, inclusive com mortes.

Depois, esportes incluem lutas por vezes brutais.

Outra parte do circo romano passou para o cinema, e aí o espetáculo por vezes é até mais cruel do que o do circo. Há no cinema cenas de violência espantosa, com a câmera mostrando tudo em detalhes.

Mas que os pormenores não nos impeçam de ver o principal, e o principal do cinema é a caçada, cruel ou não. Desde os velhos *cowboys* até o moderno 007, Arnold Schwarzenegger, Sylvester Stallone e miríades de outros "heróis" violentos; depois os filmes da Máfia, de espionagem, de caça a mil tesouros variados, filmes de ação, isto é, de aventuras, de trapaças, roubos inteligentes, chantagens, violências e mais violências. Creio que não exagero dizendo serem de ação e com bastante violência mais de $^2/_3$ dos filmes disponíveis.

Depois os jornais escritos ou falados e sua insistência em crimes, roubos, assaltos, sequestros, notícias de guerras, de revoluções e mais.

Não podendo mais viver "de verdade" nossas tendências predatórias e nosso espírito aventureiro, passamos a vivê-los na imaginação, isto é, na TV e no cinema.

Note-se: em 1994, o tempo *médio* de acompanhamento da programação televisiva nos Estados Unidos foi de seis horas diárias por pessoa.

E mais: a TV veio para ficar, e cada vez mais gente fica mais tempo diante da tela.

Os videogames – sabemos – são todos de caçada, o tempo todo.

O automóvel, fúria, orgulho e mania de quase todos, é uma substancial fatia da economia mundial. O automóvel – objeto universal de desejo – é o concreto do aventureiro...

Bem próximo dele, os fins de semana e todos os problemas de tráfego gerados por eles. Milhões e milhões de pessoas, na sexta ou no sábado, buscam as estradas para gozar algumas horas junto da natureza – e longe da rotina do sedentário, note-se.

Enfim, turismo. Você sabia que o turismo é, presentemente, o negócio mais rentável do mercado? Turismo, viagens, lugares desconhecidos...

Tampouco posso omitir a pesquisa e a fabricação de armas, o terceiro ou quarto melhor negócio do mundo. Recorde: as armas estão cada vez mais mortíferas, tanto as de agressão interpessoal ou entre pequenos grupos (África!) quanto as de potencial destruidor maciço.

Se dermos armas a qualquer bando de homens, é quase certo que eles inventarão uma bandeira e um "ideal" e partirão atirando e matando todos que se opuserem à salvação – e outros que não forem a favor nem contra.

Sem esquecer que uma arma é o poder maior, cujo manejo é de aprendizado simples e de exercício imediato: o poder de vida ou de morte. O poder maior pode fazer de você um escravo instantaneamente.

Nosso trabalho escravo

Nosso trabalho hoje não é menos escravagista do que sempre foi. Oito horas por dia, quer você queira, quer não, fazendo – na maioria das vezes – atividades simplórias e por demais repetitivas, monótonas, que não ocupam nem 1% da capacidade do cérebro e do corpo humano; raramente são do gosto de quem realiza o trabalho.

Por isso, é essencial limitar a versatilidade das crianças no lar e na escola, para que desde cedo se acostumem a funcionar como robôs de baixo rendimento. É preciso mutilar os novos para que caibam na organização da produção industrial e na aceitação da política, dos políticos e das injustiças clamorosas da economia.

Vou lembrar uma maldade cotidiana por demais frequente, envenenada e... divertida: a *fofoca*, prova flagrante de descrédito, suspeita e desprezo de todos contra todos, contracena perfeita de nossos salamaleques sociais, nossa afetada gentileza quando em público, nossa "boa educação" (fora de casa).

A fofoca tem sido ignorada pelos sociólogos mesmo representando uma das mais poderosas forças de conservação dos costumes sociais. Ao falar dela, quase todos sorriem com certa malícia. Mas, quando a fofoca é contra você, é péssima. Você se sente cercado de inimigos desconhecidos – nunca se sabe quem largou a fofoca pela primeira vez, nem quantos a repetem por aí... Ao mesmo tempo, você se sente vigiado e controlado por todos.

Todos vigiam todos e todos se ameaçam para que ninguém faça nada contra os preconceitos de cada lugar.

A fofoca resulta de um desprezo invejoso pelo fofocado. Ele fez algo que "não se deve" (a meu ver) e por isso eu o desprezo enquanto me exalto – pela minha pressuposta fidelidade às manias de meu grupo. Mas ao mesmo tempo o invejo, pois ele se animou – teve a coragem! – de fazer o que eu bem gostaria de fazer, mas não faço com medo da fofoca.

O pior: por que você pouco faz do que deseja, gosta ou prefere?

"Que dirão os outros?" é a mais poderosa *ameaça* de todos contra cada um e, com medo de ser falado, você fica bonzinho ou aprende a mentir com maestria!

Não sei de psicólogo nem de sociólogo que tenha dado à fofoca o papel de instrumento principal da repressão das veleidades dos adultos. A fofoca é a mãe das adultos, é a instância poderosa capaz de manter quase todos "na linha".

Se você quer compreender toda a força da fofoca, considere seu papel na cidade pequena – equivalente à dos povos que vivem em tribos ou malocas, tabas ou prédios de apartamentos!

O que cada um faz – até o que ele pensa – é sabido por todos, e depressa! E ai do que transgride e é apanhado. O apedrejamento do alternativo é imediato e permanente! O grupo mantém sua identidade ideológica – preconceituosa – a qualquer preço, contra qualquer um.

É lamentável que tenha sido a fofoca excluída dos estudos "sérios". Sua maior esperteza é manter-se nessa área do aparente bom humor – afinal, fofoca não é coisa séria!

A fofoca é satânica em sua habilidade de se disfarçar, de parecer inofensiva, até divertida. Mas seu primeiro efeito é paralisar o infiel e o segundo é intensificar aquilo que a psicanálise denomina "ansiedade persecutória" de todos contra todos. Todos me perseguem e ninguém se identifica. Estou cercado de inimigos vigilantes e implacáveis e todos dizem que isso não existe – até que isso é engraçado – e que todos são meus amigos!

Enfim, a fofoca se alimenta em grande parte não do conhecimento dos fatos, mas da apreciação das pessoas pelas suas expressões não verbais: fulano não sabe quanto é orgulhoso, chato, fofoqueiro (!), presunçoso, fingido, esperto, trouxa. Sempre e sempre: comenta-se tudo que aparece por fora e o sujeito mal percebe – ou nega! O fato que origina a fofoca não é o mais importante, assim como na briga de casal a falação de razões e motivos tampouco é. A maior força da fofoca provém do fofocado e de seus modos, caras e atitudes.

Hoje, na grande cidade, são tantos os pontos de vista e os costumes que a fofoca virou arma de guerrilha de grupos contra grupos, em vez de ser a frente única dos "normais" contra os alternativos[2].

As máquinas – nossa salvação

Pode dar-se de as coisas começarem a mudar, agora que a maior parte das rotinas de trabalho vem sendo confiada a máquinas existentes para isso mesmo: para assumir *todas* as repetições, para assumir a morte – nos nossos termos. Que oportunidade para realizar todos os sonhos da humanidade, coletivos e pessoais! Para *viver* como criação contínua!

Idealmente, as máquinas poderiam nos livrar dessas atividades monótonas e estupidificantes, mas os carnívoros, em vez de pensar em dividir os lucros e melhorar a vida de todos, acham jeito de aproveitar e explorar melhor ainda o trabalho escravagista e os proventos dele resultantes. A pirâmide de poder apenas muda suas dimensões: em vez de local ou nacional, ela se faz multinacional – ou mundial! Cada vez mais riqueza no alto e mais miséria embaixo.

Mas, vimos, o melhor da tecnologia vem conseguindo substituir a pirâmide pela rede.

Ao mesmo tempo que se difunde a ideia de rede, sem chefes e sem horários, aumentam exponencialmente a produção de riquezas

---

[2] Se você quer saber mais sobre o assunto, leia meu *Tratado geral sobre a fofoca*. São Paulo, Summus, 1978.

e a população mundial. Isto é, aumentam cada vez mais a ambição e a megalomania da humanidade.

Em escala menor, precisamos recordar as gangues juvenis, aventureiras e violentas em forma superlativa, presentes e ativas em qualquer lugar do mundo. A gangue é menor do que um exército, mas, se somarmos as gangues do mundo todo, teremos muito mais do que um exército.

Enfim, retornando a nosso título, as brigas de casal e as familiares. Vamos repetir: somando todas elas, teremos um volume de agressão gigantesco, cotidiano, quase sem ferimentos corporais, mas com feridas no mais íntimo das pessoas – feridas das mais profundas e persistentes.

Tristeza! Com o que sabemos e podemos hoje, seria possível trabalhar talvez duas horas por dia ou menos, e até poderíamos escolher o que fazer e quando fazer. Mas a megalomania dos que detêm o poder – qualquer poder – mais o medo e a decorrente impotência cultivada em família, justamente pela legitimação das agressões, mantêm a todos encadeados em regime escravagista; até o patrão vive assim. Quem não vive encadeado a uma máquina ou a um computador vive preso a planos ambiciosos e com medo de perder o que tem.

Além disso, os poderosos veem-se cercados de inveja e ameaçados pela competição dos concorrentes, todos assanhados por conseguir mais – em prejuízo de quem for.

Basta, leitor?

Será que consegui convencê-lo de que somos mais primitivos do que nossos avós pré-históricos?

Na verdade, muito mais do que eles; sob aspectos essencialmente humanos – os de cooperar e repartir, por exemplo – os "trogloditas" eram incomparavelmente melhores do que nós!

ALÉM DE CRUÉIS SOMOS RIDÍCULOS

Em filmes, animais são invariavelmente apresentados como ameaças terríveis, quando os etologistas estão provando que Francisco de Assis não fazia milagres quando falava com as aves. Se você chegar devagar perto de um animal, até pode acontecer de ele não fugir. Se você voltar ao local várias vezes, ele torna-se seu amigo. Bicho não é tão idiota quanto os seres humanos; só briga quando inevitável, para se defender ou se alimentar, e sabe muito bem quando afastar-se e em que velocidade!

Depois os relatos sobre os nativos perigosíssimos e os animais monstruosos existentes nas selvas misteriosas das novas terras. O ser humano vê monstros, perigos e ameaças em todos os lugares. Por que será? É porque não assumimos – nem sequer reconhecemos – *nossa* agressividade, e então, negada em nós, ela nos cerca e persegue como se estivesse por fora – no outro, nos animais, nos fantasmas, nos extraterrenos, nos deuses, em Deus todo-poderoso, vingativo, cruel, injusto, caprichoso como Jeová, por exemplo.

Então e de novo: se você está envolvido e embaraçado em brigas de família, comece dizendo: "O caso tem muitas consequências; cada vez que eu consigo algum progresso nessas brigas – na compreensão recíproca, na ampliação da visão (somando a dela à minha) –, estou galgando um degrau da escala que une o primitivo ao ser humano sonhado por todos".

Ao aprender a brigar estou sendo um revolucionário, estou criando novos modelos de relacionamento humano, estou sendo um agente de transformação social em direção à tão esperada Nova Era. E preciso começar a realizá-la agora, no cotidiano de cada um, em vez de esperar que os astros a tragam para nós ou que surja um novo salvador. O salvador já veio, sabia?

O salvador pode ser você a partir deste momento – se começar a criar juízo em vez de repetir; repetir, repetir a briga como um gago ou uma barata tonta.

Corpo e alma...

A Alma (ou o Espírito) está nas palavras, nas ideias, no tom de voz, no modo de olhar (se o outro estiver perto), nas recordações, nos versos, poemas, músicas.
Tudo longe – longe da pele, longe dos movimentos.
Ou nas carícias, sempre as mesmas. Ou até nas relações sexuais, sempre iguais – automáticas...
Tudo longe, de longe – do corpo.
Porque, 99 vezes em 100, o contato (com tato!) é proibido, "perigoso", comprometedor. Ou "sacanagem" (entre os machos subdesenvolvidos). Porque "todos vigiam todos para que ninguém faça o que todos gostariam de fazer"; porque só fazendo o que é proibido nos revelamos, só assim e só então nos encontramos.
Isso se os gestos não forem sempre os mesmos, familiares, maquinais – inconscientes.
Aí pode.
Só múmias podem se amar... legitimamente – sem perigo de se... envolver.
Quem se envolve se embaraça, aí fica complicado. O jeito da maioria – quando embaraçada – é... brigar. É tentar se desembaraçar cortando os fios de qualquer jeito. Quer dizer, machucando-se e machucando no mesmo ato a mulher... amada.
Isso é o "rompimento" – das relações.
Ter paciência – e jeito – de se desembaraçar é a mais difícil das artes, mas a única que pode transformar um envolvimento em um desenvolvimento.

Dos dois. Que voltam a se amar – renovados. São outros dois, e o amor é outro.

Maldição da carne, e da pele, e do com-tato, e da carícia, e da envolvência, e da dança de Shiva.

Mas só o corpo muda continuamente – se você aprender a senti-lo (e ao corpo da mulher amada). Só os corpos são vivos, só eles podem dar vida um ao outro. O "resto", a personalidade, a famosa "autoestima", as palavras, o papel social, os costumes estabelecidos são... nossa veneranda Tradição (a dos nossos tataravôs).

Rígidos: segurança acima de tudo, tudo sempre igual, assim vamos nos mumificando aos poucos, com o bom nome preservado, o respeito de nossos concidadãos, o direito de ser candidato e o crédito garantido.

Resquiescat in pace, diz o sacerdote no enterro: que "descanse em paz para sempre" – como sempre deixou de viver.

Amem, Satanás, você já venceu. O amor é impossível.

As máximas

Primeira

Sempre que neste livro se falar em carrapato, não veja nisso – nem sinta – a obrigação de ser herói; menos ainda qualquer desprezo de minha parte se você continuar com sua vida de sempre (por vezes sou irônico, até sarcástico, contra os carrapatos).
Meu sonho é esse: procure *perceber* que você é outro a cada dia que passa, que sua mulher muda a cada hora e seus filhos, mais ainda.
A questão não é fazer o que é certo, mas aprender a acompanhar o movimento, a cultivar o senso de rumo.
Só isso. Não é preciso buscar a mudança ou a variação. Não é necessário ser herói.
A mudança está acontecendo o tempo todo.
Perceba – mais nada.

Segunda

Tantas vezes não consigo deixar de fazer como eu faço.
Tantas vezes você não consegue deixar de fazer como faz.
Tantas vezes me repito – e não percebo.
Tantas vezes você se repete – e não percebe.
Tantas vezes não sei quando, nem como, começou nossa separação.
Nem *você*.

Terceira

É tristemente verdade que maltratamos os outros da mesma forma como fomos maltratados.
Portanto:
Aprenda a cuidar de você tratando bem dela – que você vê.
Porque você só pode se ver no outro (você não se vê, lembra-se?).
Assim você aprenderá a cuidar de você – mesmo sem querer – ou sem perceber!
Amar a próxima é a única maneira – mesmo sendo difícil – de aprender a se amar.
Amar a próxima é o mais santo dos egoísmos.

Quarta

Você diz que ela não te dá o que e quanto você gostaria que ela te desse.
Melhor aprender a admirar e aproveitar dela o que você mais aprecia, quando esse melhor estiver presente.
O acordo integral de vontades e desejos é raro – e dura pouco.
E ninguém tem culpa disso.
E não esqueça nunca: você é e tem muito mais do que percebe, admite ou acredita; os outros sabem disso melhor do que você.
Ela acima de todos.
Aproveite!

Quinta

Há dois amores na vida: o amor por si mesmo e o amor pelo outro.
No Oriente, foi explorado ao máximo o amor por si mesmo, a realização total da personalidade e sua integração no cosmos.
No Ocidente, por influência primária de Cristo, buscou-se mais o amor ao próximo e a autorrealização cooperativa – a caridade.
Essa noção, hoje, foi ou está deturpada e refere-se ao que possa haver entre superiores e inferiores – até se parece com desprezo...
Caridade é a palavra latina que serviu para a redação do primeiro mandamento da Lei de Deus:
AMA A (teu) DEUS ACIMA DE TODAS AS COISAS
E A TUA PRÓXIMA COMO A TI MESMO.
AMÉM.

BIBLIOGRAFIA

Redigido originalmente aos 76 anos, este livro contém um pouco das muitas leituras e de minha vida toda, pessoal, profissional e cultural.

Teria eu, pois, de fichar aqui toda a minha biblioteca presente e mais algumas do passado – livros esquecidos, emprestados, superados, dados, vendidos, roubados...

Como o texto contém e se apoia em dados e fatos de várias ciências – Psicologia, Antropologia, Sociologia, Arqueologia, Biologia, Simbologia e mais –, senti-me na obrigação de citar as obras mais conhecidas ou mais recentes sobre cada uma dessas ciências, para que o leitor possa confiar nos dados e fatos citados.

PSICOLOGIA, PSICOTERAPIA (ACADÊMICAS E ALTERNATIVAS)

Li *quase tudo* que foi escrito e publicado por:
Carl Gustav Jung – vinte e tantos volumes.
Wilhelm Reich – idem.
Karen Horney – quatro volumes.
Wilhelm Stekel – doze volumes.

Muitos desses livros não foram apenas lidos, mas estudados, relidos, pensados e praticados.

ADLER, A. *Understanding human nature*. Nova York: Permabook, 1946.

BANDLER, R.; GRINDER, J. *Sapos em príncipes*. São Paulo: Summus, 1982.

BARLOW, W. *The Alexander principle*. Londres: Gollancz, 1973.

BERNE, E. *Games people play*. Nova York: Grove Press, 1964.

ERICKSON, M. *Seminários didáticos*. São Paulo: Imago, 1983.
FISHER, H. E. *Anatomy of love*. Nova York: Norton, 1992.
JAMES, W. *Varieties of religious experience*. Nova York: The Modern Library, 1906.
KELEMAN, S. *Anatomia emocional*. 5. ed. São Paulo: Summus, 2006.
MONTAGU, A. *Tocar, o significado humano da pele*. 10. ed. São Paulo: Summus, 2009.
MORRIS, D. *A fauna humana*. Rio de Janeiro: Record, 1969.
NEUMANN, E. *The origins and history of consciousness*. Nova York: Harper Torchbooks, 1962. 2 v.
UNDERHILL, E. *Mysticism*. Nova York: Meridian Books, 1955.
WATTS, A. *O espírito do zen*. São Paulo: Cultrix, 1936.
_____. *Tao: the watercourse way*. Nova York: Pantheon Books, 1975.
YOGA *system of Patanjali*. Londres: The Harvard University Press.

NEUROFISIOLOGIA

ALEXANDER, R. M.; GOLDSPINK, G. (orgs.). *Mechanics & energetics of animal locomotion*. Londres: Chapman and Hall, 1972.
CARLSÖÖ, S. *How man moves*. Londres: Heinemann, 1975.
ECCLES, J. C. *A evolução do cérebro*. São Paulo: Instituto Piaget, 1989.
_____. *The understanding of the brain*. Nova York: McGraw-Hill, 1973.
ECCLES, J. C.; ITO, M.; SZENTÁGOTAI, J. *The cerebellum as a neural machine*. Berlim: Springer-Verlag, 1967.
GRANIT, R. *The basis of motor control*. Londres: Academic Press, 1970.
_____. *The purposive brain*. Cambridge: MIT Press, 1977.
HALL, S. *Biomecânica básica*. Rio de Janeiro: Guanabara Koogan, 1993.
HOPPER, B. J. *The mechanics of human movement*. Londres: Crosby Lockwood Staples, 1973.
KAPANDJI, I. A. *Fisiologia articular*. São Paulo: Manole, 1980. 3 v.

PENFIELD, W. *The cerebral cortex of man*. Nova York: The MacMillan Company, 1950.

POPPER, K. R.; ECCLES, J. C. *The self and its brain*. Nova York: Springer International, 1977.

ROLF, I. *Rolfing*. São Paulo: Martins, 1999.

Vários textos soltos sobre circulação cerebral (S. Ketty) e assimetria funcional dos hemisférios cerebrais (R. W Sperry).

HISTÓRIA E PRÉ-HISTÓRIA

Aburdene, P.; NAISBITT, J. *Megatendências para mulheres*. Rio de Janeiro: Rosa dos Ventos, 1992.

CARTHY, J. D.; EBLING, F. J. (orgs.). *História natural de la agresión*. Cidade do México: Siglo XXI Editores, 1964.

CHAUI, M. *O que é ideologia*. São Paulo: Brasiliense, 1980.

FREEMAN, D. *The great apes*. Nova York: Putnam, 1979.

FRY, P. S. *History of the world*. Londres: Dorling Kindersley, 1994.

GALBRAITH, J. K. *Anatomia do poder*. Lisboa: Edições 70, 2007.

_____. *O novo Estado industrial*. São Paulo: Nova Cultural, 1985.

LEAKEY, R. *A evolução da humanidade*. São Paulo: Melhoramentos, 1981.

LOMMEL, A. *Prehistoric and primitive man*. Londres: Paul Hamlyn, 1966.

LOVELOCK, J. *As eras de Gaia*. Rio de Janeiro: Campus, 1991.

MOODY, R. *Fossils*. Londres: Optimum Books, 1983.

PIETROCOLLA, L. G. *Sociedade de consumo*. São Paulo: Brasiliense, 1968.

SCARRE, C. *Timelines of ancient world*. Londres: Dorling Kindersley, 1993.

SEGRELLES, V. *Historia universal de las armas*. AFHA International, 1974.

THE *emergence of man*. Nova York: Time-Life International. 33 v. (Edição brasileira: *História em revista*. São Paulo; Nova York: Abril; Time-Life. 24 v.)

TIGER, L.; FOX, R. *The imperial animal*. Nova York: H. Holt, 1989.

FAMÍLIA, CRIANÇAS, MÃE

ARIÈS, P. *História social da criança e da família*. Rio de Janeiro: LTC, 1981.

BADINTER, E. *Um amor conquistado – o mito do amor materno*. Rio de Janeiro: Nova Fronteira, 1985.

CLAUS, M.; CLAUS, P. *O surpreendente recém-nascido*. Porto Alegre: Artes Médicas, 1989.

ELLIOT, A. J. *A linguagem da criança*. Rio de Janeiro: Zahar, 1981.

HITE, S. *Relatório Hite sobre a família*. Rio de Janeiro: Bertrand, 1995.

JOHNSON, J.; ODENT, M. *We are all water babies*. Nova York: Berkeley; Celestial Arts Pub., 1995.

LEBOYER, F. *Nascer sorrindo*. São Paulo: Brasiliense, 1996.

PEARCE, J. C. *A criança mágica*. Rio de Janeiro: Francisco Alves, 1982.

VERNY, T. *A vida secreta da criança antes de nascer*. São Paulo: C. J. Salmi, 1993.

WILHEIM, J. *Psicologia pré-natal*. São Paulo: Brasiliense, 1992.

BIOLOGIA

ALBERTS, B. *et al*. *Molecular biology of the cell*. Nova York: Garland Publ., 1994.

ÄSTRAND, P. O.; RODHAL, K. *Tratado de fisiologia do exercício*. Rio de Janeiro: Interamericana, 1977.

CHINERY, M. *Killers of the wild*. Londres: Salamander Books, 1979.

DAWKINS, R. *O relojoeiro cego*. Lisboa: Edições 70, 1986.

_____. *The selfish gene*. Londres: Oxford University Press, 1976.

JARMAN, C. *A evolução da vida*. São Paulo: Melhoramentos, 1992.

LORENZ, K. *Behind the mirror*. Washington: Harvest Book, 1972.
MARGULIS, L. *Symbiosis in cell evolution*. Nova York: W. H. Freeman & Co., 1993.
SOLOMON, E. P.; BERG, L. R.; MARTIN, D. W. *Biology*. Nova York: Saunders College Publishing, 1994.
THOMAS, L. *The lives of a cell*. Nova York: Penguin Books, 1974.
WILSON, E. O. *The insect societies*. Londres: Belknap/Harvard, 1971.

COMUNICAÇÃO

BIRDWHISTELL, R. L. *Kinesics and context*. Filadélfia: University of Pensylvania, 1970.
MORRIS, D. *Man watching*. Londres: Elsevier Publ., 1972.
PINKER, S. *The language instinct*. Nova York: Perennial, 1994.

FILOSOFIA

ATLAN, H. *Entre o cristal e a fumaça*. Rio de Janeiro: Zahar, 1992.
COLEÇÃO Os Pensadores. São Paulo: Nova Cultural. *Aristóteles. Tomás de Aquino. Maquiavel. Wittgenstein. Nietzsche.*
MORIN, E. *O paradigma perdido: a natureza humana*. Mem Martins: Europa-America, 2000.
SARTRE, J. P. *A náusea*. Rio de Janeiro: Nova Fronteira, 2006.
_____. *Les mots*. Paris: Gallimard, 1995.

OBRAS DO AUTOR

A engrenagem e a flor. Esgotado.
A estátua e a bailarina. Esgotado.
A família de que se fala e a família de que se sofre. 7. ed. São Paulo: Ágora, 2005.
A inconsciência coletiva. São Paulo: Ágora, 2009.
Agressão, violência e crueldade. Esgotado.
Amores perfeitos. 16. ed. São Paulo: Ágora, 2004.
As vozes da consciência. São Paulo: Ágora, 1991.
Cartilha da nova mãe. 2. ed. São Paulo: Ágora, 2003.

Como enfrentar a velhice. Esgotado.
Couraça muscular do caráter. 6. ed. São Paulo: Summus, 2004.
Educação familiar e escolar para o terceiro milênio. São Paulo: Ágora, 2008.
Família e política. Esgotado.
Formando agentes de transformação social. São Paulo: Ágora, 2009.
Meio século de psicoterapia verbal e corporal. São Paulo: Ágora, 2006.
Minha querida mamãe. 13. ed. São Paulo: Ágora, 2003.
O corpo e a terra. São Paulo: Ícone, 1991.
O espelho mágico. 13. ed. São Paulo: Summus, 1984.
O olhar. 3. ed. São Paulo: Summus, 2009.
O que é corpo. São Paulo: Brasiliense, 1991.
O que é pênis. Esgotado.
O ritual da comunhão. Esgotado.
Organização das posições e movimentos corporais. 3. ed. São Paulo: Summus, 1984.
Poder e prazer. 4. ed. São Paulo: Ágora, 1986.
Respiração e angústia. Esgotado.
Respiração e circulação. Esgotado.
Respiração e inspiração. Esgotado.
Respiração, angústia e renascimento. Esgotado.
Ritual da comunhão. Esgotado.
Sexo, Reich e eu. 5. ed. São Paulo: Ágora, 2005.
Sexo: tudo que ninguém fala sobre o tema. 2. ed. São Paulo: Ágora, 2007.
Sobre uma escola para o novo homem. São Paulo: Ágora, 2006.
Tratado geral sobre a fofoca. 14. ed. São Paulo: Summus, 2005.